江西理工大学优秀博士论文文库
出版基金资助

江西省高校人文社会科学研究项目（编号：JC18113）
江西理工大学博士启动基金项目（编号：jxxjbs17067）
研究资助

多边公共平台
战略模式研究

刘家明　著

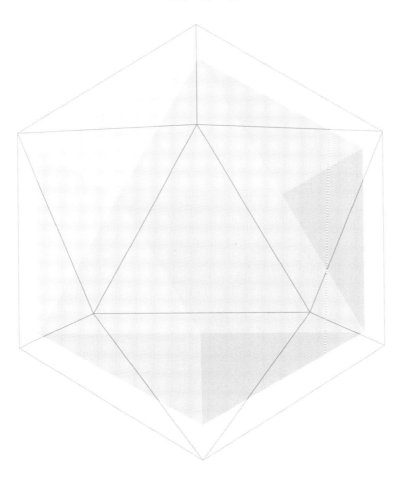

中国社会科学出版社

图书在版编目（CIP）数据

多边公共平台战略模式研究/刘家明著 . —北京：中国社会科学出版社，2018.7

ISBN 978 - 7 - 5203 - 2948 - 4

Ⅰ . ①多… Ⅱ . ①刘… Ⅲ . ①公共管理—研究—中国 Ⅳ . ①D63

中国版本图书馆 CIP 数据核字（2018）第 180573 号

出 版 人	赵剑英
责任编辑	刘晓红
责任校对	周晓东
责任印制	戴　宽

出　　版	中国社会科学出版社
社　　址	北京鼓楼西大街甲 158 号
邮　　编	100720
网　　址	http：//www.csspw.cn
发 行 部	010 - 84083685
门 市 部	010 - 84029450
经　　销	新华书店及其他书店

印　　刷	北京明恒达印务有限公司
装　　订	廊坊市广阳区广增装订厂
版　　次	2018 年 7 月第 1 版
印　　次	2018 年 7 月第 1 次印刷

开　　本	710×1000　1/16
印　　张	15.75
插　　页	2
字　　数	227 千字
定　　价	69.00 元

前　言

　　自诺贝尔经济学奖得主 Tirole 等于 2001 年提出"双边市场"（"双边平台"概念的起源，后因平台用户类型的增加继而发展为"多边平台"）以来，世界范围内兴起双边（多边）平台研究热，并出现了借鉴企业平台战略研究政府多边平台与平台型治理的动向。本书将多边公共平台定义为：联结公共部门生态系统中的多边群体，在开放共享的基础上激发网络效应并提供互动机制以实现群体间相关满足的治理支撑体系。站在合作治理的视角，选择与企业多边平台概念近乎一致的定义，原因有三：一是多边平台涉及群体间的互动合作，符合合作治理中多元主体参与互动、合作共治的意旨；二是多边平台模式区分了"生产"与"供给"、管理与治理，打破了市场与政府的二分法；三是以多边（双边）平台为研究对象的平台经济学和平台战略学比较成熟，便于为多边公共平台战略研究提供理论基础和借鉴比较对象。

　　当前，公共治理的复杂性及带来的挑战与日俱增，行政化管理的局限凸显。合作治理时代、全球化 3.0 时代、信息时代与网络社会、创新 2.0 与政府 2.0 时代、平台经济时代，共同构成了多边公共平台战略的深刻时代环境。在此时代背景下，公共平台不断涌现，多边公共平台战略是大势所趋。然而，公共平台概念宽泛模糊、话语泛滥，公共平台研究暴露出局限性与滞后性。因此，借鉴多边（双边）企业平台理论与实践来研究多边公共平台战略是必要的。

　　本书将多边公共平台从运作层面上升到战略高度，不仅视多边公共平台为公共品多元供给的方式、公共服务创新的路径和公共治理的战略工具，而且视其为一套基本的治理模式与战略思维。国外有学者强调多边平台是政府的重要战略，认为平台战略有助于提高政府的领导性和用户主权的水平。除了各级政府，公共事业单位和妇联、残联、工会、共青团等公共部门均可以成为多边平台的提供者、主办者和平台战略的推行者，其他政府机构、社会组织、企业与群体均可以选择加盟多边公共平台。

研究的三个基本问题是：多边公共平台战略是什么、为什么、如何做。研究对象是多边公共平台的总体和多边公共平台战略的共性模式，而不是某个多边公共平台或某个公共部门的平台战略。因而战略定位、战略选择、战略实施仅做一般性的理论演绎和规范研究。虽然有借助案例研究归纳平台建设、运行及管理的策略，但更多的是借鉴企业平台战略的原理与经验。研究的主要内容包括探讨多边公共平台的实质、结构、功能及类型，演绎平台建设、运行和管理的过程与方式，建构演绎多边公共平台战略模式。

在借鉴比较、文献述评和多学科理论的基础上，对多边公共平台战略进行多视角、多层次、多方法和多元操作变量的研究。具体方法包括实地考察、访谈调查与文献调查相结合进行案例研究，总结归纳多边公共平台建设、运行和管理的共性和规律；演绎推理与归纳推理相结合进行理论思辨和模型建构，如平台结构模型、创价模式、建设模型、运行模型与战略管理模型、平台适用性判定模型；与企业平台战略进行借鉴比较研究。

关于第一个问题：多边公共平台（战略）是什么，需要系统回答其内涵与外延、深刻揭示其实质。依据平台战略学和平台经济学中的多边（双边）平台概念，站在合作治理视角对多边公共平台进行定义；从多学科的视角透视多边公共平台的性质；提出了判别的五个条件，其中核心是治权开放基础上的互动；对多边公共平台的类型、特征、结构进行分类分层研究。关于其外延，主要将多边公共平台与企业多边平台和其他两类公共平台：产品平台、技术平台进行比较，由此构建了公共平台的"族谱"与连续统一体模型。多边公共平台通过多边群体间的互动机制实现相互满足，是一套具有操作框架的合作型治理模式。因此，多边平台战略是公共部门的开放式、互动型合作战略，实质是平台型治理模式，即遵循平台战略理念，基于平台的载体，按平台模式运行的合作治理模式。

关于第二个问题：为什么要选择多边公共平台战略。从多边公共平台战略的优势、功能、价值、驱动力与诱因等方面进行论证。多边公共平台的战略优势、强大功能、多元价值是选择该战略的充分依据。在多元驱动因素的推动下，在走出治理困境的现实诱导下，多边公共平台战略是必然的战略选择。多边公共平台战略通过把相关利益群体连接起来，向他们开放资源使用权和产品及服务的生产权、运作权、话语权、知情权、决策权、监督权等参与治理的相关权力，在开放共享的基础上提供互动合作机制，为公共治理提供了操作框架，是一种可操作性很强的治理支撑体系。因此，在公共治理领域中引入多边公共平台战略意义重大。公共事务的合作治理、公共品的协作供给与公共服务的开放创新必将引入多边平台的战略思维与运作模式。

关于第三个问题：如何推行多边公共平台战略。平台战略基本原理在于：通过开放互动实现群体间相互满足；成员以创价关卡组建价值网络，实现基于价值网的协同治理；以网络效应为核心运作机理，以用户规模和黏性为实施目标。按照战略定位、战略选择、战略实施的过程逻辑研究这个问题。战略定位主要探讨平台战略使命、服务对象及其需求、功能及业务范围、供给模式。战略选择分解为建设战略、运行管理战略和创价模式。其中，建设战略要考虑价值网关卡、业务模式选择、平台规模建设与平台演化；运行管理战略包括开放与管制、业务广度与深度的权衡、扩大用户规模、平坦化、用户细分、平台定价等；创价模式分为公平民主与用户主权、经济效率价值、秩序和谐价值的创价工具与路径。本书提出了平台建设与运行管理策略以及政府平台领导的建议。平台建设策略主要考虑平台的创建过程与平台网络建设；运行管理策略主要包括：扩大用户规模的策略、平坦化战略实施的策略，提高用户黏性的策略，不对称补贴与免费的价格策略，平台失灵治理与风险规避。

目前，世界范围内尚有为数不多的学术成果对多边政府平台、基于平台的治理进行研究，且均从技术产业平台的案例及其成功经验中进行借鉴研究，与本书的研究视角、思路与方法均有所不同。本书拟突破的创新是在多边公共平台战略研究开拓性阶段实现体系的创新，既包括选题和概念的创新，也包括视角和方法的创新，还有多边公共平台战略理论的原创型建构。尽管多边公共平台应用领域广泛，但并非所有公共产品与公共事务都有适合于平台式供给的潜力或适宜于平台型治理的模式，为此本书最后反思了多边公共平台战略的应用边界和适用范围。

目　　录

导　　论

第一节　选题背景与研究缘起

随着政治民主化、经济全球化、社会多元化和 IT 技术创新的持续推进，公共事务合作共治的需求越发强烈，当今的时代已步入合作治理的时代。全球化 3.0 加快了世界平坦化的步伐，在信息时代的网络社会与政府 2.0 时代，合作治理的复杂性和面临的挑战与日俱增，合作治理的战略模式与落地形态越发重要。同时，企业平台战略如日中天、平台经济业绩卓著，标志着平台时代的到来。[①] 这些都构成了多边公共平台战略的深刻时代背景。在合作治理时代与平台时代背景下，公共平台不断涌现，在合作治理与公共服务领域，公共平台战略是大势所趋。

一　合作治理及其复杂性

在当今的时代，公共治理的复杂性及挑战与日俱增，行政化管理及其垂直思维的局限凸显。因此，平台战略模式是大势所趋、势在必行。

（一）合作治理时代的到来

各种迹象和证据表明合作治理时代的到来，首先是全球化 3.0 升级演化的结果，"世界是平的"必将成为 21 世纪的简史[②]，世界的平

---

① ［韩］赵镛浩：《平台战争》，吴苏梦译，北京大学出版社 2012 年版，第 1 页。
② ［美］托马斯·弗里德曼：《世界是平的》，何帆等译，湖南科学技术出版社 2008 年版。

坦化进程为合作治理提供了必要性和可行性。其次，合作治理反映了后工业化进程中的渴求，后工业化造就了新的社会形态，已经呈现多元治理主体并存的局面，这一现实需要建构合作治理模式。① 再次，治理是政治、经济、社会和技术环境深刻演变的必然结果，是公共管理范式转换的需要，也是公共事务复杂性的应有回应。② 最后，从公共部门的实践来看，网络化治理已经成为公共部门的新形态③，协同治理在全球范围内别无选择④，协同治理 2.0 时代更需要强化利益相关者之间的联结。⑤

合作治理的研究成果不胜枚举，诸多学者的论著侧面论证了合作治理时代的到来。夏书章教授（2012）指出，政府需要与其他部门、组织和群体一起合作治理是各国和各地区公共治理的共同发展趋势。张康之（2012）认为，合作治理是社会治理变革的归宿，侯琦等（2012）认为，合作治理是中国社会管理的发展方向。北京大学教授燕继荣（2013）认为，协同治理是社会管理创新之道。此外，合作治理也被提上了政府的议事日程。例如，中共十八届三中全会提出改革总目标是推进国家治理体系和治理能力现代化。

（二）合作治理的复杂性

环境的不确定性、公共事务的复杂性、公共需求的差异性及治理主体的多元化等特征，从根本上决定了合作治理的复杂性。随着现代政治社会总体向着民主、法治的方向迈进，尤其是实用主义、自由主义思潮的蔓延和公民社会的崛起，政府难以驾驭复杂多样的公共事务，多元政治主体要求参与公共事务的权利诉求愈发强烈。政府还必

---

① 张康之：《合作治理是社会治理变革的归宿》，《社会科学研究》2012 年第 3 期，第 35—42 页。

② ［英］菲利普·海恩斯：《公共服务管理的复杂性》，孙健译，清华大学出版社 2008 年版，第 9—17 页。

③ ［美］斯蒂芬·戈德史密斯、威廉·埃格斯：《网络化治理》，孙迎春译，北京大学出版社 2008 年版。

④ Simon Zadek, "Global collaborative governance: there is no alternative", *Corporate Governance*, Vol. 8, No. 4, 2008, pp. 374–388.

⑤ Andreas Rasche, "Collaborative Governance 2.0", *Corporate Governance*, Vol. 10, No. 4, 2010, pp. 500–511.

须与其他政治主体建立战略联盟和伙伴关系，在治理网络中扮演元治理的角色，引领政治和社会的现代化进程。

当代公共治理环境的复杂性与不确定性超出了任何单独一方的掌控，多元治理主体必须着眼于共同利益大局和社会长远发展，进行战略磋商、整合、协作，才能应付复杂多变的公共环境。同时，公共治理系统还必须具有与环境相对的复杂性，即通过文化的多元化和理念的更新、结构和流程的再造、体制和机制的设计、方法和工具的综合、资源和能力的整合、权力的回归与共享、鼓励变革与创新，以增强对环境的适应能力。如何在复杂性中抓住规律和主旨，从不确定性中把握机遇与基准，在差异中实现融合与均衡，从多元中寻求共识与合力，需要全方位创新公共治理体系。

综上所述，当今已步入多元主体合作的治理时代，合作治理实践遍地生花，治理研究如火如荼，合作治理理念已经植入政府的改革议程。但是，合作治理的理念要落地生根，治理机制要付诸实施，以及有效适应合作治理的生态环境与应对公共治理的复杂性，必须借助于一定的空间、渠道、工具和运行模式。

二　全球化 3.0 时代与世界的平坦化

全球化 3.0 时代与平坦化世界的提出者，即全球畅销书《世界是平的》的作者托马斯·弗里德曼（Friedman，2008）认为，软件和网络使世界进入了全球化 3.0 时代①，每个个体和组织能够在全球范围内参与竞争与合作。2000 年前后，碾平世界的动力因素开始汇合，共同创造了一个全新的世界平台。在世界平坦化进程中，更多地方的更多人能够进入平台相互联系、竞争与合作。当越来越多的人学会以不同方式开展合作时，这个世界就变得更加平坦。因而在这个时代，每

---

①　弗里德曼把全球化进程划分为三个阶段：全球 1.0，即世界变圆，源自哥伦布航行开启世界贸易，全球化由"国家"力量来拓展；全球 2.0，即世界变小，"跨国公司"扮演着全球化的重要角色；全球 3.0，即世界变平，全球化以个人为主，是个人与组织得到权力的过程，全球范围内的合作与竞争将世界变为平地。

个社会主体都要思考：如何通过自己与其他主体开展合作。①

在平台上存在多种形式的合作，每种合作方式要么由平台直接造就，要么在它的推动下得到强化；平台能够使任何地方的个人、群体或组织，出于创新、生产、教育、研究、娱乐等目的进行合作，平台运作已经不再受到空间、时间、语言的限制，平台将会处于一切事物的中心；财富和权力会越来越多地聚集到那些成功地完成以下三个基本任务的组织②和个人那里。③ 这三个任务是：建设连接到这个平坦世界平台的基础设施；获得更多能够在这一平台上创新、工作，以及成功介入这一平台的人才；最后，通过成功治理来从这一平台获得最好的东西，并且防范最坏的副作用。④

三 信息时代网络社会的机遇

随着信息通信技术的大发展，以信息技术为基础的虚拟网络社会和社会实体网络渗透交融，使网络社会真正到来。网络社会打破了不同阶层社会互动的壁垒，社会化的力量促使人们开展开放的协同活动，在社会网络中人与人之间的关系是一种平等的合作关系，机械的行政管理方式失去了效果。⑤

（一）Web 2.0 使平台成为焦点

Web 2.0 以用户为中心，由 Web 1.0 时代的浏览平台发展为开放、共享、互动、参与、个性化的平台，网络内容因为人们的参与而产生。Web 2.0 把同质的人群连接起来，形成新的社区、组织和共同体，成为参与和分享的平台。⑥ 2009 年，美国旧金山举办的 Web 2.0 博览会的主题是"平台的力量"，次年于纽约举办的主题是"为了成

---

① ［美］托马斯·弗里德曼：《世界是平的：21 世纪简史》，何帆等译，湖南科学技术出版社 2008 年版，第 157—159 页。

② 例如，世界 500 强企业排名及福布斯财富榜的变化，还如 3Q 大战的结果。全球财富榜与中国财富榜的前列均由 Facebook、Google、Apple、Amazon 和阿里巴巴、万达、腾讯、百度等平台的缔造者占据。

③ ［美］托马斯·弗里德曼：《世界是平的：21 世纪简史》，何帆等译，湖南科学技术出版社 2008 年版，第 72 页。

④ 同上。

⑤ 蔡剑：《协同创新论》，北京大学出版社 2012 年版，第 154 页。

⑥ 汪玉凯、高新民：《互联网发展战略》，学习出版社 2012 年版，第 14—15 页。

长的平台"；在 2009 年与 2010 年的 Web 2.0 世界峰会上，几乎所有的发言都离不开"平台"。① 平台在如此短时间内引起世界瞩目，表明平台已经成为世界的焦点。但多边（双边）平台直到近些年才引起人们的广泛关注②，主要是因为信息技术增加了建设更强大、更有价值的平台的机会。信息技术，尤其是互联网技术，不仅增加了平台的潜在应用领域，而且增加了经济产业平台的数量和复杂性。③

（二）信息时代合作治理平台的发展机遇

在互联网的驱动下，21 世纪将是人类历史上通过平台战略全面普及商业行为的"分水岭"；互联网为平台模式的推广应用提供了前所未有的契机，并以难以置信的速度和规模席卷全球。④ 在公众参与治理方面，互联网是一个开放的、平等表达的、无疆界的平台，具备这些特征的网络参与倒逼着政府转型，加强了公民社会对公权力的监督，促使政府转变施政理念和方式。⑤ 下一代互联网将与移动通信网络、物联网、云计算、传统媒体、电子政务等有机连接与融合，为社会实体平台提供虚拟网络支撑和信息基础设施。这些信息技术为合作治理的平台化模式提供了前所未有的契机，有助于使政庢的线下服务和线上合作相结合，使政府平台和商务平台相衔接，将平台延伸到公共领域、商业领域的每个角落。

四　创新 2.0 与政府 2.0 时代的创新

随着信息通信技术的融合发展、网络社会的崛起及创新的民主化进程，工业时代以生产为导向、以技术为出发点的创新 1.0 模式，逐渐进化到知识时代以服务为导向、以应用和价值实现为核心的创新 2.0 模式。创新 2.0 强调公众的参与，倡导利用各种技术手段让知识和创新得以共享和扩散。政府 2.0 模式就是运用以 Web 2.0 为核心的

---

① ［韩］赵镛浩：《平台战争》，吴苏梦译，北京大学出版社 2012 年版，第 4—5 页。

② 事实上，双边平台已存在几个世纪甚至数千年，其雏形是封建社会出现的农村集市，现在依然存在。

③ Hagiu, A., "Multi - Sided Platforms, From Microfoundations to Design and Expansion Strategies", Harvard Business School, Working Paper, 2009.

④ 陈威如、余卓轩：《平台战略》，中信出版社 2013 年版，第 10 页。

⑤ 汪玉凯、高新民：《互联网发展战略》，学习出版社 2012 年版，第 4 页。

协同技术来更好地解决公共问题的运动①，是创新 2.0 在政府管理领域的创新实践。政府 2.0 同样强调用户的参与、互动协作和开放的平台架构（包括开放的平台与开放的数据），强调政府、企业、社会多方的互动协同。创新 2.0 视野下的政府 2.0 是以人为本、以服务为导向的政府管理创新模式，政府 2.0 是一个整体、开放的平台，一个政府、市场以及社会共同参与、沟通、互动、协同的平台。② 新技术不断推动面向公众的政府服务创新，政府已经从控制模式转变成数字时代公众参与治理的新服务模式，公民以更低的成本、更便捷的方式参与公共治理与公共服务的生产。③ 在网络经济和信息技术时代，公共平台建设和管理应自觉地选用必要的技术和方法来开放政府，改善政府的透明性、协商参与，以提高政府平台有效运行的可能性。④

五 平台经济时代与平台战略的兴盛

平台的存在是广泛的，它们在现代经济系统中具有越来越大的重要性，成为引领新经济时代的重要经济体。⑤ 如今，平台已遍布各行各业，平台产业的经典案例包括：电子商务平台、门户网站、搜索引擎、通信平台、操作系统与应用平台、社交平台、电子支付平台、求职平台、媒体平台、购物平台、娱乐平台、体育竞技或赛事平台、城市经营平台。⑥ 各行各业平台的成功案例昭示着平台经济的崛起、平台战略的兴盛，表明当今已进入一个平台的时代，平台经济正成为新

① Tim O'Reilly, "Government as a Platform", *Innovations*, Vol. 6, No. 1, 2010, pp. 13 – 40.

② 宋刚、孟庆国：《政府 2.0：创新 2.0 视野下的政府创新》，《电子政务》2012 年第 2 期，第 53—60 页。

③ Tapscott D., Williams A. D., Herman D., "Government 2.0: Transforming Government and Governance for the Twenty first Century", 2007 [2011 – 12 – 15], http://wiki.dbast.com/images/a/aa/Transforming_ govt. pdf.

④ Tim O'Reilly, "Government as a Platform", *Innovations*, Vol. 6, No. 1, 2010, pp. 13 – 40.

⑤ Roson, R., "Auctions in a Two – sided Network：The Case of Meal Vouchers", Ca' Foscari University of Venice, 2004.

⑥ 徐晋：《平台产业经典案例与解析》，上海交通大学出版社 2012 年版。

一轮全球经济增长的引擎。① 平台经济时代已成为各国学者、工商界人士的共同世界观。

（一）平台经济的内涵

平台经济是时代发展的产物，有着广阔的发展前景，对生产生活和产业组织产生了深远的影响。② 国内平台研究开拓者贺宏朝认为，平台经济是通过整合或借助关联组织的能量组成一个新的竞争系统，从而达到提升竞争能力的目的，合作各方均衡地享有新系统带来的增值利益。③ 中欧国际工商学院院长朱晓明认为，平台经济是未来服务经济发展的重要组成部分，它是一种规模经济与范围经济、双边平台的现代创新经济。④ 陶希东总结认为，平台经济具有几项特质：其一，它是一种超越地理边界的跨界经济，也是一种跨行业、跨部门的综合性服务经济；其二，平台企业是平台经济的市场基础，平台多元化、多类型的发展是平台经济发展的基本趋势；其三，平台经济以公平、责任、共赢等为价值理念，公开透明、开放共赢是其显著特征。⑤

（二）企业平台战略的兴盛

平台战略是资源整合以加快创新与提高合作效率的产物，其应用前景和价值难以估量。企业平台战略，通俗的理解就是连接两个或多个群体，在开放共享的基础上通过网络效应相互吸引以满足各自需求，从中巧妙获利的多方共赢的商业战略。平台战略模式深入群众生活，包括社交网络、电子商务、信息搜索与处理、现货与期货交易、信用卡与支付系统、在线娱乐与游戏、地产开发、交通枢纽、教育培训、电子政务、开发区，几乎涉及各个产业、行业。平台正在成为一种普遍的运作模式，拥有一个成功平台成为组织获得竞争优势的主要

---

① Phil Simon, *The Age of the Platform：How Amazon，Apple，Facebook，and Google Have Redefined Business*，Motion Publishing，2011.

② 王玉梅、徐炳胜：《平台经济与上海的转型发展》，上海社会科学院出版社 2014 年版。

③ 贺宏朝：《平台：培育未来竞争力的必然选择》，机械工业出版社 2004 年版，第 20—21 页。

④ 叶丽雅：《朱晓明谈平台经济》，《IT 经理世界》2011 年第 327 期。

⑤ 陶希东：《平台经济呼唤平台型政府治理模式》，《浦东发展》2013 年第 12 期。

手段。世界的优秀企业都善于实施平台战略形成竞争优势，有了平台战略，大象也可以跳舞。① 在全球最大的 100 家企业中，至少有 60% 的企业超过一半的收益来自平台市场。② 著名的平台企业，国外的有 Facebook、谷歌、苹果、亚马逊、时代华纳等，国内的有腾讯、阿里巴巴、百度、万达、世纪佳缘婚恋网等。总之，我们正处在"迈向平台战略的引爆时代"，平台战略成为"正在席卷全球的商业模式革命"。③ 平台战略的思想和运作模式还会广泛推广。

（三）平台经济时代与企业平台战略的启示

无论在国外还是国内，政府还是企业，对平台经济及其模式愈加重视。④ 在平台时代，无论私营企业还是公共部门都必须建立和参与平台价值网络来发展自己的事业。平台经济及其商业模式创新，必然倒逼政府治理模式与治理工具的创新，只有构筑与平台经济相适应的平台型治理模式，才能顺利推动经济社会创新与转型发展。⑤

合作治理与平台战略具有根本的一致性：对多元主体的开放连接、互动合作和共治共赢的激励机制。平台并非都是谋求利润的，也非总是由营利性企业来经营。政府过去经营的广场、集市、支票都是传统的双边平台。⑥ 因此，平台战略对公共事务合作共治、公共品多元供给与协作创新具有重大借鉴和启发意义。平台经济学与战略学启示我们，平台的优势显著、功能强大，多边平台建设意义重大。平台在交流与交易、竞争与合作中大有用武之地，公共治理与公共服务亦不例外。正如《平台战略》一书所展望的："公共交通、产学研合作、开发区、教育培训、大众娱乐休闲、公共文化事业、社会保障事业、社区治理、体育事业等人流聚集之地，都可引入平台概念和战

---

① 秦合舫：《寻找大象的舞台》，《中国商业评论》2006 年第 10 期。

② Eisenmann T. , "Managing Networked Businesses: Course Overview for Educator", HBS note no. 807 – 104, Havard Business School, 2007.

③ 陈威如、余卓轩：《平台战略》，中信出版社 2013 年版。

④ 徐晋：《平台经济学》，上海交通大学出版社 2013 年版，序言。

⑤ 陶希东：《平台经济呼唤平台型政府治理模式》，《浦东发展》2013 年第 12 期。

⑥ ［美］戴维·S. 埃文斯、理查德·施马兰西：《触媒密码——世界最具活力公司的战略》，陈英毅译，商务印书馆 2011 年版，第 25 页。

略，使之成为信息枢纽和供给需求匹配的中介，政府和非营利组织完全可以借助平台的力量扩大影响力并创造公共价值"。①

第二节　问题的提出与研究价值

一　问题的提出

本书坚持问题导向，问题的提出则坚持现实需求导向。原因有三：一是多边公共平台现象很复杂，确实存在诸多问题；二是多边公共平台战略在治理实践中确实有需求；三是关于多边（双边）公共平台的理论研究文献极少，公共平台战略理论未曾建构，无法直接从文献综述和理论漏洞中提出问题。因此，研究的问题主要根据时代背景、平台现象与平台建设与管理的现状、合作治理对平台战略的需求而提出。研究的关键问题涉及多边公共平台战略的以下几个基本问题：是什么、为什么、怎么做。最后一个问题拟投入的研究精力最多。

（一）问题一：什么是多边公共平台战略

现实中类型纷杂的"平台"层出不穷，功能各异的公共"平台"不断涌现。"平台"屡见不鲜，甚至媒体和组织对平台的提法已达到泛滥的程度。不少学者已开始对平台现象进行探索，但鲜有学者对多边（双边）公共平台或政府平台进行直接、明确的界定。关于"什么是多边公共平台战略"这个问题，可以进一步分解为：

其一，多边公共平台及其相关概念如何定义，如何理解多边公共平台的多维性质和"平"的特质。多边公共平台有何识别标准，因为很多所谓的"平台"却不一定是平台；有些虽不叫"平台"（例如国家社科基金资助的 CSSCI 杂志、社区社工服务中心），但却符合多边平台的理念，并按照平台的原理来运作。

其二，多边公共平台表现出哪些特征，与其他公共平台有何区别

①　陈威如、余卓轩：《平台战略》，中信出版社 2013 年版，第 279 页。

和关联，如何根据逻辑关联绘制公共平台的家族谱系；多边公共平台与企业平台有何共性与区别。

其三，多边公共平台呈现出怎样的结构，结构体系有哪些基本要素，有哪些参与者，平台之间的关系网络是怎样的。

其四，多边公共平台有哪些类型，根据哪些维度和依据进行分类，类型的划分有何意义；公共平台类型呈现怎样的演化轨迹。

其五，什么是多边公共平台战略，多边公共平台战略有何特征与优势，其核心思想和实质是什么；如何理解多边平台的战略思维。

（二）问题二：为什么需要多边公共平台战略

关于为什么需要多边公共平台战略，可以从多个视角和层面来回答：从自身的属性来看，多边公共平台战略有哪些优势；从功能来看，多边公共平台战略发挥哪些作用；对多边公共平台战略概念及其思维模式进行演绎推理，公共平台战略能够创造什么样的价值；从宏观环境和治理变革的趋势来看，公共平台战略有哪些驱动性因素，为什么是大势所趋；从公共管理战略的视角来看，多边公共平台战略的作用有哪些；从社会权利演变的视角来看，对多边公共平台战略有着怎样的需求；从公共品自主生产经营和行政化管理的困境来看，为什么需要多边公共平台战略。

（三）问题三：如何推行多边公共平台战略

关于如何推行多边公共平台战略，笔者从战略定位、战略选择、战略实施等战略管理"三部曲"分别进行阐述。这里可以分解为三个问题：

第一，如何进行多边公共平台战略的定位，即如何从平台生态圈及需求分析入手，分析确定：多边公共平台战略使命是什么，服务对象是谁，服务需求有哪些；多边公共平台的供给模式有哪些，平台的功能与业务范围、运作环境是怎样的。

第二，如何制定并选择多边公共平台战略，指导思想和总体方法是什么，应该遵循什么原则；多边公共平台的价值创造模式有哪些，各自的创价路径是怎样的；如何制定和选择多边公共平台的建设战略；如何制定和选择平台运行及管理战略。

第三，多边公共平台战略如何付诸实施，即平台如何建设、运行和管理。本书借鉴企业多边平台战略的实际经验与平台经济学的理论成果，如何提出多边公共平台战略实施的方案，平台建设、运行和管理应该遵循哪些策略。

二　研究的价值

平台时代背景下的多边平台战略研究，无论在理论上还是实践上，价值显著，意义重大，因而研究的重要性、创新性毋庸置疑。

（一）理论价值

在政治更加民主、经济高度发达、社会治理多元化、科技十分先进的当代社会，类型纷杂、功能各异的公共平台不断涌现。平台的内涵和应用领域越来越广泛，不仅引起科技工作者的重视，也引起政治家、企业家的高度关注，近年来成为经济学、战略学等领域的研究热点。虽然公共平台，尤其是公共服务平台早已进入人们的视线，"平台"一词使用的频率越来越高，但是在公共管理学领域，对公共平台原理的研究十分罕见。即使有一些，也多半停留在类似媒体的宣传和案例经验的描述上。与当前研究正热且已取得丰硕成果的企业平台战略理论和平台经济学相比，公共平台理论研究明显滞后。

既有的公共平台研究文献对一些基本问题的探讨仍显不足，甚至留下了许多空白。这些问题包括：多边公共平台到底是什么，如何识别其真伪，其有着怎样的战略理念和思维模式；多边公共平台有哪些特征与优势，有哪些类型和结构，发挥着怎样的功能；多边公共平台如何建设、运作和管理，其价值如何实现；如何评价其效果，其成功取决于哪些因素；如何推动平台型治理、平台型创新和政府的平台领导。显然，通过多边公共平台战略研究，有助于为政府和社会组织的平台战略定位、战略选择、战略实施提供理论指导，有助于理论界对多边公共平台的性质、特征、类型、结构、功能及其建设、运行与管理的模式有一个初步的认识。

尽管公共治理引起了越来越多的学者的探讨，但治理理论存在诸多问题。不同学者对治理的理解不同，治理理论借用了其他学科的诠释却造成了语义的混乱。即便是细分到网络治理或协同治理，其解释也是仁者见仁、智者见智，甚至出现两者相互解释的情形。因而"治理理论丛林"看似形成却很混乱。正如有学者指出的那样：治理理论强调多方参与却无法达成共识，更无法明确给出参与的具体框架；试图整合政府、市场等多种力量，发挥社会管理和公共服务多元供给的作用，却缺乏明确的操作章程。① 因此，一种吸收和传承治理理论精华，易于构建实施框架和可操作性更强的治理理论——多边公共平台战略与平台型治理理论亟待提出。

（二）实践意义

随着合作治理时代的到来，深受产业平台成功实践和平台经济学的启发，在权力多元化的政治现实中，在公共服务、民主权利、合作治理的需求拉动下，为了应对社会利益诉求的多元化、公共服务和公共管理的复杂性，多边公共平台战略无疑成为合作治理与公共服务创新必然的战略选择。

公共部门需要在整个生态系统中与其他组织紧密联系、互动协同，借助平台的力量，不断维护和增进公共利益。多边公共平台以其强大的资源整合、互动互利、合作共治等功能得到了各国政府的重视，各国都纷纷建设公共平台，例如德国、丹麦、美国的公共服务平台与开放型政府建设。我国各地的公共平台实践也在如火如荼地进行，如产学研合作平台、产业园、科技园、公共文化平台、体育竞技平台、听证会、基金会、广交会、公共论坛、博览会、社工服务中心、学术交流平台等，但这些仅仅是多边公共平台的冰山一角，多边公共平台具有更加广阔的应用领域和发展空间。

多边公共平台不仅为公共治理提供了空间、渠道和机制，而且扩展了公共部门有限的资源与能力，为合作共治奠定了基础。通过多边平台战略，政府等公共部门将公共品及互补服务的生产权力、监督管理权力开放给其他组织，对生产与供给、管理与治理进行了区分，有利于打破政府与市场的二分法，推动政府职能与治理模式的转变，有

---

① 姚引良、刘波、汪应洛：《网络治理理论在地方政府公共管理实践中的运用及其对行政体制改革的启示》，《人文杂志》2010 年第 1 期。

助于实现公共品的多元供给和公共服务的协同创新。多边公共平台节约了生产成本与交易成本，创造了规模经济、范围经济、创新柔性等经济价值，为互动合作、协商对话、参与共治提供了机会、空间和规则，创造了公平民主与用户主权的社会价值，提升了政府平台领导的影响力。研究多边公共平台战略，有助于探寻公共平台建设、运行和管理的科学规律，走出合作治理的现实困境；有助于矫正现实中平台公共性、公平性、平坦性、开放性与互动性的扭曲，以提升公共平台的绩效。

第三节　研究规划与方案设计

研究方案设计就是把需要研究的问题与最终结论连接起来的逻辑过程。研究设计首先从拟研究的问题出发，明确研究的性质、目标和视角，然后确定研究对象与研究思路、研究内容与分析单位，据此继而选择相关的资料、收集和分析这些资料，最后根据这些资料按一定的方法和逻辑流程形成研究结果。

一　研究性质

一是总体研究而非个体研究。研究对象是多边公共平台的总体和多边公共平台战略的共性模式，而不是某个多边公共平台或某个公共部门的平台战略。因而战略定位、战略选择、战略实施仅做一般性的理论演绎和规范研究，更多的是借鉴企业平台战略的原理与经验，因而没有考虑某个多边公共平台自身的实际和具体生态系统。

二是理论研究与应用研究相结合，以理论研究为主，注重理论的科学建构和现实可行性。本书不仅试图从纷繁复杂的平台现象中去发掘其中的本质和要义，不仅从多个公共平台案例中探寻平台建设、运行及管理的共性规律和理论框架，还试图形成有助于指导合作治理实践的多边平台战略方案。"战略"研究具有理论高度和务实应用相结合的特征。

三是实证研究与规范研究相结合，以规范研究为主。实证研究是研究事物的现状和实况，通过实证研究主要回答：多边公共平台建设模式有哪些，运行流程和特征是怎样的，管理策略和方式有哪些。规范研究是基于一定的价值准则研究如何开展某项活动及对此进行评价，主要回答：多边公共平台应该如何进行战略定位和战略选择，在平台建设、运行和管理上有何对策和建议。

四是归纳式理论建构与演绎式理论建构相结合，以演绎式理论建构为主。对于什么是多边公共平台，有何特征和优势，判别逻辑和标准是什么，以及多边公共平台如何进行战略定位和选择等问题的探索采取演绎式理论建构的方式；而对于多边公共平台的结构、类型、功能，则采取两者相结合的方式。

二 研究视角

本书针对当前公共平台研究停留在必要性分析和个案描述性研究层面所表现出的零散、浅显等不足，注重突破已有的理论空白，系统深入地进行描述性和探索性研究。研究的目标是通过探索多边公共平台的性质、特征、结构、功能和类型，探讨多边公共平台的思维理念与价值创造模式，通过演绎推理建构多边公共平台建设、运行和管理的模式，初步提出多边公共平台战略管理体系。

本书置于合作治理的时代背景之下，面向公共事务合作共治和公共服务的多元供给与多样化需求，在网络治理、协同治理的基础上，谋求符合我国治理体制及现状的公共事务治理之道。同时，本书将多边公共平台从运作层面上升到战略高度，不仅视多边公共平台为公共品多元供给的方式、公共服务创新的路径和合作治理的战略工具，而且视其为一套基本的合作治理战略模式与战略思维。因此，遵循战略管理"三部曲"：战略定位、战略选择与战略实施①，从公共管理战略的视角阐述如何推行多边公共平台战略。本书同时吸收平台经济学和平台战略学的成果，融合了新公共行政的价值导向、新公共管理向企业管理学习借鉴的现实取向、合作共治的基本观点，借鉴吸收企业

---

① ［英］格里·约翰逊、凯万·斯科尔斯：《战略管理》，王军等译，人民邮电出版社2004年版。

平台战略与多边（双边）平台理论的理论成果，将理论思辨、模型建构和案例研究结合起来探索多边公共平台战略。

三　研究对象

本书以多边公共平台为主要研究对象，探讨其实质、结构、功能及类型，揭示平台建设、运行和管理的过程与方式，描述基于平台的互动合作行为。本书将多边公共平台界定为：连接公共部门生态系统中的多边群体，在开放共享的基础上，激发网络效应并提供互动机制以实现群体间相互满足的治理支撑体系。将多边公共平台上升到合作治理战略的高度，即为多边公共平台战略。

根据对研究对象的界定，主分析单位是多边公共平台。凡是符合多边公共平台概念的"平台"都构成了研究对象的总体。这里作两点说明：一是有些现象没有命名为"公共平台"，也属于多边公共平台，如国家社科基金、社工社区服务中心；而很多命名为"公共平台"的事物，因为名不副实或不符合概念界定，所以不在本书研究之列。二是不打算探究纯抽象的政策平台、制度平台，因为完全有其他更好的视角与方法来进行研究（如公共政策、制度主义）；也不探讨单纯的技术平台、信息平台或电子政务平台，而倾向于选择涉及多边用户群体互动合作共治的实体平台。主分析单位可以分解为若干指标和维度来进行概念操作化，这些指标和维度包括平台性质、特征、规模、结构、功能，价值网络及网络效应，平台运行、平台演化与平台战略的过程。这些指标和维度还需要进行多层次划分，以便进行操作。

四　研究思路与研究内容

（一）研究思路

由于多边平台的治理意蕴与战略的外部取向，本书将多边公共平台战略放在合作治理的理论框架中，从时代背景和社会环境发展大势出发，初步论证多边公共平台战略的必要性。系统研究三个基本问题：多边公共平台战略是什么、为什么、如何做。多边公共平台战略的直接目标是合作共治，通过向平台型治理模式的转型和政府的平台领导，最终目标是实现善治与善政。总体研究思路见图 0 - 1。根据上文分析确立的研究性质、研究对象与研究思路，设计的研究技术路线见图 0 – 2。

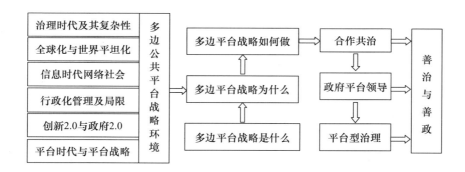

图 0 – 1　总体研究思路

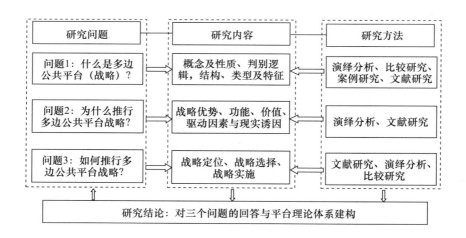

图 0 – 2　研究技术路线

（二）研究内容与章节安排

　　导论部分分析多边公共平台战略研究的背景与缘起，明确研究的问题及其性质，论证研究的理论和实践价值，在此基础上进行研究规划与设计。第一章回顾多边公共平台研究相关理论基础与文献综述。第二章对多边公共平台内涵与外延进行界定，探讨其性质、谱系和判别逻辑，并阐述其特征、结构和类型。第三章对多边公共平台战略进行了诠释，分析其战略实质与思维模式，并从功能、价值、驱动力与诱因等方面论证为什么选择多边公共平台战略。第四章至第六章按照战略管理的"三部曲"——战略定位、战略选择、战略实施的过程逻辑系统构建多边公共平台战略管理模式，这部分是研究的重难点。其中，第六章贯彻遵循第五章、第六章的战略定位与战略选择，探讨多边公共平台建设、运行与管理的策略。第七章进行研究总结和反思，概括研究的基本结论——对三个基本问题的回答，在此基础上构建多边公共平台战略理论体系，总结研究创新与局限，对平台型政府、平台型创新等进行展望。

五　研究方法

在借鉴比较、文献述评和多学科理论的基础上，通过理论思辨与模型建构，对多边公共平台战略进行多视角、多层次、多方法和多元操作变量的研究，主要通过文献研究、借鉴比较研究和案例研究实现多边公共平台战略模式的理论建构。

本研究属于质性研究，基本方法是案例研究与其他方法的混合。混合方法研究在于使研究者处理更复杂的研究问题，收集更丰富、更有力的证据，遵循混合设计的要求：用不同的研究方法共同处理相同的研究问题，收集相互补充的资料，生成与之相应的分析结果。[①] 具体方法包括：实地考察、访谈调查与文献调查相结合进行案例研究；演绎推理与归纳推理相结合进行理论思辨和模型建构；对企业平台战略进行借鉴比较研究。应用情形如下：

通过文献研究，既注重对公共平台研究文献的述评，又注重对平台经济学与平台战略学相关文献的参考。

通过比较借鉴研究，主要是对企业平台战略的借鉴，具体涉及公共平台与企业平台在内涵、创价机理、运行模式、建设模式、管理策略等多个方面的借鉴。

---

① ［美］罗伯特·K. 殷：《案例研究：设计与方法》，周海涛等译，重庆大学出版社2010年版，第71页。

通过理论思辨与模型构建，充分听取专家意见，在演绎推理和比较借鉴基础上，重视系统建模，如平台结构模型、创价模式、建设模型、运行模型与战略管理模型、平台适用性模型，等等。

通过访谈调查、实地观察与档案资料分析相结合进行案例研究，分析比较、总结归纳多边公共平台建设、运行和管理的共性和规律。

六　研究流程

本书通过归纳式探索性案例研究方法与其他方法的混合设计，将理论建构作为直接研究目的。研究流程分为如下五个阶段。其中，资料收集与分析、论证与咨询、修改与完善贯穿全过程。

第一阶段是规划与论证。首先思考的是，选题是否有充分的理论和实践价值，研究的潜力和空间有多大，是否适合博士论文选题；其次，从公共平台的纷繁现象中，借鉴企业多边平台的定义，反复构思多边公共平台的概念及本质；再次，进行研究方案规划，明确研究的目标、研究的性质和总体思路；最后，对研究的可行性进行初步论证，征询导师和多位专家的意见。

第二阶段是研究设计。具体包括：拟定研究的基本问题，确定研究对象、分析单位和研究变量，选择与组合研究方法，拟定写作提纲、设计内容框架，就研究路线的可行性进行专家咨询论证。

第三阶段是数据收集。通过中国知网、EBSCO、Willey、Emrald等数据库与图书馆文献快递平台收集相关文献资料，通过本校和外校图书馆等借阅相关的研究专著。不断收集与阅读最新文献，做好读书笔记，并对各类资料进行简单编码与记录；在前期文献阅读和战略管理研究方案借鉴的基础上，拟定数据收集的草案；初步的走访调查与实地观察相结合，获取案例档案资料；建立案例库，充实、完善案例信息，对案例进行分类整理，根据理论抽样的原理和实际情况筛选出案例样本；进一步完善和分析样本案例信息，在此基础上根据研究需要进行深度访谈。

第四阶段是数据分析。首先分别对案例档案资料、访谈问卷、文献资料进行分析，整合多数据源构成的证据链，并对企业平台文献进行借鉴比较；然后对多案例进行复制研究，找出其中的共性和稳定的模式，初步得出研究结论，形成理论，并通过其他案例或与文献对话来验证理论的可靠性。

第五阶段是讨论与总结。首先讨论研究结论的适应性及其应用推广前提，反思理论的应用范围及条件、研究创新与局限；根据专家意见和建议修改、完善全文。

第一章 多边公共平台战略研究的理论基础

多边公共平台战略虽是一个新的概念和研究主题，但并不是无源之水、无本之木。从实践来源来看，多边公共平台战略一定程度上受到企业平台战略的启发，是在企业多边平台模式的基础上发展起来的。从理论基础来看，本书从国内外公共平台研究现状出发，从中寻求理论根基与研究突破口；本书主要把平台经济学及企业平台战略作为理论参考，从中寻求启示和借鉴意义；同时植根于公共管理学相关理论，以合作治理理论为重要源泉；最后，多边公共平台本身作为一种公共品和治理规则，其供给与运行管理也要遵循公共经济学、制度经济学中的公共品供给与机制设计的规律。

第一节 公共平台文献综述

一 国内公共平台研究综述

国内研究公共平台的文献中，几乎没有直接以多边或双边公共（政府）平台为研究对象。大多数公共平台文献都涉及平台建设、运行及管理方式的研究，一般会涉及平台功能的探讨，但往往介绍的是某一行业、某一组织特定的平台功能。专门研究公共平台结构的文献较少，主要集中在电子政务系统、公共信息平台领域。在上述文献中，少部分涉及对公共平台概念的探讨。

（一）关于公共平台概念的探讨

随着公共服务平台不断涌现，有学者开始对公共平台现象进行研究。但是，在以"平台"为题名的文献中，极少有学者对公共平台概念进行直接、明确的界定。这可能有几个原因：其一，公共平台实践几乎遍布各行各业、各个部门，由于平台类型的多元化、结构的多样性、功能的差异性与应用领域的广泛性，因此很难下一个统一的、概括性强的定义；其二，很多公共平台是无形的、虚拟的、综合性的，或是纯技术性的，甚至不以"平台"（如博览会、国家社科基金、服务中心）命名，很难通过归纳来提炼公共平台的概念及其实质；其三，或许是因为在平台的理解上，"仁者见仁、智者见智"，平台在中外词典中亦有多重释义，因而就不去比较、质疑与考辨。

在公共平台研究中，对公共服务平台的研究最为常见。慕朝师（2008）认为，公共服务平台是指服务政府向社会提供的一种服务产品，功能和作用在于为公共服务活动提供合适的载体。但将平台阐释为"载体"造成平台内涵简约化、宽泛化的风险。还有人对公共服务平台进行了研究综述（张太华、张静，2011），但综述对象全是信息技术和信息服务平台的研究成果，将公共平台仅理解为"公共信息平台""基础设施"，显然不够深刻。

概括来说，文献中对公共平台的理解有以下几种：

第一，具有通用性、基础性或支持性的共享体系或支撑系统。如大专业平台——学科基础课程培养体系，强调基础性、支持性、跨专业公用性（周激流，2012）；还如社会工作平台——为一项事务提供的载体与支撑（湛中乐、蒋季雅，2010）。

第二，信息系统或信息技术框架（也因为其共享性、支撑性而称为"平台"）。太多公共平台被视为一种信息系统，例如，教师教育数字化平台——借助网络进行教师培训的系统（高湘萍，2009）；环境空间信息服务平台（魏斌，2013）；水利管理综合平台——支撑水利建设的信息系统（易小兵，2013）。

第三，互动、共享的社会空间。例如，"复合型社会公共平台"是由若干不同类型的社会主体共同发起并以优势互补的方式构建、公众广泛参与的生活空间与功能性公共平台（林乃炼，2013）。这里将公共平台理解为多元社会主体互动、共享的社会空间，以"公共平台"来定义公共平台实则没有界定公共平台到底是什么。

第四，资源集合、能力整合的中介、枢纽或组织。例如，"数字出版公共平台"是一种聚合数字出版产业中各个功能模块的中间性组织（畅榕、陈丹，2012）；再如，柳霞（2010）认为公共文化服务机构是文化遗产保护的社会平台。

第五，同时强调上述特征的系统。例如，区域技术创新公共平台：某一区域中一系列共享要素的集合，以形成一个有利于创新的共享平台（辜秋琴，2008）。

综上所述，平台的定义很广泛，不同的定义涉及的平台性质不同，已有文献没有对平台的性质进行探讨，忽视了公共平台的价值导向；没有进行分类研究，因而没有探讨生产平台与供给平台、多边平台、治理平台的区别。

从上述对公共平台的多种理解来看，公共平台还是存在一些基本的共性：共享性或通用性、系统性或整合性、基础性或支撑性、中介性或载体性等一项或多项特质。然而，很多文献似乎假定"平台"是一个家喻户晓的通用词语，从而不去界定或考辨其定义，更不去质疑平台的真伪和效果，结果造成平台话语泛滥。平台话语泛滥的直接后果是以概念作为逻辑起点的公共平台理论无法产生，建立在概念基础上的类型、结构、功能、建设模式、运行机制、价值创造模式等研究无法进行；重要的是，有别于生产平台与技术平台的多边供给平台、多边治理平台的实践失去了理论指导。很多不以"平台"命名的双边或多边公共平台，例如博览会、社区社工服务中心，失去了研究其共性和规律性的机会。建立在双边（多边）平台理论基础上的政府平台、公共平台战略、平台型治理等新型理论和实践难以科学有效地开展。

（二）关于公共平台的结构与功能的探讨

不同行业、不同性质的公共平台结构迥异，上述五种形式的公共平台的功能侧重点有所不同，甚至差异很大。专门研究公共平台结构的文献较少，主要集中在电子政务系统、公共信息平台领域；公共平台文献中一般会涉及平台功能的探讨，但往往介绍的是某一行业、某一组织特定的平台功能。重要的文献及其结论包括：章威等（2012）

深入研究了区域物流公共信息平台，认为其具有整合区域为物流资源的功能，作用在于强化管理和调控、促进资源整合与企业合作、推动物流标准化、规范化；潘润红（2013）探讨了面向移动支付产业的开放、协作、共赢的公共服务平台，分析了其生态系统、平台结构及功能架构、建设对策。姜玮等（2013）阐释了江苏省科技创新平台的战略作用。还有学者分别探讨了技术创新公共平台的结构（辜秋琴，2008），产业创新平台的结构与功能（王斌、谭清美，2013）。

上述对公共平台结构和功能的文献主要集中于产品平台、技术平台等性质的平台类型。在功能方面，文献主要偏向科技或经济服务领域，而对社会服务、社会治理领域的公共平台功能研究几乎空白。在平台结构方面，研究对象主要是平台的技术结构，而对平台社会网络结构的研究极少；对平台结构缺少归纳与提炼，无法探寻公共平台的共性特质与基本要素。虽然这些所谓的平台不是本书的主要对象——双边或多边平台，但其结构和功能对接下来的研究仍有一定的借鉴启发作用。

（三）关于公共平台建设、运行及管理的探讨

绝大多数公共平台文献都涉及平台建设、运行及管理方式的探讨，因此相关的观点很多。有一般性地探讨政府服务平台方面的文献，例如有政府部门主张通过推行政府服务制度、流程、方式、设施等方面的标准化，来建设服务型政府平台（牛建平，2010）。此外，关于网络政治平台、电子政务平台的研究较多，如网络问政平台、网络信息平台和网络监督平台。

多数学者从某一特定领域探讨公共平台的建设现状，这些特定领域包括：公共信息服务、基层社会服务、针对某行业的公共服务、科技创新与产学研合作、中小企业公共服务、公共文化、社会治理等方面。例如，陈晓峰（2011）研究了中国体育产业公共服务平台建设的内容、特点及平台价值实现方式，探讨了平台网络建设和专业化运作；柳霞（2010）总结了山东非物质文化遗产保护平台——公共文化服务机构的运作以及传播平台、基金平台的建设情况；刘淑兰（2013）探讨了闽台文化产业合作平台建设存在的问题及对策；王艳

秀（2014）研究了高校图书馆联合体学科化服务合作平台的构建；王斌、谭清美（2013）从组织结构、环境、规制等方面建构了产业创新平台建设的四维框架；杨艳红（2012）阐述了科技公共技术服务平台建设现状与建议；涂勇（2013）研究了地方科技资源共享平台建设的经验、教训和对策；曹剑光（2011）分析了福州市的社区"虚拟"公共服务平台的现状与运行模式创新；张楚文（2010）探讨了"两型社区"综合服务平台建设的商业模式创新；毕华东、许韬（2011）归纳了宁波市海曙区的"81890"求助服务中心建设的模式创新、制度安排与路径选择。

在公共平台的运行及管理方面，陈波（2012）探讨产业创新平台的运行机理与治理模式，认为治理模式的选择应考虑成员数量及结构、平台目标、成员间的信任与竞争程度。彭禄斌和刘仲英（2010）研究了公共信息平台治理机制及其对绩效的影响。欧黎明、朱秦（2009）从主体培养与机制建设的视角探讨了社会协同治理的平台建设与管理。吴群刚（2009）综合分析了北京市社区服务平台的设置体制，对社区服务平台模式进行了分类并提出了对策建议。肖君、王民（2013）对终身学习公共服务平台的运行机制、资源整合、学习支持服务系统、质量评价等要素进行了分析。

从收集的中文文献来看，公共平台研究呈现出如下特征：一是几乎都是讨论某一行业、某一具体领域、某一组织的平台建设，没有经济学、管理学等相关学科的理论基础，也没有平台经济学与战略学的理论支撑，更没有对公共平台建设与管理的共性进行归纳式理论建构，而是在通俗意义上"就事论事"。二是较少研究公共平台的供给与创建模式，更多的是在实证研究的基础上进行规范研究——平台运作、建设及管理的对策与建议。三是公共服务平台的文献明显多于社会治理平台的文献，科技相关领域、经济服务领域的平台文献数量远远多于其他领域的平台文献，这反映了两点：第一，公共服务在政府的意识形态和实践作为显著多于公共治理，进一步反映了平台供给和治理模式的单一；第二，公共平台建设在驱动力和动因方面，市场驱动多于政府驱动，经济效率重于社会公平。

二　国外公共平台研究综述

在 Willey、Ebsco、Emrald 等外文文献数据库中和谷歌学术中进行搜索，搜得的政府平台、公共平台的文献很少。[①] 相近的研究记录主要集中在对公共信息或信息技术等沟通领域的技术平台的研究，如互联网平台、某些公用信息系统、电子政务系统等。随着 ICT 在公共服务领域的推广普及，作为技术支撑系统的公共服务平台越来越引起学者的关注，如数字校园公共服务平台、政府公务员学习平台、智慧城市平台。有些文献将"Public platform"理解为公共建筑的基础架构（Morley von Sternberg and Tim Mitchel，2008）或共用生产制造平台（Paddy Baker，2005）。这些解释都与本书中的公共平台定义或与企业双边（多边）平台中的平台定义有很大差别。

从公共管理理论的视角来看，在国外研究成果中与公共平台较接近的概念是查尔斯·福克斯与休·米勒（2002）提出的民主协商的公共平台原型——公共能量场。公共能量场是公共政策得以在对抗性交流和争辩的基础上制定和修改的场所，在实践上为公共话语的实现提供了一个恰当的时空维度，即具有制度化特征的重复性实践的对话竞技场。公共能量场就是协商对话借以产生公共政策的平台。遗憾的是，福克斯等尽管认识到话语平台的必要性与作用，但对其运行机理和建设模式甚少涉及。

国外相关成果集中在对公共信息、公众参与等领域的平台研究，例如 Mark de Reuvera（2013）等设计了手机参与政务的公共服务平台。这些成果重在探讨公共平台的机制设计，一个苗头是出现了研究公共治理平台的文献。Tanya M. Kelley 和 Erik Johnston（2012）发现了公共治理平台中制度规则的重要性，优良的公共平台具有阳光治理、鼓励公众参与的特征，作者提出了政府组织设计公共平台时整合制度规则的框架，以改进政府公众间关系。Lucinda L. Maine（2012）

---

① 笔者也曾怀疑自己的搜索方法，为此向图书馆工作人员请教，在这些人员的悉心指导和代替检索中，仍没有多大的发现；本书还通过图书馆读秀服务平台获取过一批英文文献。这里特别感谢这些热心人士的帮助。

发表了优化美国公共卫生平台的简短观点。为了满足公共卫生需求，美国疾病控制中心和联邦医疗机构发起建设公共卫生平台——社区药房，通过获取政府财政支持，美国药学院联合会、药学院及学生组织提供疾病筛查、教育培训、病情监测等服务，以缓解卫生服务供给紧缺。但作者只是简介该多边公共平台，并未探讨多边公共平台建设与运行管理原理。

Walravens 和 Ballon（2013）借鉴平台商业模式，研究了合作治理与公共价值取向的智慧型城市平台建设。① 这实际上是城市政府的智慧型、移动性服务平台，即依赖信息通信技术为市民提供数据服务的多边平台。作者认为平台商业模式是智慧型城市建设的重要战略，政府将平台模式应用于智慧型城市建设，从控制走向合作治理，为最终用户创造有吸引力的公共价值。作者主张把软件、硬件和内容的提供者与政府移动服务部门、最终用户等利益相关方连接起来，通过发展公私伙伴关系、公开数据、信息服务的合作供给和参与监督评估等方式，让信息技术产业的相关主体参与到公共信息服务中来，共建价值网络来实现善治。

与本书最相关的一篇英文论文是《政府平台》（Tim O'Reilly，2010）。该文的研究问题是：政府如何成为一个开放的平台，来推动政府系统内外人们的创新，实现协同治理与公众参与。研究路径是从信息技术平台实践中提炼可供政府借鉴的政府平台理论。作者主张政府应该向 Google、EBay、Facebook 等平台企业学习，利用用户的力量，通过合作创新，为其产品增加价值。作者用大部分篇幅来阐述如何应用技术来改进政府平台，总结了政府建设平台的步骤。该文首次将"Government as a platform"作为题名，通过比较借鉴的方法吸收了企业平台战略的思想。其主要贡献在于提出的政府平台建设的经验和步骤，对于多边公共平台建设极具参考价值。遗憾的是，作者将政府

---

① Walravens, N., Ballon, P., "Platform business models for smart cities: from control and value to governance and public value", *Communications Magazine*, Vol. 51, No. 6, 2013, pp. 72 – 79.

平台狭义地理解为信息服务平台，过于强调政府平台对信息技术的依赖。但作者坦诚，政府平台思想不仅应用于政府的工程技术项目，政府在社会中所扮演角色的每个方面都可以应用平台思想。

与本书高度相关的另一篇英文论文是《精简高效政府与平台型治理》。作者（Marijn Janssen and Elsa Estevez，2013）认为，为了降低成本同时增强创新，政府必须利用新的方法、工具和治理模式。公共部门可以通过引入平台来帮助实现创新，并与其他公共部门、商业机构和市民互动。建立开放互动的公共平台，有助于实现平台生态圈成员的共同价值，推动政府创新。平台的基本思想是把不同的服务、功能和技术整合在一起，以及把不同的用户群体连接起来。平台使命是创建一种共同体，以此降低交易成本，提高影响力和用户主权的水平。政府平台建设的一个挑战是如何吸引企业进驻以创造更多的公共价值。该文还分析了平台的战略地位及关键成功要素。这篇论文首次将"基于平台的治理"（platform‐based governance）作为题名，创新性较强，思维开放，同样吸收了企业多边平台战略的思想。作者多次强调平台是政府的重要战略。但在平台的理解上，认为平台是一系列技术的集合，过于强调政府平台对信息技术和基础设施的依赖。该文始终围绕着精简高效型政府建设而展开，对政府平台和平台战略的研究明显不足。

三　文献总评与拟研究空间

（一）文献总评

尽管在各类数据库中可以搜索到成百上千的公共平台文献，尤其是公共服务平台、电子政务平台的论文，但符合双边或多边平台概念的文献极少。这些成果总的来说有如下特点：

一是在研究视角方面，从技术和运行角度出发，注重探讨公共平台的技术框架与具体功能，没有从战略高度认识多边平台的功能与创价模式、战略理念与管理模式。

二是在研究对象方面，从个案出发，介绍个别组织或某个行业和某一领域的平台建设情况与经验，没有对公共平台现象进行整体的共性研究，如多边平台的结构、类型、功能、运行模式，也没有归纳总结多边公共平台建设与管理的一般共性和规律。

三是在概念界定及逻辑论证方面，多数文献只是提及"公共平台"或"公共服务平台"，却没有对此进行概念界定，更没有深入挖掘平台的本质、价值、特征与优势，也没有对公共平台的构成要件进行透析或探讨相关的核心概念，如网络效应、价值网。因此，论证逻辑不够严谨规范。

四是在研究深度及理论支撑方面，绝大多数文献停留在案例介绍和经验宣传的研究层次上，缺乏经济学、管理学尤其是平台理论的支撑，理论深度不够。一方面由于没有对公共平台从多个层面、多个视角、多个变量和维度进行分类分层的多元综合研究；另一方面没有将公共平台研究建立在治理理论、公共经济学、平台经济学或平台战略理论的基础上。

五是在研究性质与方法方面，研究方法比较单一。主要表现在：应用研究较多，理论研究较少；实证研究较多，规范研究较少；描述性研究较多，解释性、探索性研究较少；单案例研究方法较多，多案例研究极少。

六是在研究结论和成果方面，单案例的经验研究使研究结论的可信度不高，在更大范围的适用性有待检验，没有通过归纳式、多案例研究构建起公共平台理论，因此理论创新不足，研究的科学规范性有待改进。

理论创新源自实践又要引领实践，既有公共平台研究成果的上述不足根源于平台实践不够成熟，多边平台模式及理念未能深入人心，平台价值性和战略性未得到充分认可。但多边公共平台战略具有广阔的应用潜力，能够发挥更加强大的功能。显然，这需要多边公共平台理论的指引。

（二）拟研究空间

近年来，公共平台文献的涌现表明其已经引起国内外不少学者的兴趣，但既有研究成果停留在对公共服务平台建设个案经验的介绍或平台技术框架的建构，没有从共性角度探讨平台建设、运行和管理的一般规律性。因此，研究内容有待拓展，研究深度有待加强，研究视角和方法应该多元化。具体来说，拟研究的空间和方向包括以下方面：

第一，针对公共平台概念的模糊与泛滥，需要在平台分类的基础上考辨、界定不同类型公共平台的定义，质疑平台的真伪和效果并建立相应的理论模型。

根据政府职能转型的需要和既有文献的侧重点，需要更加重视社会治理平台研究，包括社会服务、社会治理领域公共平台的价值与功能、社会网络结构、领域与类型、特征与优势，探寻公共平台的共性特质与基本要素。

第二，针对当前平台经验研究的现状和平台运作的战术层面，未来的研究可以将公共平台提升到战略的高度，分析其战略定位、战略选择、战略实施过程。尝试运用多案例归纳式理论建构，寻求平台建设、运行和管理的共性模式，使研究方法更加科学规范，使研究结论更加可靠。

第三，针对公共平台研究的理论基础缺失，需要积极探求理论支持，在治理理论的基础上，吸收借鉴平台经济学与企业平台战略理论的丰硕成果。

第四，针对既有文献在平台研究某些内容方面的空白，今后在平台供给与创建模式、价值创造模式、平台演化等方面弥补缺憾，还要加强平台运行机理及其绩效研究。

第五，积极探索政府在公共平台战略中的角色和作为，畅想政府的平台领导与平台型政府建设，试图从更宏观的视角、更深邃的层次探索平台型治理模式。当然，也需要探索公共平台战略的风险及不足之处，防范平台失灵。

第二节　平台经济学及企业平台战略的启示

在市场竞争的驱动下，企业先于其他组织采用多边平台模式。从实践来看，公共平台战略一定程度上受到企业平台战略的启发，是在企业平台模式的基础上发展起来的。本书把平台经济学及平台战略作为理论基础，从中寻求启示和借鉴意义，不是简单地出于新公共管理的视角，而是因为：一方面，多边企业平台与多边公共平台具有开放共享、互动合作等相同的核心特质，在平台构建、运行及管理等方面确有共通之处；另一方面，多边公共平台的建设和运行完全可以吸引企业的加入从而创造更多的价值①，可以部分置入商业平台的运营模式从而增强网络效应。

一 平台经济学理论

随着网络经济和电子商务的发展，针对 Facebook、Google、Apple、Amazon 等新兴平台巨头的崛起和重大影响力，学者对基于平台的联盟和交易产生了极大的兴趣，直接催生了平台经济学（Andrei Hagiu，2006，2007；徐晋，2006，2013）的诞生。

（一）平台经济学及其研究框架

国内平台经济学的提出者徐晋博士发表了国内平台经济学的首篇论文《平台经济学初探》（徐晋、张祥建，2006）。该文研究了平台之间的竞争与垄断情况，分析不同类型平台的发展模式与竞争机制。在此文基础上，徐晋发表了专著《平台经济学》（2007）、《平台竞争战略》（2013）等著作。至此，国内平台经济学理论体系逐渐完整。徐晋（2013）在《平台经济学》修订版中认为，平台经济学以广泛存在的平台为研究对象，以契约理论、网络外部性理论、双边市场理论、博弈论为理论基础，以发现平台产业的规律，推动平台产业发展为主要目标。

当前平台经济学的研究框架和主要内容包括：一是平台内涵，重点是对平台的网络效应、外部性加以探讨；二是平台的类型、功能及业务模式；三是平台技术结构、组织结构与社会网络结构，重点是平台价值网、平台间关系网络；四是平台参与主体的行为及心理；五是平台形态的发展阶段与演化规律，包括平台的起源、发展、演化路

---

① Marijn Janssen and Elsa Estevez, "Lean government and platform – based governance—Doing more with less", *Government Information Quarterly*, 2013（30），pp. 1 – 8.

（2013）认为平台实质是市场的具化，平台的功能就是提供一个交易空间。Hagiu（2009）认为，多边平台的基本功能在于促进已进驻平台的多边群体之间的互动，从根本上说任何平台履行着两项根本功能：其一是通过质量认证、资质审查、减少信息不对称的措施、供需匹配等降低搜寻成本，其二是降低共享成本。

二是平台的开放与创新研究。Gawer（2010）通过解析平台的优良属性，深入探讨了平台对于推动 21 世纪创新的重要意义。Parker 和 Alstyne（2014）认为平台的封闭性能够增强所有者对用户的进出管制能力，但提高平台的开放性能增强开发者的能力；第三方开发者的创新权益持续时间越长，他们的收益及对平台的忠诚度越高。作者构建了优化平台生态系统开放性和创新权益持续性的经济模型，研究成果有助于启发平台的创新战略和管制政策。

三是关于平台运行及管理机制研究。Grewal 等（2010）研究了平台方对用户的管理机制；Andrei Hagiu（2009）认为，多边平台最核心的经济规律是降低交易成本，设计平台规则时要权衡相关参与方、平台基础功能及其广度和深度等关键要素；Ou Huang 和 Wenqi Duan（2012）认为，平台演化关键体现在用户临界规模，只有超过临界规模，平台的正反馈机制才能自发成功运作；李小玲（2013）以搜索广告平台为例探讨了平台动态运作机制；季成、徐福缘（2014）在其专著中系统研究了平台企业的管理框架，重点探讨了平台企业的战略和商业模式。

四是平台建设与平台所有权研究。国外有学者认为所有权结构及其稳定性均取决于平台网络效应的强度（Nocke、Peitz and Stahl，2004）。王昭慧等（2011）认为，第三方拥有平台比供应商拥有平台的所有权结构创造的社会福利更大；还有学者探索了双边平台的形成机制（卢强，2009）与动态发展路径（孙武军，2013）。Hagiu（2009）提出了平台建设与扩张战略的框架；平台的扩展分为横向和纵向两种方向，平台建设需要对这两种扩展策略进行权衡。

此外，出现了多本关于平台实践的案例研究著作。Phil Simon（2011）认为，在今天的平台时代每个企业都要彻底思考自己的经营模式，建立不同类型的合作伙伴，启动外部驱动的创新。Sangeet Paul Choudary 等（2016）以 Facebook、PayPal、Alibaba、Uber 等企业为例，综合分析了平台网络如何改变世界经济以及如何收为己用；平台革命是什么，是如何发生的以及为什么发生。国内平台案例研究主要包括：《平台产业经典案例与解析》（徐晋，2012），《聚合——国内外创新创业平台案例研究》（徐井宏、缪纯，2014）。

Evans（2011）的《平台经济学》一书收录了多边商业平台研究的经典系列论文。在双边平台研究文献中，当数平台竞争战略研究的成果最多，且国内外出现了多篇相关的文献综述，这些在下文的"平台战略理论"中进行综述。

（三）研究特征和趋势

通过对文献的梳理、总结可以发现平台经济研究的总体特征和趋势：

其一，从最初的个别学者（贺宏朝，2005；徐晋，2006）的零星研究到 2014 年前后国内外形成研究热潮并出现文献"井喷"局面（如著作涌现出 10 余本），从上海交大的平台经济学研究团队到政界、学界、产业界的积极响应，仅仅花了几年时间，这表明平台经济及其研究价值越来越得到学界、政府和社会的认可和响应。

其二，平台经济的应用领域及其研究对象逐渐扩散，从起初的以 ICT 行业为主，向其他服务业、制造业、各类商业组织和公共部门扩展，政府平台文献开始出现，例如 2013 年国内外都出现了"平台型政府"[①]"基于平台的治理"[②] 为题名的论文。

其三，研究对象和内容越来越细化，研究越来越深入，从最初的平台概念、平台属性、平台功能、平台类型、平台结构、平台定价的初浅研究逐步转入更深入的问题，如平台的形成及演化、搜索广告平台、平台的运行及管理、竞争与合作策略研究。

---

① 陶希东：《平台经济呼唤平台型政府治理模式》，《浦东发展》2013 年第 12 期。

② Marijn Janssen and Elsa Estevez, "Lean government and platform – based governance—Doing more with less", *Government Information Quarterly*, 2013（30），pp. 1 – 8.

其四，研究视角越来越开阔，从双边平台到多边平台，从价值链到价值网，从定价策略到网络效应，从产业经济学视角到战略管理学、组织行为学与心理学视角，新的概念和内容亦不断出现，诸如：平台权力与平台领导、平台组织与平台管理、平台机制与规则、平台竞争与博弈、平台失灵及管制、政府平台与平台型治理。

其五，在研究方法方面，从最初的以案例为主要方法的描述性研究向经济计量模型、文献研究、比较研究等相结合的解释性研究与规范性研究转变。

总的来说，平台经济学理论体系逐步建立起来，研究对象越来越明确，研究视角越来越开阔，研究成果越来越多，应用领域越来越广泛，研究价值和共识越来越明显。

二　企业平台战略理论

（一）平台战略研究综述

平台战略是平台经济学在战略管理中的应用，因此平台战略理论可以认为是平台经济学的一个重要分支。脸书、谷歌、亚马逊、苹果公司取得的巨大成功，以及平台在制造业、信息技术产业、电子商务等诸多行业和领域的蓬勃发展，学术界也开始研究平台战略。近年来平台战略在世界范围内悄然兴起，以平台"战略""战争""征战""竞争"等命名的著作突然涌现，甚至重名。

关于平台竞争战略的研究著述颇多。多边平台战略研究权威 Andrei Hagiu（2004）认为，多边平台必须考虑四大战略决策及其挑战：平台参与者有哪些，平台设计，价格策略及平台规则的制定。朱晓明（2011）认为，平台型企业是具有网络优势的企业，其成功之道在于：技术组合创新、善用平台的众包原理。[①] Eisenmann（2006）在《哈佛商业评论》撰文认为，网络效应的临界容量表明平台未来的回报是巨大的，这要求平台方通过巨大投资甚至以价格免费的代价尽早突破临界规模，此后根据网络效应强弱、方向调整补贴和价格策略。Amrit Tiwana（2013）探讨了如何设计平台结构及机制以维持竞争优势，提

---

① 叶丽雅：《朱晓明谈平台经济》，《IT 经理世界》2011 年第 327 期。

出了平台演化管理的三维模型，主张通过平台结构、治理机制与平台战略的调整，推动平台的演化发展。

其他的研究文献涉及：平台的开放战略与开放式创新战略（Kevin J. Boudreau，2010），平台的市场进入战略（Zhu F and Iansiti M，2012），平台的覆盖战略（Eisenmann，Parker and Van Alstyne，2011），双边平台的竞争均衡分析（刘大为、李凯，2012）等。相关的平台战略案例研究也层出不穷，包括齐永智（2015）从平台战略的视角分析了零售企业的转型，张小宁、赵剑波（2015）专门研究了海尔的平台战略与创新，等等。傅瑜（2013）从网络效应的视角对平台竞争战略进行了综述，张小宁教授（2014）对国内外平台战略研究进行了述评及展望，龚丽敏、江诗松等学者（2016）梳理了平台商业生态系统战略管理的研究前沿。

值得一提的是，在《哈佛商业评论》2016 年第 4 期上，马歇尔·范阿尔斯丁等在文章《平台战略新规则》中认为平台战略"新规则"是从控制资源转为精心管理资源，从优化内部流程转向外部互动，从增加客户价值转为将平台生态系统整体价值最大化。朱峰、内森·富尔（2016）在《四步完成从产品到平台的飞跃》一文中认为，将产品或服务转化为平台可以迅速增加价值，为此提出了从产品到平台转型的步骤。

（二）平台战略研究专著简述

下面以书市上比较畅销的平台战略著作为对象，分别对其进行简述。

第一本书是《平台领导》。作者（Gawer and Cusumano，2002）认为，公司要么成为平台领导者，要么成为平台的补足品提供者，并阐述了成为平台领导需遵循的基本准则。库苏玛诺教授在其另一本著作《耐力制胜》（Cusumano，2010）中认为，平台生态系统 = 平台 + 补足品 + 网络效应，该书的一项重要贡献是构建了平台生态系统的商业模型，另一项重要贡献是提出了跟平台相关的管理战略和创新的六条持久原则。

第二本书是《平台征战》。作者（冀勇庆、杨嘉伟，2009）经过多年的采访、案例调查和思考，发现几乎所有行业都遵循"平台＋组件"的规律，作者得出企业必须将产品平台和技术平台分离、采用开放式创新的结论。未来的竞争不再是技术或产品之争，而是商业模式之争，只有"平台＋组件"的商业模式才能突破发展障碍。该书的其他重要结论有：平台规则是越开放越成功，开放式创新能够吸引更多合作伙伴从而使自己创造更高的价值；无论是产品供给还是生产，无论是服务还是产品，时代发展趋势是开放性、协同性、明确分工、"平台＋组件"。

第三本书是韩国人写的《平台战争》（赵镛浩，2012）。作者首先分析了平台的时代背景，论证了"平台愈发重要的原因"，然后从不同视角解读了什么是平台。作者总结分析了企业平台的几种基本战略：平台开放性与开放策略、共享战略、平台转型策略、差别定价与补贴策略。作者以案例分析的方式比较了苹果、谷歌、微软与Facebook等企业平台的基本战略，分析了成为平台领导者的资质。最后作者简单分析了平台规则、平台垄断及规制等问题，回答了企业是否需要平台的根本问题。

第四本书也取名为《平台战争》（王旸，2013），主要从营利模式角度分析平台战略。该书阐述了企业在平台的"基础设施支持""浏览支持""内容选择"和"内容"等关卡上如何尽显其能。平台的共性在于将自己设为一个别人必经的渠道，并通过垄断这一渠道获得巨额利润，为平台使用者增加价值。作者探讨了平台开放策略、免费策略、转换成本与用户黏度等内容。总结论是：公司要根据自己的价值、过程、资源与基因，选择自己如何设置关卡并介入平台的世界，要明确自己在四大关卡之间的位置；打造平台最重要的一点就是选择大方向：时代和社会的发展趋势。

第五本书是《平台战略》（陈威如、余卓轩，2013），这是平台战略分析最全面的一本著作。全书重点阐述了平台机制设计与运行管理策略，包括孕育、激发网络效应，构筑用户过滤机制，定价策略，提高用户黏性，开放与管制策略，确定核心创价模式。此外，还分析了提高平台覆盖面，实现平台通吃的条件、策略及多环状平台建设。

作者最后总结了平台战略的基本原理和思路。几年后，陈威如（2016）出版了《平台转型》一书，通过案例阐述了平台思维与平台战略如何促进企业的转型升级。

第六本书是《平台竞争战略》，这是平台战略研究中学术性较强的一本著作，是徐晋（2013b）在其系列著作的基础上完成的。书中对平台竞争的相关文献进行了综述，对平台竞争现象专门进行了案例研究，总结了平台竞争的基本类型与主要手段。作者建构了平台竞争策略模型，认为竞争策略分析要考虑的因素主要有：平台的营利与非营利性、用户多属的成本、平台的差异性、基于交易量的平台定价能力、外部性的大小、平台相容性等。作者还阐述了平台定价的影响因素、价格策略及其依据。

第七本书是《触媒密码》。Evans 和 Schmalensee（2007）认为，催化剂是连接两个以上不同客户群，发挥催化作用的运作模式。不难发现该书的作者就是早期双边平台理论的提出者，"催化剂"实质就是双边平台。作者构建了催化剂战略的"六步曲"：第一步是识别双边客户及其需求；第二步是建立价格结构；第三步是设计物理的或虚拟的催化剂平台，通过降低交易成本或提供优质服务为客户创造价值；第四步是聚集获利，整合资源满足需求；第五步是与其他平台展开竞争与合作；第六步是不断地演化与调整策略。"六步曲"也为多边公共平台建设路径提供了理论依据。该书的几位作者（2008）在其合著《看不见的引擎》中认为，平台成功的关键是驱动正反馈效应，他们还分析了如何构建平台生态系统及平台的定价与创新策略。

此外，美国一家专门致力于平台战略咨询的机构——平台思维实验室的负责人 Sangeet Paul Choudary（2015）认为，大部分平台战略失败的原因在于未能很好地理解平台建设过程中的商业模式设计和成长战略。为此，作者提出了成功设计平台战略的六大核心思想：一是从促进互动能力的视角重新设想平台商业模式；二是平台商业模式的设计包括互动机制的设计和基础设施的开放，核心是把生产者和消费者连接起来进行互动；三是通过最大化平台互动的可重复性和效率，创建用户的累积性价值，并减少失败的互动；四是通过激励机制设计解决"鸡"和"蛋"相生的难题；五是设计病毒式传播（人际互动传播）的动力；六是对负的网络效应负责。

（三）简评与启示

在早期企业平台战略研究中，以产品开发战略为主，案例研究对象多以汽车产业为主；近期的企业平台战略研究中，以业务或双边平台战略为主，案例研究对象多以 ICT 行业为主，之后逐渐演化为多边平台战略。总的来看，国外研究比国内研究更成熟，且对国内研究产生了重要影响。但国外双边平台研究论文过分依赖经济学基础，过于注重经济模型的建构。而很多平台战略研究著作，商业性、通俗性较强，学术性、理论性稍差；没有通过规范的多案例研究实现归纳式探索性理论建构。虽然平台战略发生在商业领域而非公共部门和社会组织，但不管怎样，企业平台战略研究成果对多边公共平台战略研究具有重要的借鉴和启发意义。具体启示如下：

多边平台不仅是一种载体、中介或场所、渠道，还是一套战略思维与理念，因而需要领悟其战略理念，站在战略高度系统规划和设计公共部门的多边平台战略；平台战略的关键是孕育、激发网络效应，平台随着用户群体的成长而壮大，用户群体间相互吸引、相互促进而共进共赢，因此网络效应机制是平台运行及管理的核心机制。

平台可被理解为一种能够促进参与者某种形式互动的抽象层次，甚至与软件没有任何关系，但计算机型的平台思维有助于我们认清什么是平台及其应用的广泛性。[1] 从平台战略思维到平台运行模式，从战略定位、战略制定到战略实施，多边公共平台战略均可借鉴企业平台战略。

根据相关学者的平台所有权研究结论，所有权归第三方的平台可能绩效更优。[2] 政府作为第三方为其他组织、群体间合作共治而建立的多边公共平台大有可为。

---

[1] Russ ABBOTT, "Multi-sided platforms", Working Paper, California State University, 2009.

[2] 王昭慧、张洪：《基于双边市场的平台所有权研究》，《管理工程学报》2011 年第 1 期。

平台建设、运行和管理是有规律可循的，多边公共平台与企业平台在很多方面有相同点；平台互联互通以及平台演化、兼容、移植或扩展，能够创造更多价值；平台的定价与补贴策略十分重要，既是平台突破临界规模的必然选择，也是激发网络效应和实现多边群体利益均衡的关键举措，关系到平台生态圈的可持续性，因此不容忽视。

三 平台领导研究综述

全球著名的平台领导研究专家 Gawer（2010）通过解析平台的优良属性，深入探讨平台在商业、社会生活中的作用，发现平台领导对于推动 21 世纪创新的重要意义。正是因为她对平台领导重要性的深刻认识，她与迈克尔·库苏麦诺等学者对平台领导进行了最系统、最深入的研究，研究时间持续近 20 年。他们不仅探讨了平台领导机制及平台领导原则（2002），还分别研究了平台领导的要素（2002）、如何成为平台领导（2008）、平台领导的战略（2010）、平台领导保持权力的六大法则（2010）、平台领导的困境（2011）、平台领导与生态系统创新（2014），并且还对平台研究的一批经典文献进行了编撰并出版（2010）。平台领导研究取得了一些重要成果，并对平台战略产生了深远的影响，政府的公共平台领导也深受启发。

（一）如何成为平台领导

1. 何为平台领导

平台领导（leader）是指驱动整个产业创新的企业，以实现分散技术的系统演化；相应地，平台领导（Leadership）是在产业范围内围绕着某平台技术来驱动产业创新的主导性和影响力（Cusumanno and Gawer，2002）。Gawer 和 Cusumanno（2002）正是认识到平台领导的核心在于这种主导性和影响力，因而他们在《平台领导》一书中指出，平台领导能够对它们所处行业的创新方向产生极大的影响，同时对制造和使用补足品的各个公司和消费者构成的"生态圈"也能够产生很大的影响。由此可以认为，平台领导实际上是促进"平台生态圈"创新的主导者。平台生态圈成员一般包括平台领导、消费者以及广告商、内容开发商、服务提供商和渠道合作商，等等。显然，平台领导是相对于这些成员的"领导"，对他们具有号召力、影响力并处于主导性地位。Michael A. Cusumano（2011）后来更加强调平台的开放性，认为平台领导是这么一类企业，他们不仅销售独立的产品，而且自己有基础的并且充分开放的技术，以使外面的公司能够提供补充产品或者服务。其他学者如 Parker 和 Alstyne（2012），把平台领导理解为平台的提供者，认为平台领导是平台网络体系的核心。

2. 成为平台领导的前提条件

平台领导只是在一定条件下、一定范围内才有可能诞生，并非所有的产品都适合转化为平台，自然也非所有的企业都能成为平台企业或平台领导。因此，要成为平台领导，首先其提供的产品适合转化为平台，从而让自己先成为平台企业，然后具备一定的资质和能力。产品转化为平台必须满足两个条件：条件一，产品必须表现出作为"应用系统"的基本性功能，或能解决产业内必要的技术难题；条件二，易于连接，或作为扩展应用系统的基础，并允许新的意想不到的终端应用。也就是说，一家平台企业要成为平台领导的最基本的前提是，它的产品在单独使用时价值非常有限，但当它与补足品一起发挥功能时，就可以创造更大的系统价值。因此，把产品转化为平台继而成长为平台领导需要从技术和商业两个方面努力：在技术方面，需要设计合适的技术架构、界面或联结点；在商业方面，激励第三方的互补品创新，提供市场动力（Gawer and Cusumano，2008）。

Gawer 和 Cusumano（2002）认为，平台领导应具备推动系统体系结构创新、激励补足品创新和组织协调等能力，平台领导需要权衡多个职责、多元利益并处理内部冲突，需要维持平台发展，尤其是要懂得鼓励外部创新。六年后，Gawer 和 Cusumano（2008）补充提出，要成为平台领导，要求平台企业具备如下能力：能够管理平台的技术演化、产品和系统的设计以及与生态系统成员的关系；开放自己的产品并激励第三方的互补品供给。相比较之下，他们后来更加强调平台领导为适应环境变化而应具备的平台演化与开放的能力。

类似地，赵镛浩（2012）认为，平台领导必须具备三项资质或能力：一是基本能力，其建构的平台能够支持第三方生产新产品、提供新服务的能力，即必须构筑和维系以平台为中心的生态系统，在生态系统中发挥中流砥柱的作用。二是要引领时代潮流，在经营领域中拥有巨大传播效应的创新成果的发源地，即必须在自我创新基础上发挥领导未来的掌舵作用。三是能够运用自身的智慧与力量生产并对外提供优秀的工具，为第三方提供工具，并在提供支持的过程中得到强化。

3. 平台领导的"要素"

Cusumano 和 Gawer（2002）在《平台领导的要素》一文中认为，平台领导要考虑四个层面的"要素"：一是产品或业务范围，考虑其在组织内部创新与外部创新的范围，必须权衡是通过延伸内部能力还是通过市场来生产互补品。二是生产产品的技术，需要考虑产品和平台的架构，包括平台的模块、界面的开放程度、平台和界面向互补品开发者和其他伙伴开放的程度。三是与外部互补品开发者的关系，包括竞争与合作的关系，还要协调彼此间的利益冲突。四是内部的组织工作，建立能够减少目标冲突、促进变革的组织结构和组织文化，加强内部沟通与协调。准确地说，这四个"要素"是平台领导及其战略要考虑的基本维度。因此，后来很多学者，包括《平台领导》一书的译者都将这些"要素"理解为平台战略的准则或平台领导的原理。

4. 平台领导的权力

在平台生态系统中，独特的支配性、主导性权力使平台主办者（sponsor）或平台提供者（provider）成为平台领导。平台主办者对平台生态系统及平台规则的设计和平台的演化发展负责，平台提供者直接与双边或多边用户互动，二者可能是同一的（Parker and Van Alstyne，2009）。平台领导的权力包括平台所有权及其衍生的排他权、管制权、收益权，还包括平台规则制定与执行的权力，以及涉及平台利益的分配权力（如定价、"征税"或补贴的权力）。平台领导的权力地位表现在：在平台生态圈中处于核心地位，在平台价值网络中与其他伙伴呈现出一对多的非对称性；平台领导维护负责整个生态系统的长期繁荣和发展（Kevin Boudreau and Andrei Hagiu，2008）。

5. 平台领导的角色与职能

平台领导的角色与职能起源于平台的角色与功能。Evans 和

Schmalensee（2007）将平台分为：旨在促进交易的做媒者；旨在汇聚眼球的受众召集者；旨在提高效率的成本最小化者。据此，可以认为平台领导的角色也可以分为这几个方面。Hagiu（2009）认为，平台的基本功能在于促进已进驻平台的多边群体之间的互动，从根本上说任何平台履行者有两项根本功能：一是通过质量认证、资质审查、减少信息不对称的措施、供需匹配等降低搜寻成本；二是降低共享成本。

Kevin Boudreau 和 Andrei Hagiu（2008）认为，平台领导往往是多边用户群体的召集者、平台建设的规划者、平台策略的实施者、平台规则的制定者和平台管制的执行者。因此，平台领导的职能在于：确保平台生态系统中连贯一致的技术开发和合作；设计互动的技术结构；鼓励互补者的投资；管理和维持生态系统的健康；处理好与多边用户之间的关系，通过引导他们的互动而创造价值；进行平台管制。

（二）平台领导的行为策略研究

平台领导的行为主要涉及平台的建设与管理、平台竞争与合作等方面。美国平台思维实验室的研究人员认为，平台领导的平台建设与管理行为主要围绕着促进互动和激发网络效应而展开，但在平台生命周期的不同阶段其侧重点是不同的：在初创期，平台领导的策略重点是提高用户信任度、强化用户匹配和互动；在成长期，策略重点是不断提高用户基础并推动平台快速扩张与价值创造；在成熟期，策略重点是通过驱动创新为用户创造新的功能价值以及防范来自竞争对手的威胁。Evans 和 Schmalensee（2007）指出平台领导有三项基本活动：创建价值主张，联结价值网络，形成并壮大平台生态圈；提供信息并降低用户交易成本，帮助有相互需要的用户找到彼此并满足彼此；建立平台规则和技术标准，防止某些用户的机会主义行为。围绕平台领导的这些行为，学者深入探讨了平台领导的基本策略、平台领导的管制行为以及平台的扩展策略。

1. 平台领导的基本策略

Evans 和 Schmalensee（2007）通过研究世界上最具活力公司的秘诀，认为平台是成功的催化剂（触媒），由此提出了平台领导的战略实施框架。Gawer Annabelle 和 M. Cusumano（2008）认为，平台领导的基本策略选择是创建新的平台，或激发市场动力并赢下平台战争，并从技术和商业两个层面分别分析了这两种策略的实施方法。他们继而认为，平台领导必须为生态系统成员激发经济动机来进行互补品创新，并持续下去。此外，平台领导有必要保护他们从创新中获利的能力。作为平台领导，要能够为了整个产业或生态系统的共同利益而牺牲短期的一己私利。

2. 平台领导的管制行为

Kevin J. Boudreau 和 Andrei Hagiu（2008）探讨了平台领导作为制定规则的管制者角色。首先，分析了平台管制的必要性：多边市场失灵造成平台价格策略的局限和公共管理的弊端，为解决外部性和合作困难而进行管制。平台领导具有充分的动机、丰富的资源和多种工具实施管制。平台管制的工具包括价格的和非价格的，管制发生的环节分为进入管制和互动管制。然后，他们以 Facebook 等案例验证了平台领导的管制者角色、管制的起因、目标、工具和方法，还讨论了平台管制的效果。Evans（2012）认为，平台领导必须治理平台上的负外部性行为，他们往往依靠平台所有权来设计和执行治理不良行为的规则，约束甚至阻止某些用户进驻平台。平台领导的私人监管相对于政府的监管有很多优势，且存在监管的动力，但出发点是自身的利益和共同体的利益，因此可能牺牲社会的整体福利，或者妨碍竞争。他还建议多边用户群体参与平台的监管。

3. 平台的扩张策略

平台规模的大小不仅意味着平台"利润池"的大小，而且象征着平台领导权力的高低。平台领导的趋利动机，尤其是对平台权力的角逐使得平台领导走上不断扩张的道路。网络效应与平台用户规模往往相得益彰，互相促进，推动平台像滚雪球那样越滚越大。因此，Gezinus Hidding、Jeff Williams 和 John Sviokla（2011）认为，平台领导成功扩张的基本路径是平台覆盖，即通过平台结构的扩张与兼容来覆盖竞争对手和上下游互补品提供者的产品或业务。平台覆盖者往往是后起追随者，而非行业的率先进入者，为获得持续竞争优势，通过平台结构扩张与兼容的楼梯策略实施了平台覆盖行为。楼梯策略具体实施路径包括跨平台连接、后向兼容以及渐进、稳定的升级更新，以不断扩大产品的功能、业务的范围和客户的广度。显然，楼梯战略需要远见和长期的坚持。

Hagiu（2009）提出了平台扩张的战略框架，平台的扩展分为横向和纵向两种方向，即宽度和深度的扩展，平台建设需要对这两种扩展策略进行权衡。横向扩展类似平台覆盖，不断增加产品及业务的广度，以提高用户的广泛性为目标；而深度扩展与此不同，是增强业务的深度和精度，划分更专业、更细分的服务模块，为客户提供更专业、更有针对性的服务，以提高用户的满意度为目标。平台扩展绝不能靠平台领导的一己之力，通过开放来引入或借用外部的资源与能力是平台扩展和平台经营的战略方向。Parker 和 Van Alstyne（2014）认为，增强平台开放性是平台扩展和平台创新的基本途径，提供平台开放性不仅能增强互补品开发者的能力，还能提高他们对平台的忠诚度。

（三）平台领导的经验与困境

国外许多学者通过案例研究总结了平台领导成败的经验、教训或困境、挑战，有些总结很具体细致，有些总结则很概括、笼统。对此研究最多的仍然是 Cusumanno 和 Gawer。

1. 平台领导的成功经验

第一，平台领导的成功是平台战略模式的成功，是平台思维运作的结果。平台思维是一种水平的开放合作思想，通过鼓励利用其他组织的能力和资源来产生补充者创新的范围经济，目的是利用网络外部性和广泛的生态系统创新将供应商甚至竞争对手变成补充者或者合作伙伴（Cusumano，2010）。

第二，平台领导的成功源自为适应外部环境变化而不断进行的演化与创新。Gawer 和 Cusumano（2014）通过 Intel 等案例阐述了平台领导随着市场和技术的变化所面临的技术、战略和商业等方面的挑战与经验，并总结了成功的平台领导在应对平台竞争和创新方面的实践经验。这些经验包括生态系统的整体创新、平台适时的演进与升级、对生态系统成员的激励、平台开放共享与兼容等诸多方面。

第三，平台领导的成功要遵循一些原则。John Rossman（2014）以亚马逊为例，总结了平台领导成功的 14 项原则，其中包括关注客户、掌握主动权、发明和简化、坚持最高标准、节俭、赢得别人的信任、自我批评、业务上的深耕细作。

第四，领导是一门艺术，平台领导也不例外。平台领导的艺术性体现在既要权衡信任与权力，又要权衡开放与封闭，还要权衡业务广度和深度，尤其是要考虑平台生态圈的利益均衡。

2. 平台领导的教训与困境

Michael A. Cusumano（2011）通过对大量平台案例的持久研究，反思了这些平台领导面临的挑战与困境，并总结了他们的教训。其中，IBM 的教训告诉我们，平台的演化不可避免，但要保持满足顾客不同需求的能力；JVC 与 Sony 告诫我们，即便平台领导现在很成功，也必须考虑未来，建立一个柔性的、富有创新性的组织，以适应未来的变化；Google 告诫我们，平台领导在拓展技术和市场能力的同时，还必须更广泛地思考平台业务及其商业模式；诺基亚的教训告诉我们平台领导要做好演化转型，甚至必要时要放弃自己的技术和商业模式；Microsoft 和 Apple 等平台领导喜忧参半，他们拥有超强的技术能力，却往往不懂得把自己的产品或技术开放为产业平台。比尔·盖茨20 世纪 90 年代最大的错误在于把微软定位于操作系统公司而非平台企业。同样，苹果的开放有些保守。

3. 平台领导的威胁与挑战

Gawer 和 Cusumano（2008）认为，平台领导往往面临来自技术和商业两方面的挑战，这些挑战甚至能造成很多公司无法将他们的产品转化为产业平台。技术挑战包括设计合适的技术架构、界面或联结点，选择性地分享知识产权，以促进第三方的互补品的供给；商业挑战包括：激励第三方的互补品创新，提供市场动力，击败竞争性平台。平台领导面临的挑战不仅如此，其最大挑战在于平衡：保护自己的利润源且使互补者有足够的利润并保护他们的知识产权。

《哈佛商业评论》2016 年第 4 期出现了三篇平台论文，其中两篇都对平台领导面临的威胁与挑战进行了研究。《平台时代战略新规则》一文认为，平台领导面临的竞争威胁可能来自生态系统内部的竞争力，如合作伙伴与平台用户的自创平台行为或叛离至其他平台；也可能来源于网络效应及知名度更高的平台，或是具有与自己客户群重合的竞争者。《规避网络市场陷阱》一文指出，平台领导存在规避市场陷阱的诸多挑战：如何管理增长、如何建立信任与安全机制、如何减少用户的去平台化行为、如何建立监督机制等问题。

（四）总结与评价

国外平台领导研究始于 21 世纪初，与平台经济学和平台战略学的研究同步，并且伴随着平台经济学和平台战略学研究的兴盛而掀起热潮。平台领导研究丰富了双边平台理论的成果，成为双边平台理论和平台战略学的重要组成部分。

国外平台领导研究的主要内容包括：如何成为平台领导，平台领导的各种行为以及这些行为的策略与准则，平台领导的经验、困境与挑战。Gawer 和 Cusumanno 不仅是平台领导研究的开拓者和先锋，而且进行了持续系统的研究。平台领导研究普遍选择案例研究方法，案例选择从传统的 IT 巨头——Intel、IBM、Microsoft 等，到近些年快速崛起的 Apple、Facebook、Amazon 等新兴平台帝国；也包括平台运作失败的案例，如 Yahoo 和 Nokia。案例研究的范围逐渐扩大，越来越注重多案例研究。

国外平台领导研究的一个趋势是在研究对象方面，从早期的 Intel等纯技术平台转向新兴的双边（多边）平台，后者强调基于合约控制权开放的合作与创新；另一个趋势是在研究内容方面，研究的侧重点从最初的如何成为平台领导、平台领导的要素、平台领导成功的法则等基础性研究转向为平台领导的创新与开放策略、挑战与困境以及合作、竞争与扩张的策略研究。

国外平台领导研究对中国平台领导研究产生了积极的影响。首先，Gawer 和 Cusumanno 的《平台领导》一书不仅脱销引起多次印刷，而且被平台领导和平台战略研究的学者广泛引用。其次，Cu-sumanno 是国内知名度很高的平台领导研究专家，多次接受过中文媒体的专访，并产生了积极的反响。最后，在国外平台领导研究的基础上，国内学者进行了总结或突破，如徐晋、陈威如、冀勇庆等的专著都有涉及平台领导的部分内容，还如刘林青（2015）关于平台领导权的获取等学术论文。

虽然国外平台领导研究普遍选择案例研究方法，且案例范围越来越广泛，但案例来源仍然局限于 IT 产业。其实双边（多边）平台与IT 没有必然联系，其他产业如制造业、零售业、房地产业等多个传统行业也可以有自己的产业平台；政府也能成为双边（多边）公共平台的领导，如地方政府对社区社工服务中心的平台式领导。

当前，国外学者对平台领导的描述性定义，可能容易混淆平台领导与平台组织、平台所有者、平台主办者之间的关系，尤其是可能忽视平台的产权关系和平台领导的实质——对平台生态圈及其成员的影响和权力。在研究内容方面，如果过于注重对如何成为平台领导和平台领导成功法则等方面的研究，则可以忽略平台领导与成员之间的互动网络关系以及平台领导权力施展的过程、方式及策略。

第三节　公共管理学理论

公共平台不仅有着诸如服务型政府、企业平台战略的实践基础和信息技术、电子政务的技术基础，同时植根于深厚的理论基础，包括：公共管理学相关理论、公共经济学与企业平台理论。多边公共平台理论以治理理论为基础，与协同治理一脉相承。它是新公共管理、公共管理战略学、合作治理理论与后现代话语理论走向融合发展的需要，反映了上述理论和实践结合的需要。

一　新公共管理

从行政管理思想史来看，在科学管理、绩效管理、目标管理、战略管理、营销管理等诸多领域，政府一直在学习借鉴企业管理模式。20 世纪 80 年代以来兴起于英国、新西兰的政府改革运动——新公共管理深刻影响着其他国家的公共管理与变革。新公共管理主张将政府治理与市场机制相结合，把企业管理方式引入公共部门，重塑政府与社会的关系，注重掌舵而不是划桨；由注重工作过程和投入转向结果和产出；通过多种形式的授权、参与和协作改善公共部门的工作。①其基本主张是要求政府应有意识地将工商管理理念、方法、技能应用到公共管理中去，建立以市场为基础、以绩效结果为焦点的企业家政府。② 新公共管理改变了传统模式下政府与公众之间的关系，公共行政不再是"管治行政"而是"服务行政"。新公共管理强调对企业管理方法的借鉴应用，关注公共管理战略与方法，主张运用市场竞争机制，强调顾客导向和资源有效利用，从而为平台战略由企业向公共部门的引入提供了理论和实践基础。

二　公共管理战略学

复杂的当代公共管理环境呼唤公共管理战略的产生。纳特和巴可夫（2001）在《公共和第三部门组织的战略管理》一书中建立起较完整的公共部门战略管理理论体系，全面探讨了战略管理的概念、理论、方法和技术。莫尔（2003）提出的公共价值创造的三角模式，表明了公共战略管理关注的根本问题——创造公共价值，回答了为何创造公共价值，创造何种公共价值以及如何创造公共价值等基本问题，为公共管理战略的实施指明了方向。布赖森（2010）的战略规划模式围绕战略转变循环模型展开，将战略领导、战略规划和战略管理有机融合，阐述了战略规划的方法和原则。乔伊斯（2008）将公共服务战略管理模型归纳为四种：传统战略规划、商业式战略管理、愿景式战略规划和前瞻式战略管理。他认为，公共服务不仅是一种战略，更多的是对公众的需求和意愿的回应，于是提出公众友好型战略管理模式：以建立合作伙伴为基础，以一种有序、集中的方式把利益相关方组织起来，共同参与公共服务战略管理。

---

① Owen E. Hughes, *Public Management and Administration：An introduction*，Basingstoke：Palgrave Macmillan, 2003，pp. 52 – 54.

② ［美］戴维·奥斯本、特德·盖布勒：《改革政府》，周敦仁等译，上海译文出版社2006年版。

三　公共治理与网络协同治理理论

随着治理理论不断拓展，治理的定义多达数十种，但其基本理念与要义得以传承：其一，治理主体是多元的，除国家和政府外，私营组织、民间组织、群体和个人都有参与治理的权力；其二，治理基于民主和信任，是一种协商与合作的机制与过程；其三，治理的社会导向性，注重吸收公民社会的力量和自治能力；其四，治理的服务取向，从重管制转向重服务，以公共需求为出发点，旨在创造公共利益与价值。

盖伊·彼得斯（2001）在《政府未来的治理模式》一书中提出了政府的四种治理模式：市场化政府、参与式国家、弹性化政府和解制型政府。在公民参与和协商治理方面，代表性著作有马奇和奥尔森（1995）的《民主治理》、托马斯（2010）的《公共决策中的公民参与》。在公共资源治理领域，奥斯特罗姆夫妇（2012）提出了多中心治理、自主治理等公共事务的治理之道，提出了成功治理公共池塘资源的原则，解决了自主治理的难题。

在公私网络合作方面，网络化治理具有鼓励创新、增加灵活性和决策民主等主要优势，当前最紧要的问题就是如何管理多元化的网络来创造公共价值。网络化治理，是将高水平的公私合作特性与协同政府充沛的网络管理能力结合起来，利用技术将网络连接起来，并在服务运行方案中给予公民更多的选择权。[①] 网络治理的关键要素包括信任、承诺、合作与和谐。[②] 与网络治理相比，协同治理更加强调治理的多中心、多主体、多机制、多方法等子系统和子要素之间的相互协作、协调，促进各方行动的整体功效和利益融合。治理活动的协同是建立在网络整合的基础上，网络整合的关键是选择适当的参与者和资源，创造网络的运行环境；关系的均衡与平等，共同分享的政治观

---

① ［美］斯蒂芬·戈德史密斯、威廉·D. 埃格斯：《网络化治理：公共部门的新形态》，孙迎春译，北京大学出版社 2008 年版，第 5—18 页。

② Giselle Rampersad, "Pascale Quester and Indrit Troshani, Examining network factors: commitment, trust, coordination and harmony", *Journal of Business & Industrial Marketing*, Vol. 25, No. 7, 2010, pp. 487 – 500.

点，技能知识的互补，相互了解与信任是整合的基础（皮埃尔·卡蓝默，2005）。

合作治理为多边公共平台的运作提供了理论基础和应用领域；网络治理与协同治理为平台型治理提供了指导思想，并指明了其运作方向和价值创造模式；平台型治理植根于网络治理的环境，为合作治理的实现创造了运行机制，为网络治理与协同治理的实施提供了具体的载体、工具和路径。公共治理、网络治理、协同治理与平台型治理一脉相承。

四　后现代话语理论与公共能量场

后现代公共行政的话语理论基于质疑、批判和创新的视角提出了民主治理的新途径。在话语理论的框架下，平等的话语权是一种基本的民主权利。在福克斯和米勒（2002）看来，新公共行政虽然倡导公平、民主，但未能在行政实践活动中找到一条平坦化的通道、载体与运行机制；真正解决日常的、重复性的行政问题，是需要在公共能量场上平等对话，只有在政策网络中实现"部分人的对话"才能实现民主、公正的价值理念。公众在表达社会话语的场所平等对话，根据话语正当性的原则——真诚、切合情景的意向性、自主参与和具有实质意义的贡献——形成政策议题，编织政策网络，是改造传统行政模式的最佳途径；通过真实的开放、真诚的对话模式来激发公众参与意识，是有效治理的途径。公共能量场中，利益相关者之间沟通互动，这是对官员独白式话语和无政府主义的表现主义话语的批判。

第四节　公共经济学与制度经济学理论

一　公共经济学

公共经济学以福利经济学为基础，主要研究公共部门经济活动和公共资源配置的学科。其中，公共产品的供给与需求是其基本主题之一。无论是评价公共资源配置方式，还是评估公共部门经济活动及政策行为的影响，公共经济学选用的主要价值准则是社会福利。社会福利受到分配公平性的影响，分配越公平社会福利就越大。多边公共平台的公共性和价值创造模式深受此影响。公平不仅是结果的公平，更重要的是机会、规则和程序的公平。

多边公共平台是一种公共产品，具有一定的非竞争性——边际成本与边际拥挤成本为零，或（和）一定的非排他性：排他的技术困境和高昂成本。大多数公共平台是一种准公共产品，具备非排他性和非竞争性的一种：具有非排他性的拥挤性公共品（如地方"弃婴岛"），具有非竞争性的俱乐部公共品（如会展平台）。也有极少作为纯公共品或区域性公共品的公共平台。公共产品的排他可能存在一个困境：排他造成公平性的缺少与社会福利的损失，而不排他造成过于拥挤和"公地悲剧"。

由于有限理性、信息不完全、外部性等困境，市场在公共品供给方面是失灵的，主要表现在供给不足。政府在纠正市场失灵方面具有某些明显优势：征税权、禁止权、处罚权及交易费用优势（斯蒂格利茨，1998）。因此，公共品供给责任主要在政府。但政府供给公共品不等于政府生产，公共品供给是指以某种方式筹集、使用资金并向社会成员提供公共品。由于公共品需求的复杂性及政府自身失灵，政府生产公共品存在着诸多局限。政府、市场与社会组织共同参与的公共品多元供给已成为公共经济学的基本主张。正如斯蒂格利茨（1998）所说，市场和政府并非对峙关系，可以在两者之间保持中间形态的经济组织。公共品多元供给意味着，许多形式上相互独立的决策中心互相重视对方的存在，签订合约从事合作性活动，或者利用核心机制来解决冲突（埃莉诺·奥斯特罗姆，2000）。由于公共平台的公共品属性和外部性，企业和社会组织参与公共平台的生产往往需要政府的补贴或服务购买。多边公共平台模式运用了市场机制、政府机制和社会机制，既有助于弥补各自单独供给公共品的缺陷，矫正单一治理机制的失灵，还有助于扭转公共平台建设不足和公共品短缺的局面。

二 新制度经济学与机制设计理论

North（1990）认为，制度是一个社会的游戏规则，制度为人们在广泛的社会分工中的合作提供了基本框架，通过规范人们的相互关系，抑制人的机会主义行为倾向，减少信息成本和不确定性，从而促进合作顺利进行；不同的制度安排，会导致不同的行动绩效；一个有效的制度，应明确界定行为主体获取与其努力相一致的收益的权利，从而调动人们的积极性。因此，平台规则与机制设计是公共平台战略的关键。

新制度经济学将交易成本作为重要分析工具。交易成本是达成契约和保证签约执行的费用，包括交易所花费的时间和精力等代价。弗鲁博顿（2006）就把交易成本分为市场交易成本、管理性交易成本和政治性交易成本等类型。Williamson（1985）从交易的不确定性、交易发生的频率以及交易中投资的专用性等方面对交易费用进行了分析。交易成本与交易的收益率成反比，降低交易成本是平台发挥网络效应、创造整合价值、提高运行效率的基础。这就要求进行合理的制度安排和创新，有效地控制与减少交易成本，提高经济活动的内在效率。以下途径可降低交易成本：明晰产权、制度规则和责任体系；通过信息披露和信号发送，降低信息不对称和不完全；降低资产专业性；减少"寻租"和腐败。

从交易成本这一概念出发，科斯（1994）得出一条著名的定理，即科斯第一定理：法定权利的最初分配从效率的角度看是无关紧要的，只要交易成本为零。现实中，正是因为交易成本不为零，制度安排对资源的配置效率有十分重要的意义。制度经济学告诉我们，让市场配置资源多一点还是让企业配置资源多一点，关键在于市场交易成本更低还是管理交易成本更低。同样地，让社会组织参与治理多一点，还是政府管理多一点，很大程度上在于政治交易成本与管理交易成本的权衡。今天的公共事务更复杂，再也不是简单的二分法就可以应付的。政府、社会、市场都有参与治理的必要。埃莉诺·奥斯特罗姆（2011）认为，公共池塘是收归国有、私有化还是社区自组织，哪一种治理方式的效果更好，不是一概而论的，而是与具体的情境有关，其中就包括文化、技术等影响交易成本的重要因素。

根据机制设计理论，在信息不完全条件下，为实现活动参与者的利益和社会整体福利最大化的目标一致，机制设计必须重点考虑三个问题：①激励相容，即治理参与方的权利与社会整体利益的一致性，或者说参与治理的利益相关方存在共同利益，这是合作共治的前提，因此机制设计应遵循的最基本原则是能够提供给每个治理主体一种激励，使合作者在最大化个人利益的同时也达到了治理的整体目标；②机制运行的信息效率与信息成本，过高的信息成本造成机制运转的失灵，治理机制应该诱使合作伙伴显示真实信息，鼓励信息优势主体主动发动信号；③制度实施中的合作交易和监督问题，即交易成本的问题，包含上述信息成本在内，另外主要涉及治理过程中协商、谈判、监督等政治交易、管理交易和市场交易的成本，因此建立稳定的协商对话机制，设计一种自主的互相监督机制，有助于提高制度的实施效果。

总之，一套优良的治理机制，不仅要求执行成本低，而且关键在于能诱导建设性行为，制约机会主义行为。多边公共平台为多元利益相关群体提供开放共享、互动合作的规则与机制。多边公共平台战略涉及平台供给的制度安排、开放与管制机制、互动合作机制、价值创造与利益分配规则、负外部性治理机制，这些制度的设计同样要遵循制度经济学与机制设计的基本原理。平台治理机制的关键是要让利益相关群体形成共同体，吸引并激励利益相关群体进驻平台并各尽所能地努力生产与创新，为平台生态系统增添各种服务与互补品，同时约束与限制负外部性行为与分配性努力，让进驻平台的群体都能从平台的繁荣中共同获益并各取所需。

第二章　多边公共平台：内涵、结构与类型

平台，从最初的共享物理设施，演变为行业通用的产品平台、技术平台，再发展为一般意义上的业务平台、综合平台，最后发展为企业竞合与合作治理所需的双边或多边平台。现实中"平台"一词已屡见不鲜，其内涵不断丰富，外延不断扩展。公共领域的平台实践已广泛开展，然而公共平台理论缺失，平台话语泛滥。对公共平台原理的研究必须建立在概念和分类的基础上。因而，多边公共平台如何释义，其有着怎样的结构，如何分类以及分类的逻辑是什么，公共平台有着怎样的"家谱"，成为多边公共平台原理研究的起点和重要切入点。

第一节　多边公共平台的定义与性质

多边（双边）平台实际上已存在几个世纪，例如农村的集市，但直到近些年才引起人们的广泛关注，主要是因为信息技术不仅增加了平台的潜在应用领域与价值，而且增加了经济和技术平台的数量和复杂性[①]，凸显了平台经济及平台战略的魅力。尽管多边公共平台相对于其他平台出现较晚，但由于其牵涉的利益面最广，近年来备受关注。似乎社会和政府已意识到这一点，因为诸如公共服务平台、政务平台、管理平台、信息平台，成为媒体报道或官员口中的高频词汇。由于平台形态各异，功能及应用广泛，不同类型平台的结构及要素有所不同。如果根据平台现象概括提炼公共平台定义，就会出现如下风险：

---

① Hagiu, A., "Multi – Sided Platforms, From Microfoundations to Design and Expansion Strategies", Harvard Business School, Working Paper, 2009.

概括越广泛、越全面，则定义越笼统、越模糊；而归纳越准确、越具体，则对公共平台的界定越狭窄，越不具备通用性。因此，公共平台理论研究远远落后于平台的实践现状及其进一步发展、应用的需要。

一　多边公共平台的定义

为了研究的便利以及避免研究对象——公共平台现象过于庞杂、宽泛，站在合作治理的视角，笔者倾向于选择与平台战略和平台经济学中的多边平台概念更接近的定义。原因有三：一是多边平台必然涉及群体间的互动合作，这更符合合作治理理论和治理时代中多元主体参与互动、合作共治的意旨。二是多边平台的战略思想实际上区分了"生产"与"供给"的公共品推出模式，不仅有利于政府职能的转型，还有助于形成公共品多元供给、公共服务协同创新的格局。三是企业平台理论主要包括以双边（多边）平台为研究对象的平台经济学和以平台竞合、开放创新为主要内容的平台战略，这些理论比较成熟，便于为公共平台战略研究提供理论基础和借鉴比较对象。

据此，多边公共平台定义为：联结公共部门生态系统中的多边群体，在开放共享的基础上，激发网络效应并提供互动机制以实现群体间相互满足的治理支撑体系。这种支撑体系具有开放共享、互动合作等主要特征，由参与主体、互动规则、基础设施和空间条件等构成。多边公共平台实则是公共品多元供给的协作模式。可从以下几个方面来进一步诠释：

（1）多边公共平台是一种治理支撑体系。将平台定义为"支撑体系"，符合各类平台的共性。现实中多边公共平台表现为以下形式中的一种或多种：平台组织——平台体提供者或平台业务主办者，是将两类或更多类型的用户吸附其中并让其直接互动合作的组织①；合作

---

①　Hagiu 和 Wright（2011）将多边平台定义为"组织"，详见第一章的文献综述。这类组织实则是平台体的提供者或平台业务的主办者，多数情况下两者是同一的（后文中用"平台所有者"一词意味着两者不加区分），也可能是不同的主体（例如手机平台和社区服务中心）。笔者认为，只有开展纯平台业务或以平台业务为主的组织才适合称为"平台组织"，那些以开展生产经销业务为主同时又开展平台业务的混合平台所有者称为"平台组织"值得商榷，而仅开展生产经销业务的组织称为生产商或经销商。

治理的机制或规则，例如听证会；合作治理的空间载体或基础设施，例如产业园、校园、培训中心、互联网；基础性的公共产品或服务，允许其他主体在其基础上开发新的应用①，例如社区服务中心；合作治理的工具、渠道或路径，如公益基金会；以及包括上述形式在内的综合支撑体。对多边公共平台的认知很容易犯"盲人摸象"的错误，而"支撑体"是对各种平台形态共性的概括。

（2）权力开放基础上的互动是识别多边平台的关键标准。多边平台通过推动两组或更多相互依赖的客户群体之间的互动而创造价值。②如果没有供给权力和治理权力开放基础上的互动，而是公共部门的自主生产或经营，那就不是多边平台模式，而是经销模式或生产平台模式。③因此，只有向两类或更多类型的群体④开放公共品生产运作、决策参与、协商互动、监督管理等治理权力，才能称其为"多边平台"，才能把这些平台的主办者称为平台组织。

（3）多边公共平台具有多元参与、开放共享、协商互动、公平合作、可重复使用等特征，其中公平、互动、开放最为关键。多边平台意味着用户的多种选择和参与，且这些行为是可以重复进行的。⑤

（4）公共平台的"公共性"，在平台使命上体现为实现和维护社会公共利益，具体指非营利性的目标；在建设和运行过程中表现为政府等公共部门或社会组织等第三部门作为建设主体和服务对象参与进来。但这并不意味着，投入的资源和能力都源自公共部门和社会组

---

① Gawer（2002）、Thomas Eisenmann（2006）、Kevin Boudreau and Andrei Hagiu（2008）等学者将多边（双边）平台定义为允许其他主体借以开发新应用的基础性产品或服务，详见文献综述。这些基础性产品或服务实则是多边平台业务及战略的载体。

② ［美］戴维·S. 埃文斯、理查德·施马兰西：《触媒密码——世界最具活力公司的战略》，陈英毅译，商务印书馆2011年版，第7页。

③ Hagiu（2007，2011）把合约控制权的开放作为多边（双边）平台的识别标准，从而把多边平台与生产经销模式进行了有效的区分，详见本章第二节。

④ 如果只向消费者这一类同质群体开放，不能算作双边平台，只是传统的公共服务经销模式，充其量是产品生产平台，如行政服务中心。

⑤ Tim O'Reilly, "Government as a Platform", *Innovations*, Vol. 6, No. 1, 2010, pp. 13 – 40.

织，企业和个人也可以参与多边公共平台的运作和要素供给。[1]

（5）多边公共平台通过群体间的互动机制实现相互满足。值得注意的是，这些群体通过直接互动实现彼此间的相互满足，而不是由平台主办方或所有者替代他们的互动。平台只是为他们之间的互动提供互动规则和空间等服务，充当催化剂的作用。[2] 互动的形式包括：联络、协商等沟通交流活动，交易、交换等行为，消费及此过程中的互动反馈行为，相互依赖、互利或利他的协作，参与管理或运作的交互行为。

（6）如何识别用户是单边、双边还是多边群体，不能简单地根据群体的性质或类型的数量来划分，关键看这些用户群体是否通过直接互动来满足彼此的需要，或者是否可以通过政策操作变量（如不对称定价）来识别他们并影响网络效应。有些看似同一性质的参与者群体，由于群体内部具有不同的价值主张和需求偏好，他们仍然属于非同质的群体，可以构成双边或多边用户。例如，婚恋平台消费者可分为男女顾客，同为顾客性质却为双边用户；民主协商平台的对话者可分为代表不同利益阶层的多边群体；在社区自治中居民群体彼此合作、协商互动而实现互助和共治，虽然群体内部划分双边的界限模糊，但仍具有供求双边的特征。

多边公共平台的定义及诠释可以产生两个推论：一是多边公共平台是一种可操作性很强的治理支撑体系。定义中的"激发网络效应""提供互动机制""开放共享""联结"等词，"多边"的识别，均具有操作指向。二是平台上治理权力是开放共享的。多边公共平台意味着：资源使用权，产品及服务的生产权、运作权，话语权、知情权、决策权、监督权等参与治理相关权力的开放与共享。这是识别多边公共平台的充要条件。因此，多边公共平台是一套具有操作框架的开放合作型治理模式。

---

[1]　Marijn Janssen and Elsa Estevez，"Lean government and platform‐based governance——Doing more with less"，*Government Information Quarterly*，2013（30），pp. 1 – 8.

[2]　David S. Evans and Richard Schmalensee，*Catalyst Code：The Secret behind the World's Most Dynamic Companies*，Boston：Harvard Business School Press，2007.

二　相关术语与平台主体的界定

网络效应是多边公共平台运行及平台战略的精髓。网络效应指平台的各边群体构成的关系网络所产生的彼此依赖、相互吸引、相互促进、合作共赢等影响和价值。例如，在社区服务中心平台，地方政府吸引社工机构进驻，社工机构吸引社区居民，社区居民享受社工机构提供的服务；社工机构凭借服务绩效吸引政府和其他机构的持续投资，政府通过社工机构履行公共品供给的职责。网络效应意味着生态系统中的创造或使用补足品创新的外部参与者越多，平台及其补充者就越有价值。①

定义中用的是"边"而不是"方"②或多元主体，因为"边"与"方"各自有独特的内涵。多元主体泛指利益相关者，包括各边群体和各方群体，没有特定的指向或具体选择的逻辑。③ 在本书中，"边"体现了权利（力）的开放性和基于客观的统一标准的选择性，一般为平台的各类用户：产品或服务的生产运营者、互补品提供者、产品及互补品的消费者；"方"往往包括平台所有者、主办方、协办方、主管方等平台供给者或平台业务委托者。多边平台是个"舶来品"，在中国语境中，尤其是官方用语中，平台相关术语的称呼与西方略有不同。④ 这里对这些用语进行界定：

平台主办方——平台业务（服务项目）的主要责任主体和委托者，这些业务原本由平台主办方自己直接运作管理，推行多边平台模式就意味着开放运作管理权力而保留监督评估、服务购买、规则制定等权力中一部分或全部。在西方平台经济学中相近的概念是平台"拥有者"（sponsor），负责平台规则制定与平台治理。

---

① ［美］迈克尔·A. 库斯玛诺：《耐力制胜：管理战略与创新的六大永恒法则》，万江平等译，科学出版社 2013 年版，第 20 页。

② 两者的区别可参考陈威如、余卓轩《平台战略》，中信出版社 2013 年版，第 59—60 页。

③ "多元群体"概念因为没有选择规则与操作指向，不能体现开放性、公平性和法治性，容易受到官僚政治的操控而使平台沦为权力垄断的工具。

④ 多数英文文献没有对平台所有者（提供者）与主办者进行区别，而笼统地称为平台所有者或平台（方），本书在引用时一般进行了直译。

平台所有者——平台载体（平台体）的提供者与产权所有者，主要指平台空间及基础设施的所有者。在西方平台经济学中相近的概念是平台"提供者"（provider），负责联结平台和用户。

平台主管方——平台主办方的直接上级或业务主管，往往是监督评估方、服务购买方或平台所涉行业的政策制定者。

平台服务项目的购买方往往是平台主办方或平台主管方，但平台上可能存在多个服务项目且不仅仅来源于平台主办方，因此服务项目购买方还可能是其他委托者，如平台主办方的合作伙伴、平台协办方（如残联、慈善机构、学校等）。

由于现实中公共平台产权性质不尽相同，平台主办方、主管方、所有者、服务购买方等主体之中大部分为不同的主体，也可能高度重叠①，因此本书很多地方用"平台方"——上述平台主办方、主管方、所有者、服务购买方等平台供给者的统称。

本书主要站在平台主办方和所有者的角度探讨多边公共平台战略。如果平台主办方和所有者为不同主体，对于平台主办方来说，平台战略是其业务走出去的开放战略；对于平台所有者来说，平台战略是将他方业务或项目引进来的开放战略；对于承接服务项目的运营管理者来说，平台战略是他们通过连接并进驻平台来开展业务、提供服务的战略选择。因此，平台战略不是哪一个主体的战略，它是治权开放共享基础上的多元主体合作战略。我们也不能笼统地说这是谁的平台，而是要区分讨论，是平台体还是平台业务，两者可能归属于同一主体。

多边公共平台与企业多边平台相比，都体现了开放共享、互动合作等特质，都通过网络效应来运作。不同点在于前者强调"公共"与"平"，由此决定了平台价值导向与创价模式有所不同。尤其是"平"的特质和要求大大不同，这需要进一步解析。

---

① 主办方与主管方往往不同，也有平台有主办方而没有主管方；平台主办方与平台所有者可能是同一主体，也可能是不同的主体；服务购买方可能是平台主办方、主管方或协办方。

三　公共平台中"平"的解析

"平"的原意最初为物理场所、物品等实物的表面没有高低凹凸之分，或相对于周边环境是水平的、高低相同的。在社会领域，"平"通常指人与人之间没有贵贱、等级之分，即"平"主要指公平、平等。后来逐渐引申出多层抽象意义：组织的扁平化，权力的均衡，利益的均占，机会的均等，结果的平等，程序的公正，资源的开放共享，规则或制度的不偏不倚。

"平"的多维含义在多姿多彩的公共平台中可能均有所指，但有所侧重。尽管有多层意蕴，但公共平台中的"平"的核心要义在于公平正义。罗尔斯确立了公平正义的最基本原则：其一，每个人都有平等的权利去拥有与别人享有的自由权利体系相一致的、平等的基本自由权利体系。其二，对社会和经济不平等的安排，应能使这种不平等既符合最不利的人的最大利益，又按公平的机会、均等的条件，使之与向所有开放的地位与职务联系在一起。[①] 在福克斯和米勒看来，公平和正义具有参与和对话的性质。公共行政实践中的公平只有通过受到影响的公民的参与才能确定。即认为如果做出决定的过程是公平的，那么公共行政的决定才是公平的。在话语理论的框架下，平等的话语是一种民主过程，也是基本的平等的权利。[②]

根据罗尔斯提出的公平原则和福克斯等倡议的公平性质及其方法，公共平台中的"平"可以从以下几个方面去解读：第一，意味着基本人权的保障，即用户的平台行为是自由选择的，意愿是不受强制的，平台行为动机是主动自愿的。第二，平台的运行是平坦的、畅通的，平台资源是自由流动的，没有进入或退出的门槛或不利障碍。第三，"平"意味着参与权与话语权的平等，即机会和程序上的公平，利益相关主体都有平等参与和协商对话的权利；平台运行信息应该公开、透明、共享。第四，为确保机会的均等与过程的公平，公共平台

---

① ［美］约翰·罗尔斯：《正义论》，何包钢等译，京华出版社 2000 年版，第 76 页。

② ［美］查尔斯·J. 福克斯、休·T. 米勒：《后现代公共行政——话语指向》，楚艳红等译，中国人民大学出版社 2002 年版，第 117—123 页。

还意味着向平台生态系统中的不利群体、弱势利益方、基层成员的适当倾斜①。第五，从结果上来看，"平"意味着公共平台多边群体之间利益的均衡和基本公共服务均等化的倾向。

公共平台的"平"不是绝对的，水平与平坦、公平与平等都是相对的，公共平台只有相对于其所处的生态系统才是"平"的，而对于系统外部的主体，仍然具有排他性，而呈现出不"平"的性质。为了使"平"的特质名副其实，在公共平台实践中必须尽力做到程序和机会上的公平，适当做到结果上的均衡。这需要两个前提：一是坚持正义价值取向，不能仅仅为了平等而有损正义。二是以水平的而非垂直的思维模式、民主的而非专制的价值理念作为多边公共平台运行的指导思想。

四 多边公共平台性质的多维透视

多边公共平台的复杂性需要我们多维透视其性质。从不同的视角认识多边公共平台，有助于加深理解，更有助于科学有效地推行多边公共平台战略。

从合作治理的视角来看，多边公共平台与网络治理、协同治理的理念一脉相承，是实现多元权利主体合作共治的运行模式，是治理的工具和策略。如果说企业平台是"市场的具体"②，那么可以说多边公共平台是合作治理的具化。

从行政伦理学的视角来看，多边公共平台实质是水平思维、民主平等理念指导下的，公平正义价值取向的价值创造模式，兼具用户主权、创新柔性、经济效率等多元价值。平台的价值取向决定了平台的根本性质，在以公平作为首要价值导向的基础上，通过合作共治，增加平台共同体的利益。

从行政生态学的视角来看，多边公共平台一般由公共部门连接利益相关者并创建价值网络，形成开放共享、互动合作、互利共赢的生态系统，它是平台生态圈创建、成长与发展的空间机制。多边公共平

① 竞争性公共平台除外，例如体育竞技平台，科研也具有"扶强不扶弱"的特点。
② 徐晋：《平台经济学》，上海交通大学出版社 2013 年版，第 21 页。

台可以看作生态系统中各个成员平等共享的各种服务、空间或互动规则。

从公共管理与政府职能转型的视角来看，多边公共平台实质是公共服务和治理职能的行使，以政府为主的平台建设主体，从搭台、撑台、护台到后台的政治、经济和服务性支持，不仅体现了政府的服务使命和领导力，更重要的是体现了政府有所为、有所不为的战略选择和政府职能的转型方向、政社分离的超然姿态。

从公共经济学的角度来看，多边公共平台是公共产品多元供给的集成模式，是一种协作型的公共服务供给方式；公共平台本身是一种中间性、工具性公共产品，而非最终的、直接的公共产品，即借助于公共平台这种中介、载体，借以提供最终的公共品和公共服务。平台是其他主体借以提供互补产品、服务和技术的基础性产品、服务和技术①，或者说是把不同类型的用户连接起来的产品或服务。②

从平台经济学的视角来看，多边公共平台理论和实践借鉴吸收了平台经济学中关于平台运行及战略管理的诸多理论和方法。从这个意义上讲，多边公共平台是平台经济学在公共治理领域的应用。

从制度主义的视角来看，多边公共平台为利益相关方提供开放共享、互动合作的规则与机制等制度体系，为多边群体的互动合作行为提供了一套有意义的、用于约束和激励的基本框架。多边公共平台的产生是公共事务合作共治成本节约的结果，其运行的关键也是节约合作治理成本，如供需匹配成本。

从公共管理战略的视角来看，多边公共平台是公共部门与其他组织、群体合作的一种战略选择，是合作治理的战略模式与战略工具，体现了合作治理的战略思维与战略理念。基于此，后文按照公共管理战略的过程逻辑系统研究多边公共平台的战略定位、战略选择与战略实施。

---

① Kevin J. Boudreau and Andrei Hagiu, "Platform Rules: Multi‐sided Platforms as Regulators", Working Paper, Harvard University, 2008.

② Thomas Eisenmann, Parker G., and Van Alstyne M., "Strategies for two‐sided markets", *Harvard Business Review*, No. 11, 2006, pp. 1–10.

五　三种公共平台间的比较及公共平台谱系

平台具有多种释义，公共平台类型纷繁复杂。如何从庞杂无章的平台现象中找到平台的类型归属，继而探寻不同类型平台的逻辑关联和平台"家族"谱系，是一件有意义的事情。因为唯有如此，才能明确研究对象的内涵与外延，才能对不同类型的平台有针对性地进行分类研究。重要的是，找到了不同类型平台之间的逻辑关联后，可以通过平台类型之间的转换来推动公共平台战略。

（一）公共产品平台、技术平台与多边平台的比较

哈佛大学平台研究专家 Carliss Baldwin 和 Jason Woodard（2008）通过研究认为[1]，平台有三种基本类型：产品平台、技术平台和多边（双边）平台。公共平台同样可以分为这么几种基本类型。产品平台也称为生产平台，是开发和生产一系列相关产品的共有结构，包括三个要素：模块化结构、模块交互的界面和模块设计标准。[2] 产品平台通常指系列性产品中的一项基础或核心技术，依靠组织自己的力量生产产品；而多边（双边）平台，依靠外部企业来生产补足品，且存在网络效应。[3] 技术平台一般指基于一定开放标准而共通的技术基础构架和技术支撑体系，是一种稳定的联结或基础，能够组织互换、互补元素的技术开发，并允许这些元素互动。[4] 具体来说，技术平台是为不同产品和不同应用系统，从开发、测试、部署、运行到管理的全生命周期提供支持的底层平台，包括技术框架、开发工具、监控体系。[5]

三类平台既相互区别又相互联系。三者在核心特征、产生背景、作用领域、平台使命、创价模式、组织边界与开放性、战略选择、政府模式等多个维度表现出显著的不同，见表 2 - 1。例如，在战略选择

---

[1]　Carliss Y. Baldwin and C. Jason Woodard, "The Architecture of Platform: A Unified View", Working Paper, Harvard University, 2008.

[2]　张小宁：《平台战略研究述评及展望》，《经济管理》2014 年第 3 期。

[3]　［美］迈克尔·A. 库斯玛诺：《耐力制胜：管理战略与创新的六大永恒法则》，万江平等译，科学出版社 2013 年版，第 19 页。

[4]　Kevin J. Boudreau, "Open Platform Strategies and Innovation: Granting Access vs. Devolving Control", *Management Science*, Vol. 56, No. 10, 2010, pp. 1849 - 1872.

[5]　冀勇庆、杨嘉伟：《平台征战》，清华大学出版社 2009 年版，第 131—132 页。

表 2 - 1　　　　　　　　公共平台的三种基本类型及其比较

	多边（双边）平台	产品平台	技术平台
核心特征	连接外界的双边或多边群体，开放互动，网络效应	系列产品的共享基础、产品模块化	开放通用的技术框架和标准体系
时代背景	权利多元化的治理时代	柔性效率兼顾的买方市场	基础技术和产业标准
作用领域	多元供给、创新与合作治理	产品开发与生产	技术战略和产业标准
平台使命	生态圈的繁荣与善治	生产效率与柔性	行业技术规范和技术领导
创价模式	开放合作的价值网络，范围经济，降低交易成本	整合自身能力与市场需求①，供给方规模经济与产品柔性	统一秩序，增强通用性、兼容性
组织边界与开放性	跨组织，对外开放	组织内部，对生产制造相关部门开放	组织内部或跨组织，开放标准不一
战略选择	鼓励外部主体开发补足品	模块化、柔性化生产	鼓励内外主体采用技术框架
政府模式	集市型政府	自动售货机政府	电子政府
平台举例	广交会、亚运会	行政服务中心、"一站式"办公	OA 系统、人造卫星
共同点	结构	工业工程结构的一致性：开放性、模块化、演化性，由稳定元素和非稳定元素构成的集合		
	功能	一定范围内的资源能力共享整合，生产成本与协调成本的节约，一定的稳定性		

方面，多边平台战略与产品平台战略尽管都具有促进产品创新的作用，但前者需要外部的生态系统来产生补充产品和服务创新，并且在补充者和平台之间形成"正反馈"。② 在政府模式方面，提供产品平

---

① Mare H. Meyer and A. P. Lehnerd, *The Power of Product Platforms*, New York：Free Press，1997.

② ［美］迈克尔·A. 库斯玛诺：《耐力制胜：管理战略与创新的六大永恒法则》，万江平等译，科学出版社 2013 年版，第 17 页。

台的政府称为"自动售货机"政府,因为提供的公共产品狭窄且被政府事先决定提供什么,公民没有多少选择权和参与权,且产品价格高昂;另一种是集市型政府,像开源软件的协同开发那样,社区中的各种主体参与产品的供给与交易,供给什么由多方决定,繁荣的集市就相当于成功的政府平台,政府仅提供了生态系统各类主体参与的框架。[①]

三种类型的公共平台不仅具有一些共同点,而且存在某些逻辑关联。第一,在结构上具有根本的一致性,均由稳定的核心元素和不稳定的互补元素、可演化的模块构成,这也是都被贴上平台标签的根本理由。[②] 第二,都具有一定程度的开放性,这是所有平台的一致属性,只是开放的程度、方向与对象有所不同。第三,由于结构的一致性,在功能方面也有着相似的地方:资源能力的开放共享实现了成本的降低和功能的稳定性。第四,三者可能互为基础,甚至彼此包含。例如产品平台以技术平台为基础,而技术平台本身是一种开放通用的产品;多边平台模式中可能包含产品平台、技术平台的应用。第五,三者都具有动态演化性,且在一定条件下相互转化。从理论上说,技术平台、产品平台只要将生产与运作的部分权利或将其补足品的生产开放给外部其他群体,就可以演变为多边(双边)平台。

正是由于上述原因,三者有着共同的平台"家族"谱系,共同构成了公共平台的连续统一体,每一种平台的类型及其释义都可能成为公共平台的类型及其释义。

(二)公共平台的谱系与连续统一体

公共品的供给方式主要有以下几种:第一是公共部门生产,多个公共部门的"一站式"协作生产就可以形成像行政服务中心那样的产品平台。第二是由某一类同质的公民群体自愿组织起来成立的自治、自助性组织,提供俱乐部产品,称为自组织平台,例如,商会、协

---

① Tim O'Reilly, "Government as a Platform", *Innovations*, Vol. 6, No. 1, 2010, pp. 13 – 40.

② Carliss Y. Baldwin and C. Jason Woodard, "The Architecture of Platform: A Unified View", Working Paper, Harvard University, 2008.

会、兴趣爱好团体。第三是由企业生产并为公共部门与广义公民群体之间或他们内部的沟通、协作提供服务的技术框架体系，简称技术平台。第四是由企业或第三部门、公民来生产，由政府等公共部门购买或（和）转售的经销商模式。在经销商模式中，既可以是传统的纯经销商模式，也可以是广义多边平台中的一种：经销平台。经销平台不同于传统的经销商模式，其共同点是都遵循买入卖出模式，其最大区别在于经销平台对内容生产者的极大开放性，例如，利他群体的志愿组织、福利彩票中心、大部分基金会，还如作为企业经销平台的亚马逊、超市等。① 经销平台与纯双边平台（狭义双边平台）的不同在于：后者的内容生产者与消费者之间直接互动。多边平台与双边平台在本质上是相同的，只是前者比后者增加了开放群体的类型数量。经销平台与纯双边平台、多边平台合称为广义的多边平台，是本书的研究对象。

根据以上分析，政府购买社会服务、业务外包是否为多边平台模式，关键看政府对生产合约的控制权以及生产者与消费者间是否有直接互动。如果政府只是指定生产者且简单地购入再卖出，则是经销商模式；如果政府向外部的产品生产者实行统一开放的招投标政策，购入他们生产的产品后再像超市或自动售货机那样运作，则属于经销平台；如果政府购买外部生产者的产品或对他们进行补贴，但生产经营权开放给他们，且生产者与消费者群体直接互动，这种情形就是双边（多边）平台模式。

根据公共品供给方式及其与平台的关系，并按照平台的开放程度，笔者将平台的家族谱系分为：产品平台、自组织平台、技术平台、经销平台、纯双边平台、多边平台、混合平台与平台网络八种形式，这八种平台及其逻辑关联构成了平台的连续统一体模型，见图2-1。本书的研究对象就是包括双边公共平台在内的广义多边公共平

---

① 亚马逊及有些大型超市已由原来的经销平台发展为经营销售业务和双边中介业务的混合平台，即把多余的销售空间出租给卖方，由卖方直接向顾客销售产品，平台并不购买他们的产品。

台，正如Hagiu（2007）① 以及 Evans 和 Schmalensee（2007）②等学者所认为的那样，双边平台并非是或否的概念，而是一种连续统一体。笔者也认为，八类公共平台之间仍然具有一定的相对边界和模糊性，它们之间存在着多种中间组合或者混合状态。例如，技术平台，既可能是生产平台，也可能是双边平台，关键在于技术产品及服务的生产运作是否向外部其他群体开放。还如，混合平台是产品平台、技术平台、多边或双边平台的一种混合形式，例如电子政务平台；而平台网络则是多个双边或多边平台形成的多产品、多环状平台，例如杭州复合型社会组织平台、腾讯公司。

对内开放的程度						对外开放的程度	
产品平台	自组织平台	技术平台	经销平台	纯双边平台	多边平台	混合平台	平台网络
单边平台		双边平台			多边平台		
生产平台		供给平台、治理平台					
以自有资源能力为中心				以合作共治为中心			

图 2 - 1　公共平台的谱系与连续统一体

公共平台的谱系与连续统一体模型反映了这八种形式的公共平台的进化逻辑：业务和相关权力由对内开放逐步向对外开放转变，开放程度越来越高；以自有资源、能力为中心逐渐向以合作共治为中心演化，对外合作程度与供给多元化程度越来越高；形态由单一到复合，功能由简单到综合，平台之间可以相互吸纳、兼容或对接而形成多环

① Hagiu，A.，"Merchant or Two – sided Platform"，*Review of Network Economics*，Vol. 6，No. 2，2007，pp. 115 – 133.

② David S. Evans and Richard Schmalensee，*Catalyst Code：The Secret behind the World's Most Dynamic Companies*，Boston：Harvard Business School Press，2007.

状平台体系。产品平台和早期的技术平台一般是生产平台、单边平台，以标准化批量生产和规模经济为目标。向其他生产者、利益相关者开放的平台才能称为双（多）边平台，其典型特征是实现了产品、服务的生产经营权等权力的开放互动。

第二节　多边公共平台的判别标准

平台在各行各业普遍存在，似乎已成为一种不证自明的共识，从而没有人对其加以界定、证明或证伪。事实上，很多所谓的平台是伪劣的、失真的，或者不是公共的。探讨平台的判别标准，旨在从学理上说明什么是真正的多边公共平台。多边公共平台的定义主要借鉴了平台经济学和近年来平台战略学中多边平台的定义。因此，在判别多边公共平台时理所当然地要参考多边（双边）企业平台的界定标准。

一　企业双边平台的识别标准及借鉴启示

"双边平台"由 Rochet 和 Tirole（2001，2003）、Evans（2003）提出后，平台经济学得以迅速发展。在平台经济学研究史中，包括这些开创者在内，有三派学者提出了双边平台的识别标准，并引发了一场争论。[①] 这些争论推动着平台经济学的发展，同时给公共平台的识别与平台建设提供了有益的启示。这里将三派学者提出的识别标准综述如下，并分析其作为多边公共平台识别标准的可行性。

一是倾斜式定价结构（不对称定价）。除了价格水平，价格结构也会影响市场两侧用户的交易量，即价格结构是非中性的，这类市场就是双边平台。[②] 有其他学者也认为不对称定价是界定双边平台的必

---

① 详见王小芳、纪汉霖《双边市场的识别与界定：争论及最新进展》，《产业经济评论》2013 年第 3 期。他们近乎完美地综述了双边市场的识别、界定及其争论，笔者基本采纳了他们对双边平台识别标准的分类。

② Rochet J. and J. Tirole，"Two‐sided Markets：A Progress Report"，*The Rand Journal of Economics*，Vol. 37，No. 3，2006，pp. 645–667.

要条件。① 这意味着在总的价格水平不变的情况下，交易量对双边用户的价格、交易成本比较敏感。例如，国家社科基金通过与 CSSCI 签约，补贴这些刊物但规定其不得对作者收取版面费，即保证这些刊物收入不变的条件下实现论文质量的提高。倾斜式定价的判别标准适合于交易性平台的识别。但在公共领域，参与治理的权力和权利往往是非交易性的，因此对于非交易性的公共平台难以界定。同时，其界定困难还在于不易测定价格结构对交易行为的影响，很难与单边市场区分。即准确界定需要复杂的量化计算，这显然不适合界定多边公共平台。因为公共品的供求及价格，尤其是公共治理的权责很难量化。

二是网络效应。这是多数学者的判别标准，例如，Hagiu（2009b）、Choi（2010）。Armstrong 和 Wright 在帕尔格雷夫词典中用网络效应来识别双边平台：平台保证两类不同用户群体之间的相互作用，每个群体都关注同一平台上另一群体用户的特性。② 但由于网络效应在方向和程度上是非对称的，如果仅以其作为双边市场（平台）的判断标准可能会导致包容过度或包容不足。③ 因为一般的市场（单边市场）也符合单向的网络外部性特征，很多被视作双边市场的媒体和搜索引擎却不符合双向网络外部性（如顾客对广告的厌恶）。因此，尽管网络效应对于平台的运行机制和群体间的吸引十分关键，但不适合作为多边公共平台的界定标准。

三是合约控制权。Hagiu 和 Wright（2011）指出群体间网络效应的存在依赖于中介企业和卖者之间合约的性质，进而指出购物中心、超市、电子商务平台等不应该理所当然地被视为双边平台。Hagiu 和 Wright 进一步比较了双边平台、经销商和投入品生产商三种组织形式，并指出群体间网络效应既不是界定双边平台的充分条件，也不是

---

① E. Glen Weyl, "A Price Theory of Multi – Sided Platforms", *American Economic Review*, Vol. 100, No. 4, 2010, pp. 1642 – 1672.

② Armstrong, M. and Wright, J., "Two – Sided Markets", *The New Palgrave Dictionary of Economics*, L. Blume and S. Durlauf (eds.), Basingstoke: Palgrave Macmillan, 2008.

③ Luchetta, G., "Is the Google Platform A Two – sided Market?", 23rd European Regional Conference of the International Telecommunication Society, Vienna, Austria, 2012.

必要条件，关键取决于群体间具体的合约条款。例如，有线电视、卫星广播连接着多边群体，且存在群体间网络效应，但媒体控制着交易，因此不是双边平台。[①]

Hagiu 认为，纯双边平台和纯经销商模式的最大区别（见图 2 - 2）在于：前者通过采用纯买断合约占有卖方的产品，完全控制销售权力，买卖双方间的网络效应完全被中介内部化，这与传统的单边市场并无区别；后者把控制权全部留给卖者，只决定买者和卖者附属于一个共同的市场，由买卖双方直接互动并产生网络效应。因此，双边性取决于卖者与中介之间合约控制权的分割，而合约控制权体现在三个重要维度：对定价、广告、分销等战略变量的控制；不同主体对经济风险的分担；对买方的"所有权"（指买方决策时更看重的是中介品牌还是商家的品牌）。[②]

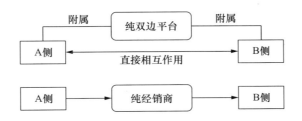

图 2 - 2　纯双边平台和纯经销商模式的区别

资料来源：Hagiu, A. and Wright, J., "Multi - Sided Platforms", *Working Paper*, Harvard Business School, 2011。

综上所述，合约控制权抓住了多边平台开放互动的根本特质，是平台开放互动特质的关键界定依据。合作治理意味着政府对其他主体的放权、授权，权力的开放共享是区别多边平台与产品生产平台、经销模式的关键。因此，合约控制权的判定标准对于多边公共平台的界

---

① Hagiu, A. and Wright, J., "Multi - Sided Platforms", Working Paper, Harvard Business School, 2011.

② Hagiu, A., "Merchant or Two - sided Platform", *Review of Network Economics*, Vol. 6, No. 2, 2007, pp. 115 - 133.

定具有重要的引入价值。

二 多边公共平台的识别逻辑

逻辑判断是建立在概念的基础上的，多边公共平台概念需要从"公共"与"多边平台"两个方面去理解。相应地，关键是对公共性和多边平台进行判别。平台的公共性及其追求公平的价值导向，决定了理想的公共平台还需要检验"平"的特质。笔者认为，只有"平台"是平的，才是真正的或理想的平台。因此，多边公共平台的界定维度有三项：公共性的判定、"平"的识别、多边公共平台的界定。

（一）公共性的判定

公共性主要根据平台建设的使命与目标、功能与目的、服务对象、公共利益与价值实现结果等方面去综合判断。不能仅仅依据显性的因素，如平台的创办者或供给者、使用者是否为公共部门，或平台的创建是否利用了公共资产。如果根据平台的创办主体和资源属性来判断，就会缩小公共平台的范围，例如壹基金等民办社会组织。根据平台的直接受益对象来判别其公共性比较简易可行，但有些多边（双边）企业平台，如腾讯QQ的受益者是社会大众，但很难认定为公共平台。江苏卫视的"非诚勿扰"栏目也是如此。因此，还需要结合平台使命的非营利性来判断其公共性。由于平台的广覆盖性、公权力和公私界限的模糊性，平台公共性的判别已变得有些困难。例如腾讯公司的慈善基金会，其创办主体为营利性公司，但腾讯公司创办慈善基金会不以营利为目的（尽管可能间接促进腾讯的营业利润），因此还是可以认定为公共性。

（二）"平"的识别

从理论上说，平台一定是"平"的（否则就不能称为"平台"），不仅在结构、流程上是"平"的，而且其实质也是"平"的（平等公平）。两者相互关联，因为结构影响功能。考虑到平台的实践，需要对平台的"平"进行专门的检验。可以从两个方面来识别：一是结构和流程的平坦性。二是价值导向和参与权利的公平性。

平台的特征很多，最根本、最关键的结构性特征之一在于其是平坦的、通畅的。可以用平台运作所需的相关资源是不是自由流动的来识别。如果存在壁垒、门槛、障碍等制约因素妨碍更广大的公共利益，那么在结构上就不是"平台"；如果使用者不是主动、自愿地，而是被迫、强制地要求进驻，也不能视为平台。信息不透明就是"黑箱"，而不是平台。因为信息透明是信息对称，继而是平等参与、协商对话的前提。

"平"的核心要义在于公平正义，综合依据罗尔斯提出的公平原则和福克斯等倡议的公平方法，公平的原则在于权利平等。要实现权利平等，就要确保机会均等、程序公正、规则统一、民主参与、协商互动，而不是替民做主、被动接受、独断专行。据此，可设立平台使用者利用平台的机会是否均等，即是否有平等的参与权、互动权和一致的运行规则作为判别"平"的标准之一。还是以社保"平台"为例来进行验证，如果社保平台对省外人口、农村户口实行权利歧视或在参保程序和规则上不够公平，例如不能跨省领取公积金，它对民工群体就是不公平的。

现实中总存在先天的权利不对等，如社会不同阶层之间、官员与民众之间、信息优势方与劣势方之间。即使存在不平等的安排，但如果该权利安排符合最不利群体的最大利益，我们仍视其为平台，这是权衡后的、真正确保权利平等的平台。综上所述，我们把专门检验"平"的标准——均等的机会、程序的公平和与平等的协商互动——在适当的场合转变为更容易检验的标准：不利群体或系统内最广大的利益群体是否有均等机会的参与权与平等的协商互动权利。这里的"适当场合"更多地指在民主政治、社会治理、基本公共服务等领域，而竞技类、竞争类的公共平台舍去该评判标准，保留使用规则的统一性、机会的均等性和权力的平等性。"最广大的利益群体"通常指平台生态系统内潜在的平台使用者与服务对象。例如，如果地方政府间的社会保障系统之间不能对接或者不能对农民工开放，就不能视为平台。

（三）多边公共平台的界定

根据上文对双边（多边）企业平台界定标准的讨论，合约控制权是对多边公共平台开放互动特质的最核心的、最合适的界定标准。多边性的具体识别准则分为两条：

其一是开放性，即基于统一的、客观的标准，向外部主体开放产品及服务的生产权、运作管理权或参与共同事务治理的权力。平台的根本结构性特征之一在于其在生态系统内的开放共享。相关权力没有开放的后果是严重的："平台"不仅成为摆设，而且绩效低劣，更严重的是"平台"容易沦为谋求私利的工具。例如，某省教师继续教育"平台"，没有将继续教育的主体和内容开放，而是内聘讲师、自制教材，强制培训、强制收费，有些地方的人力资源与社会保障部门的劳动力培训中心（很多人称为劳动保障"平台"）也是如此。行政服务中心也不是双边平台，因为公共服务生产权及相关治权没有开放给外部主体。因此，仅仅根据连接群体的多元性特征，就判定为双边或多边平台是不恰当的，多元性只是多边平台的必要条件，而充分条件是治理权力的开放共享。

其二是用户之间能够直接互动并行使一定的影响力。如果不能互动，像"自动售货机"那样，就不是平台而是经销模式；如果在互动中没有话语权和影响力，"平台"就是走形式的过场。公开听证会在国内越来越流行，有人称为协调社会利益、化解社会冲突的"平台"，但是如果公众、当事人及有关利益方有参与权，却没有话语权、互动权或没有平等的话语权、互动权、投票表决权，那么公开听证就成为某方操纵下的形式与过场，它就不可能是"平"的"平台"。

三 结论及案例验证

总结一下多边公共平台的系列判别标准，并继续进行实证检验。标准一，公共性判别标准——平台的使命服务于公共利益，简化为非营利性标准。标准二，平坦性，即流程是平坦顺畅的、信息是透明共享的。标准三，公平性，即参与权利是平等的，生态系统内最广大的利益群体有均等的机会参与。标准四，开放性，即公共品生产运作与公共事务治理的权力向外部群体开放。标准五，互动性，即多边用户间的直接互动与相互影响。理想的或真正的多边公共平台，这五大标准缺一不可。如果不符合标准一，它就不是公共的；如果不符合标准二或标准三，它就不是平的；如果不符合标准四或标准五，它就不是多边平台。

　　表 2-2 运用多边公共平台的判别条件对多个案例进行了检验。检验源自笔者的初步考察。"×"表示不符合判别条件，不能界定为多边公共平台。空格表示符合判别条件，"待定"表示情景有待进一步考察，不能一概而论地判别为多边公共平台。由此可见，多边平台不是一个是与否的概念，而需要具体的考察检验，其中关键是权力开放性的检验，而权力开放是一种可能的战略选择，也是一个动态演化的过程。

表 2-2　　　　　　　　　　多边公共平台判别条件的检验

待检案例 ＼ 检验条件	公共性	平坦性	公平性	开放性	互动性
行政服务中心				×	
行业协会、商会				×	
信访"平台"		待定	待定		待定
科研申报"平台"		×		待定	待定
教师继续教育"平台"	待定	×	待定	×	
"非诚勿扰"栏目	×				
听证会		待定			待定
腾讯基金会					待定
大学食堂				待定	

　　我们也可以运用上述五个条件以提问的方式检验信访"平台"。它在理论上是否符合条件一，公共性。如果现实中存在真实的被官僚集团俘获的证据，它就变质而失去公共性。依据条件二，平坦性。信访是否设置诸如必须亲自举证、收费等门槛或障碍。信访举报是否被"踢皮球"、推诿拖延，是否被截访或受而不理。如果回答是肯定的，则不是真正的公共"平"台。依据条件三，不同的举报者、申诉者是否享有平等的举报权，作为弱势群体，他们的隐私、安全是否得到保障？如果没有，则意味着举报权利的实质丧失。如果受害者宁可较普遍地选择开胸验肺、自焚等自残事件和闹大事件来维权，也不去走信

访途径，那么信访"平台"就是伪劣的公共平台。依据条件四，信访"平台"是否基于统一的客观标准和政策规定向举报者、受理方、监督者等群体开放相应的权力和权利。依据条件五，信访案件在处理过程中有没有与举报者互动并反映其诉求？信访处理进度及结果等信息是否向举报者反馈？如果回答是否定的，则不是真正的多边公共平台。

现实中，也不乏多边公共平台的案例或成为多边公共平台的可能。有政治协商对话领域的"两会"、博鳌论坛等，有经济领域的产业园、科技创新平台、产学研基地、广交会、博览会等，有社会治理与公共服务领域的听证会、公益基金会、婴儿安全岛、社工社区服务中心、学术杂志、公共文化平台（如星光大道和"我要上春晚"栏目等）。但要证实这些为多边公共平台要比证伪更难。因为证实需要同时满足五项条件，而证伪只需证明一个条件不符合即可。多边性并非是平台的内在属性①，因而不是平台的充分条件，但作为必要条件就可以证伪多边平台。即连接的群体不具有多"边"性，那就肯定不是多边平台。识别和界定多边公共平台的困难性，还在于其单边还是多边（双边）并非是与否的绝对判断，而是一个连续统。② 例如，"110"报警平台、政府门户网站是单边还是多边（双边）值得商榷。问题的关键是有没有把相关权力开放给更多的一边群体，控制权开放后能否增进公共价值。

多边公共平台的上述五项判别条件都是相对的。平坦性不是绝对的，平台开放的程度与控制权都不是绝对的。机会均等的参与权与平等的互动协商权以及其他标准的检验，都应该站在公共性的立场上，考虑在平台生态系统内各类用户是不是相对平等的。因此，公共性最为根本，是应用其他条件的前提。笔者构建的多边公共平台的判别标准，意旨不在批判或愤世嫉俗地否定一切平台实践，而是希望公共平

① Filistrucchi, L., Geradin D., and van Damme, E., "Identifying Two – Sided Markets", *World Competition*, Vol. 36, No. 1, 2013, pp. 33 – 59.

② Rysman, M., "The Economics of Two – Sided Markets", *Journal of Economic Perspectives*, Vol. 23, No. 3, 2009, pp. 125 – 143.

台供给者、运营方和管理者按照判别标准，有效地改进公共平台的公共性、公平性、平坦性、开放性、互动性等品质，提升平台的运作绩效，最终有效地实现更广大的公共价值。

第三节　多边公共平台的特征

平台的特征是平台优势与功能发挥的重要前提，是平台建设、运行及管理的重要依据，是平台创造价值的基础。多边公共平台属性是多元的，有的源自平台的一般属性，与企业平台有共同之处；有的展现出公共平台的独有特征，为此需要对多边公共平台与企业平台的特征进行比较。

一　多边公共平台的总体特征

公共平台首要的，也是最根本的特征就是由公共部门使命决定的公共性，有别于企业平台经济性、私域性。虽然都以合作为主题，但多边公共平台以实现社会公共利益或共同利益为目标，而企业平台根本上是为了追求利润最大化。企业平台也会为企业之间或整个产业创造共同的利益，但把企业间的合作共赢、产业链作为自身盈利的工具；而政府等平台主办者需要把平台多边用户的共同利益作为自身的责任。政府也可能为某个产业（如新兴产业或基础性产业）的运作及企业间的合作提供产业平台，但其使命、出发点与企业提供的产业平台不同。公共平台的公共性体现在平台使命、建设主体、资源投入、服务对象等方面。公共平台的公共性决定其非营利性，但仍可以通过收费、补贴等方式运营，甚至允许企业介入公共平台的运作，例如某县残联服务中心的培训服务项目面向企业招投标。

多边公共平台同属于多边平台，具备多边平台的一般特征：平台是相对平坦的，易于为所在生态系统的运作和发展提供公正公平、规则有序的环境和条件；平台具有开放性与共享性，表现为资源开放、标准开放、信息开放、业务开放，更体现在服务内容供给权力、监督权力、参与权力的开放共享；可复使用性，平台元素可复使用的经济逻辑是很强大的，由此实现了规模经济和范围经济①；平台要素的多元性、协作性与整合性，表现为平台的多元用户群体的协作性，资源与能力的整合性。因此，总的来说，平台具有平坦通畅、开放共享、信息透明、公平合作、协商互动、资源整合、可重复使用等特征，以及平台自身结构的稳固性、可扩展性等特征。

二 多边公共平台的结构特征

多边公共平台的结构可以分为社会组织结构和技术结构。平台结构的根本特征是开放，无论是社会组织结构还是技术结构方面，均有所体现。在社会组织结构方面，平台生态圈中存在双边或多边用户群体和平台的提供者、主办者与管理者等群体，平台为同时存在的多边群体提供产品或服务，使其相互吸引与合作。这些群体及其互动行为构成了社会网络结构，见下一节内容的具体分析。

在技术结构方面，多边公共平台的主要特征有：自身结构便于改造、升降或移动，可以根据平台建设过程和战略需要，推动平台形态的升级与演化；平台具有可扩展性、可移植性，可通过平台间的互联互通实现跨平台的兼容与合作；平台结构体的要素具有标准化、模块化的特征，非常适合于平台各要素、各种资源和能力间的整合、兼容与共享，有利于平台在技术和组织上的开放性；有护栏的平台更安全，这里的"护栏"可能包括：栏杆或护墙、危险提示、防火墙、甄别与排他机制、安全制度与措施，但不能因为护栏而妨碍了平台的"平"的根本属性。总之，平台的可复使用、开放共享、动态演化等结构性特征，支持了平台的产品多样性与创新、经济效率等功能。②

三 多边公共平台的运行特征

总的来说，多边公共平台的运行具有如下特征：一是从运行模式来看，遵循的是基于价值网的运行模式，一种有别于价值链的模式，业务协作由组织内部转向组织外部。二是从运行流程来看，平台的流

---

① Carliss Y. Baldwin and C. Jason Woodard, "The Architecture of Platform: A Unified View", Working Paper, Harvard University, 2008.

② Ibid.

程是相对平坦的、顺畅的，且具有一定的透明性，便于共享、参与、互动和交流。三是从主体行为来看，平台参与行为受到群体心理和行为契约的影响；群体间相互行动是平台演化的动力；平台成员有着从众行为，源自群体压力，群体压力成为平台组织行为决策的动力。①

从平台经济学的视角来看，多边公共平台与多边企业平台类似，具有如下主要特征：一是平台作为多边客户需求的附着载体，是多边群体互动的中介协调者②。二是多边群体需求间的依存性与互补性，即通过互动满足彼此的不同需求。三是网络效应，即平台一边用户数量的增加会提高另一边用户的效用，一边群体参与平台的动机受到其对另一边用户群体规模预期的影响③。四是价格的非对称性，通过非对称的补贴或收费，以平衡这种彼此的吸引力，使之彼此维持长期的相互促进和正循环。五是规模经济性与范围经济性，前者反映了平台的规模越大平均成本越低，后者反映了一种公共平台同时提供多种公共品的经济性。

多边公共平台为多元利益相关者的互动合作提供了空间与规则，不仅有助于降低公共品供给的生产成本与交易成本，而且整合集成了各方的资源、能力，容易发展良好的公私伙伴关系，是有效应对公共事务治理与公共服务复杂性的机制与工具。

四　多边公共平台与多边企业平台的比较

多边公共平台与多边企业平台同属于多边平台，有着共同的特质：开放性、互动性以及基于网络效应的运作模式。正是如此，多边公共平台战略存在着借鉴平台经济学和企业多边平台战略的理论基础和现实可行性。表 2 - 3 通过对两者多个维度的比较，有助于更准确地把握与界定多边公共平台的内涵与外延。

---

① 徐晋：《平台经济学》，上海交通大学出版社 2013 年版，第 155 页。

② Kevin J. Boudreau and Andrei Hagiu，"Platform Rules：Multi - sided Platforms as Regulators"，Working Paper，Harvard University，2008.

③ Rochet J. and J. Tirole，"Two - sided Markets：A Progress Report"，*The Rand Journal of Economics*，Vol. 37，No. 3，2006，pp. 645 - 667.

表 2 – 3   多边公共平台与多边企业平台的比较

	多边企业平台	多边公共/政府平台
根本属性	私域性、营利性	公共性、非营利性
驱动机制	市场经济驱使、网络效应	公共需求拉动、公共精神驱动、网络效应
价值导向	竞争力、经济效率、创新	公平民主、效率、创新、秩序和谐
基本目标	提升竞争力、追求利润	善治与善政，实现最广泛的公共价值
功能领域	沟通、协作、交易、竞争	沟通、共治、服务、民主政治
平台根基	核心竞争力、品牌、行业影响力	公共资产与社会资本，含公信力、公共财政
价值创造模式	开放互动、价值网协同、体系竞争	开放互动、合作共治、价值网协同
建设主体	平台领导、第三方平台运营商	以政府部门为主，其他各部门均可参与
资源投入	以平台领导为主，开发商、供应商等补贴方均需投入资源	以平台提供者、服务提供方为主，可能有公共财政投入
风险分担①	平台方不用直接承担经营风险	平台方承担部分运作风险
合约控制权②	控制权很小	控制权更多，但基本权力开放

除了对公共性、公平性的强调，公共平台比企业平台更重视治理与供给而不是交易与竞争，前者更多地被视为合作的载体，后者更多地被看作交易的空间和竞争的体系。在公域的世界，公共价值、公共权力具有非交易的特质，只有具体的准公共品才可以直接交易。因此在很多情况下，多边群体之间不是简单的交易关系或供需关系（也有交易，如政府购买社会服务），更多的是需求互补或彼此依赖、联盟合作的关系。企业组织比公共部门的竞争性强得多，因此企业平台战

---

① 根据 Hagiu（2007），平台不用像经销商那样承担经营风险，就像百度、电信运营商极少承担虚假、诈骗信息的责任，尽管平台的收益大小受到平台上产品经营风险的影响。公共平台有所不同，平台与产品的生产者都要承担经营风险，因为平台承担着最终的公共责任和公共价值使命。例如学生食堂就餐后发生食物中毒，不仅食物供应商要担责，学校也要担责。

② 根据 Hagiu（2007），企业平台一般不干预生产者或经销商的定价、生产与销售等生产经营行为，但由于公共平台与产品运营者的风险、责任共担，平台会基于统一的客观标准来限制产品的质量、价格和用户规模等以更好地创造和保障公共价值。例如政府对社工组织的某些控制权、学校对食堂的价格管制。

略更注重竞争。垄断与外部性造成公共品供给不足，所以公共平台更需要多元供给主体的合作战略。但公共品与公共服务难以量化，这给公共平台绩效评估带来了极大挑战。

第四节　多边公共平台的结构

　　结构是对一个系统的构成要素及其相互关系的抽象描述。[①] 当系统是复杂的，即由多个组成部分构成且需要实现一个整体的功能时，结构就很重要。平台的结构会直接影响到平台绩效的优劣。正是平台的结构才使平台具备了很多功能和特色，平台结构关系到以平台为基础的创新和互动的活力，因此非常重要。[②] 公共平台的应用领域广泛，功能不一，类型多样，结构自然也形态各异。描述平台结构最重要的方式是绘图，因为直观的结构图有助于理解平台要素的组合方式。为便于研究多边公共平台的结构共性，这里仅一般性地探讨平台的基本要素、生态圈结构、关系网络结构。

一　多边公共平台的基本要素

　　多边公共平台作为公共品开放协作的供给模式与公共事务合作共治的支撑体系，其基本要素包括：平台使命——平台存在的目的和价值，平台主体——平台的利益相关群体，基本产品及其补足品，平台规则——平台建设和运行管理的制度体系，平台体——主体合作的空间与载体，平台基石——有形的与无形的资产。

　　平台使命是平台战略的出发点，回答了平台存在的理由，关注平台的活动范围和界限，决定了平台的基本功能，界定了平台主体各方的责任，决定了平台的服务对象和内容，是平台战略制定的根本

---

　　① Whitney, Daniel (chair) and the ESD Architecture Committee, "The influence of architecture in engineering systems, Engineering Systems Monograph", MIT Engineering Systems Division, March 2004.

　　② Carliss Y. Baldwin and C. Jason Woodard, "The Architecture of Platform: A Unified View", Working Paper, Harvard University, 2008.

依据。

平台主体即介入平台建设和运行的相关利益群体，由平台的提供者、主办者及运作管理者、基本品及互补品的供需者、其他利益相关方（如监管方、评估方）组成。最简单的平台主体由平台一方（平台提供者或主办者）和供需双边群体构成。多边平台的供给与建设以公共部门为主，主要提供基本规则与核心关卡，建起生态圈以连接多边群体。其他公共部门、非营利组织、非政府组织、公民及利益团体、企业等相关利益方都可以参与平台建设和运行。单独一方很难完成平台建设全过程：创建与要素供给、维护管理、升级改造、对接与集成。因此，平台主体具有多元性、能动性。

基本产品及其补足品，即分别是保持稳定的核心元素和具有多元化、动态性的补足品。平台实质是一系列稳定要素构成的集合，平台结构是复杂系统的模块化形式，其中有些元素是稳定的，有些元素是可变的。从工业工程设计的角度，各种类型的平台在结构上具有根本的一致性，即由低度多样性的核心元素、高度多样性的补足品以及将两者连接起来、管理其互动的界面、接口与规则构成。很多事物被贴上了平台的标签，原因在于它们在工程设计方面具有共同的结构性特征。①

平台规则是平台建设和运作管理需要遵循的制度体系，是用来调节平台与补足品关系的，规则是稳定的、多功能的。② 平台主体的行为规范由内部规则和外部规则构成。平台内部的运行机制和规范包括：公共需求显示机制、激励机制与利益分享机制、监督机制、评估机制、参与程序、协商互动机制、服务供求机制、价格补贴机制、信息机制，等等。公共平台同企业平台一样，也需要平等、公开、统一的基本规则，但受到政府政策和规划的更多监管和约束。这些外部规则包括：法律法规、评估与监管政策、行业规划、政府购买与招投标

---

① Carliss Y. Baldwin and C. Jason Woodard, "The Architecture of Platform: A Unified View", Working Paper, Harvard Uniersity, 2008.

② Ibid. .

规定，等等。

平台体，即平台以怎样的空间与载体呈现出来。平台体为平台生态系统内部成员之间互动合作提供共享的设施、环境、渠道、空间或共同的标准。其具体形态可以是一种组织，可以表现为能被其他组织作为开发基础的产品、服务或技术[①]，可以是某种论坛、某场交互活动、博览会，可以是基础设施、活动场地，可以是媒介、渠道等中介，可以是信息系统、数据库等虚拟空间，可以是一种基金，还可以是杂志、微信等传统和现代媒体，也可以是集合上述样态为一体的综合性平台。平台体可以是物理的实体空间，也可以是抽象的、虚拟的，还可以实虚结合。

平台的基石，包括实物资产与无形资产，以无形资产为主。无形资产主要包括：公共部门的合法性权威与公信力、社会动员能力、执行力与执法公平性；公共部门与其他部门之间的关系网络，第三部门的地位及其社会信誉、社会资本。互动网络等无形资产是平台运作的根本保障，从根本上决定了平台的稳固性与影响力。无形资产越强大，平台建设就越容易成功。[②] 有研究认为，多边平台难以复制的资产是社区及其成员拥有和贡献的资源，因而可以说成员网络是其第一资源，而最重要的资产以及价值优势的来源是信息与成员间的互动。[③]

二　多边公共平台的生态圈结构

多边平台连接的各类群体构成的参与互动网络就是平台生态圈，即通常所说的平台生态系统，实质是平台利益关联者之间基于平台的互动合作与价值分配网络。平台生态圈由平台、补足品、网络效应等要素共同构成。平台用户流量与利益关联者之间的合作互动是网络效应的关键因素。多边公共平台生态圈以平台为中心，由在平台上生产的产品与服务等补足品、多边用户互动合作产生的各类网络效应共同

[①] Gawer, A., "Platform Dynamics and Strategies: From Products to Services", in Gawer, A. (ed.), *Platforms*, *Markets and Innovation*, Northampton, MA, US: Edward Elgar, 2009.

[②] 秦合舫：《寻找大象的舞台》，《中国商业评论》2006 年第 10 期。

[③] ［美］马歇尔·范阿尔斯丁、杰弗里·帕克、桑杰特·保罗·乔达例：《平台时代战略新规则》，《哈佛商业评论》2016 年第 4 期。

构成。① 平台的补足品是产品或服务（不包括平台自身）；可能是商品，如政府为商品进出口或产学研合作提供的平台，具体如商品博览会、企业外贸出口交易平台。

平台生态圈的主体一般包括四类成员：平台"拥有者"（sponsor），负责平台规则及其治理；平台"提供者"（provider），负责联结平台和用户；生产者，负责开发与生产产品；消费者。② 这四类成员可以相互转换角色③，因此成员关系对平台战略意义重大。在公共平台生态系统中，很难一概而论，但至少存在供求双边群体和平台提供者。以社区社工服务中心为例，主办者往往为区政府或市政府，平台提供者一般为街道办，负责联结生产者——社工组织，而社工组织吸引社区居民。

根据公共事务的复杂性程度、利益影响范围和平台开放性程度，多边公共平台的参与者类型有多有少。复杂的参与者结构可能包括：平台主办方或所有者；平台运作者，平台维护方；平台监管方，第三方评估机构；服务内容供应者，服务内容开发者；服务购买者，服务消费者。与企业平台参与者相比，公共平台可能多了政府监管方、第三方评估机构，而且往往表现为平台主办方或所有者与平台运作方的分离。下面以几种典型的公共平台为例，描述其参与者结构。

一是单方双边平台，典型的参与者包括：平台主办方、服务供应者与需求者双边群体，例如大学学生食堂、就业培训中心（招标外聘培训机构），见图 2 - 3。

二是双方双边平台。双方指主办方、主管方，双边指内容提供者、消费者，例如有些学术论坛、公共论坛，还如婴儿安全岛（政府和幼儿福利院为双方）。

---

① Michael A. Cusumano, *Staying powder: Six Enduring Principles for Managing Strategy and Innovation in an Uncertain World*, London: Oxford University Press, 2010.

② ［美］马歇尔·范阿尔斯丁、杰弗里·帕克、桑杰特·保罗·乔达例：《平台时代战略新规则》，《哈佛商业评论》2016 年第 4 期。

③ 在多边平台企业中，尤其是 IT 企业中，平台拥有者和平台提供者往往分别是基础程序和硬件的所有者，生产者可进一步分为互补应用程序开发者和互补服务提供者。

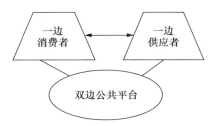

图 2 - 3　双边平台参与者结构

三是多方双边平台。多方通常包括平台主办方、主管方、服务购买方、中介评估方，双边指服务供应和需求群体，见图 2 - 4。例如国家社科基金。

图 2 - 4　平台多"方"参与者结构

四是单方多边平台。多边往往包括内容（产品）供应者、服务提供者、消费者，还可包括保障服务者、评估监督者，见图 2 - 5。例如中国知网，其多边群体包括：电子文档的作者、杂志社、电子文档需求者、相关服务的提供者。

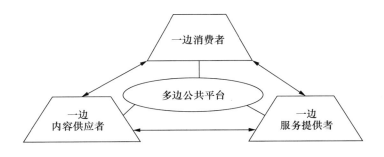

图 2 - 5　典型多边平台参与者结构

　　五是双方多边平台。双方一般为平台提供者、主办者、主管者中的两方，多边通常包括：内容提供者、服务提供者、消费者、营销推广者，例如，博览会等各种会展。

　　六是多方多边平台。多方是平台提供者、主办者、主管者、监管方和评估方中的至少三方，多边是服务购买者、消费者、内容提供者、服务提供者中的至少三者。例如学术杂志，多方指杂志社、主管机构、中国知网和评价机构；多边指作者群体、杂志购买机构、读者、杂志发行商等。

　　平台使命在于有效促进"边"与"方"之间的协同治理和双边（多边）群体之间相互吸引、相互满足。从多边公共平台实践来看，完整的生态圈结构的成员一般包括：平台所有者、主办方、主管者、评估者、协办者（可能存在交叉重叠）、内容提供者、服务运营者、消费者、支付补贴者。[①] 多边公共平台生态圈成员结构见图 2-6。

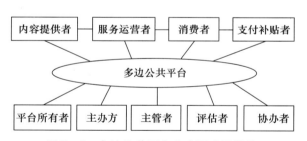

图 2-6　多边公共平台生态圈成员结构

　　总的来说，平台是一系列稳定要素构成的集合，并通过连接其他可变要素来支持多样性和演化性；平台结构的稳定性和多样性的结合使得创新成为可能，只是借用了外部资源和力量。[②] 有效的平台结构应拥有良好的承载力、灵活性与前瞻性，以此为基础来创造价值。

----

　　① 支付补贴者包括：服务消费者，项目服务购买者（如政府购买或政府采取某种形式的补贴），也可能是资助者、捐赠者。这里都统一称为"支付补贴者"。根据开放性原理，其可能是"边"，也可能是"方"。

　　② Carliss Y. Baldwin and C. Jason Woodard, "The Architecture of Platform: A Unified View", Working Paper, Harvard University, 2008.

三　多边公共平台间的关系网络结构

探讨不同平台之间的网络关系，有助于理解平台的演化历程，还能够为平台的形成、扩展与升级以及平台间的对接、兼容与合作，最终形成平台集群与平台联盟提供路径依据。其好处显而易见：拓展平台能够连接的服务资源和功能领域、提高用户对平台的依赖感，平台的影响力也随之增强。多边公共平台间的关系主要有以下几种，表 2 - 4 对这些关系类型进行了简单汇总、示例。

表 2 - 4　　　　　　　　　多边公共平台间的关系网络

平台间关系	关键特征	优势	示例一	示例二
母子关系	某平台脱胎于另一平台	"血缘"关系相互关照，发挥各自独特优势	火车票网购平台与反馈平台	社工机构与下属服务中心
共生关系	独立平台间依赖互补	创造完整的价值，服务及流程一体化	火车票网购平台与支付平台	社工机构与儿童福利院
主从关系	依附寄生，一方难以独立	主平台发挥领导优势，从平台借机生存、壮大	火车票网购平台与寄生广告	社工机构与社区联谊之家
"线上""线下"互补关系	组织网络业务与实体业务结合	满足网络消费需求，两者相互配合支持	火车票网购平台与售票大厅	社工机构与其网络服务平台
联盟关系	独立平台间的平等合作	资源、能力整合，平台聚集，提高整体竞争力	火车票网购平台与快递平台	社工机构与某基金会
竞争关系	平台间的服务替代性和客户群相同	竞争推动服务效率提升和质量改进	火车票与机票网购平台	社工机构与其他社工机构

一是母子关系。一般遵循母子公司的管控模式，母平台通过用户群优势和网络效应为众多子平台提供满足用户需求的门户或渠道，子平台的价值在于使母平台的产品、服务更加专业、精细，履行母平台某一项重要的发展战略。[①] 子平台可以是由母平台部分功能裂变为独

---

① 徐晋：《平台经济学》，上海交通大学出版社 2013 年版，第 38—39 页。

立平台，也可以纯粹寄生在母平台上。

二是共生关系。两种独立的平台在一起共同发挥效用，两者相互依赖、相得益彰，在服务上具有较强的互补性，共同为用户创造完整的价值。更具体地说，共生的两平台是基于基础设施、信息获取、浏览选择、消费内容、服务内容、消费支付等完整的价值链及其获利关卡之间的互补性而发生的平台共生关系。

三是主从关系。一种平台依附、寄生在另一种平台（宿主平台）上，依赖宿主平台的影响力，以此生存下去并快速扩大平台的用户规模；宿主平台凭借自身强大的用户资源和影响力，让其他平台依附于自身，并充实完善自己的服务体系。①

四是"线上""线下"互补关系，即实体平台与虚拟平台相结合的关系。由于互联网的快速发展和普及，传统的实体平台难以满足用户网络消费的需求，于是"线上"的虚拟平台诞生。两者可以是彼此独立的分工协作甚至是竞争关系，也可以是相互依赖、互为补充、互利互惠的共生关系。

五是联盟关系。平台体（组织）基于价值网络关系的互补性或共同的价值，互相合作、联合行动、相互策应、互利共赢。例如两者互相借用对方的资源和用户群、能力、渠道、空间，相互推广、对接、兼容和整合。

六是竞争关系。由于两种平台的功能相似，提供的产品或服务具有替代性，且潜在的客户群体相同，于是在客户源之间展开竞争或竞标服务购买者的项目。平台间的竞争可以是平台体系内部的子平台间的竞争，也可能是独立平台间的市场竞争。

第五节　多边公共平台的类型

根据不同标准可以对平台有不同的分类，但由于平台的兼容性、

---

① 徐晋：《平台经济学》，上海交通大学出版社 2013 年版，第 47—48 页。

可扩展性与综合性等特征，这些类型可能存在交叉。例如，平台专家埃文斯根据平台的功能将其分为：旨在促进交易的做媒者，如拍卖行；旨在汇聚眼球的受众召集者，如媒体；旨在提高效率的成本最小化者，如操作系统。[①] 这里根据多边公共平台的实际，按照功能领域、政府参与模式、业务类型、开放程度、所有权等标准来划分。

一　根据功能领域对多边公共平台的划分

根据多边公共平台功能的作用领域，可分为：民主政治平台、政务协同平台、社会治理平台、狭义的公共服务平台。

民主政治平台是政府为提高合法性与政治文明，为公民、政治团体、政党等多元政治主体的政治参与和协商对话提供的政治活动空间与机制。例如，作为协商国事及其新闻发布的"两会"，政治博客，网络举报中心，政府宣传统战平台。

政务协同平台。政府系统内部不同机构、部门之间基于某一政务处理的需要而进行互动协作和流程平坦化的机制，为政府在公务领域的协商、合作提供空间和渠道，是整体性政府、协作性政府、无缝隙政府建设的需要。政务协同平台包括：向多边开放的行政服务中心、政府采购平台、公务联络平台、数据库和共享信息系统等以及具有综合性的电子政务。

社会治理平台，指相互依赖、相互影响的各种利益群体之间基于社会事务的合作共治，提供支持资源整合、能力互补、权责共担的机制、载体、渠道和空间。有潜质成为社会治理平台的对象包括：公共事务治理的听证会，社会组织孵化基地，社会监督平台，公信力评价平台，弃婴可持续治理，环境保护平台，公共危机治理平台，残联服务中心，妇联服务中心，青少年服务中心，慈善机构，福利院，等等。

公共服务平台最为常见，根据服务领域可进一步分为：公共文化平台、公共交通平台、公共卫生平台、公共安全平台、中小企业服务

---

① ［美］戴维·S. 埃文斯、理查德·施马兰西：《触媒密码——世界最具活力公司的战略》，陈英毅译，商务印书馆 2011 年版，第 12 页。

平台、科技公共服务平台、教育公共服务平台、创业服务平台、创新服务平台（如知识产权信息平台），等等。当然，也可根据服务的类型，划分为综合性服务平台（如世博会、综合服务中心、电子政务）、专业服务平台（如检疫检验、专业评估）、中介服务平台（如人力资源中介、融资中介、代理服务机构）或交易服务平台（政府为企业的营销、销售、出口、商品展示创造的空间与机制，如广交会、商品展销会）。

二　根据政府的参与模式对多边公共平台的划分

政府作为最大公权力、最多公共资源的拥有者，履行着创造公共价值和元治理的使命，一般会不同程度地介入公共平台的建设和管理，并扮演不同的角色。因此可以根据政府参与公共平台的组织模式来划分公共平台。具体来说，根据政府是否创建和使用多边公共平台分为①：

政府第二方平台，即由政府部门创建，开放产品或服务的生产权、监督权，可供政府机构和公共服务对象共同使用的公共服务平台。政府第二方平台进一步分为政府——私营部门（如中小板上市平台、中小企业服务平台、政府采购平台），政府——第三部门，政府——公众等类型，是政府为私营部门、第三部门和普通公众提供的公共服务或政治参与平台。

政府第三方平台，是由政府部门单独创建或与其他社会组织共同创建，但政府不参与平台的运作和使用的社会治理平台，该类型最符合纯双边平台的内涵。政府作为第三方，而非平台式合作、交易、协商等具体事务中的参与主体，为社会其他利益主体的共同事务提供治理的空间与机制，即为他人做"嫁衣裳"。在这种平台模式中，政府搭台但不"唱戏"，即不直接介入社会利益各方互动合作的具体事务。

政府第四方平台，即政府部门不参与创建平台，但可能涉及监管

---

① 文中没有探讨政府第一方平台：政府系统内部某部门自建或其他政府机构合建，供政府系统内部使用的平台。因为该类平台仅是政府的产品生产平台或技术平台，不是双边或多边平台。

或购买该平台直接提供的公共服务，例如购买社工组织的服务，或介入平台的监督评价等运行管理。这里的"管理"指微观地参与平台运行及管理行为（可能因为政府是直接主管方或服务购买者），而不包括宏观的政策支持或统一性的规制（如审批、登记注册等）。

三 根据连接性质对多边公共平台的划分

根据平台的连接性质，多边平台可分为纵向平台、横向平台和公众平台。[①] 纵向平台促使供需双方形成交易，通过提供交易场所、渠道或媒介促进交易的达成。横向平台促进不同类型群体之间的相互交流与合作，其特征是这些群体之间地位相同、相互依赖，存在协商与合作的需求。公众平台是通过唤起公民的观念、精神和激情或给公众提供某种补贴，为促使普通大众关注、使用、评价、监督某事物而提供的媒介、工具或渠道，如网络舆情中心、大众媒体。对应不同连接性质的多边公共平台，又有若干种与之对应的业务类型，见表2－5。

表2－5　　　　　多边公共平台的连接性质与业务类型

连接性质	业务类型	举例	平台方	主要平台边	创价路径
纵向平台	交易中介	广交会	平台举办方	买卖双方	节约交易成本
	需求创造	农民工培训中心	人力资源与社会保障局	培训者、农民工	保障弱势群体权利，实现机会公平
	供给创造	社工机构	社工机构	服务需求者、政府	增加公共品供给
	供求协调匹配	国家社科基金	主管者	杂志社、作者	平衡供求方权益
	供给集中	残联服务中心	残联	服务供求双方	降低运行成本
横向平台	协商对话	听证会	物价局	事业单位、消费者	公共能量场
	交流联络	学术论坛	举办方	各方交流者	沟通互动
	联盟合作	图书馆联盟	发起者	图书馆、借阅者	联盟互动
	社会问题共治	婴儿安全岛	民政部门	家长、福利院	权责依赖、共治

---

① 徐晋：《平台经济学》，上海交通大学出版社2013年版，第30页。

续表

连接性质	业务类型	举例	平台方	主要平台边	创价路径
公众平台	公共信息	公共媒体	主管方	公众及其他相关者	保障知情权、话语权
	公众消费	大众文娱平台	创办者	公众及内容供给者	服务创新、范围经济
	公众监督	网络举报平台	创建与管理方	公众、举报受理方	降低监督成本

四 根据其他标准对多边公共平台的划分

根据开放性对多边公共平台划分为全面开放的平台、高度开放的平台、低度开放的平台。① 具体依据是对用户的准入规则和过滤程度。

根据平台的竞争与垄断程度，可分为垄断性平台和竞争性平台。② 垄断性平台，即使用者可以选择的平台只有一个。竞争性平台分为两种情况：其一是有多个平台可供选择，但每一个使用者只能选择其中一个平台；其二是使用者可以同时加入功能和服务相近的多个平台，且不受任何限制，即所谓的平台多属行为。

根据平台的所有权，分为独立拥有的平台和垂直一体化平台两大类。独立拥有的平台又称为垂直分解的平台，是指平台的所有权仅仅由中介组织所拥有③；垂直一体化平台是指公共品或公共服务的供给者、消费者直接拥有的平台。类似地，有学者将其划分为：独立的第三方拥有平台和供应商拥有平台。④ 多边公共平台也可分为：政府作为独立第三方拥有的平台，政府作为业务主办方拥有的平台（同为所有者）。

---

① 陈威如、余卓轩：《平台战略》，中信出版社 2013 年版，第 60 页。

② Armstrong M. , "Competition in Two – Sided Markets", *Rand Journal of Economics*, Vol. 37, No. 3, 2006, pp. 668 – 691.

③ 李小玲：《基于双边市场理论的搜索广告平台动态运作机制研究》，武汉大学出版社 2013 年版，第 40—41 页。

④ 王昭慧、张洪：《基于双边市场的平台所有权研究》，《管理工程学报》2011 年第 1 期。

五　多边公共平台类型的汇总与演化

（一）多边公共平台类型的汇总

表2-6按照平台功能领域、政府参与模式、平台连接性质、平台竞争性、所有权、开放性、形态维度对多边公共平台进行了汇总整理，并补充了各细分类型的关键特征与案例。这些案例仅指具有多边（双边）潜质的"公共平台"，有些案例不够具体，仅作一般性的推理判断，具体的多边（双边）性有待进一步考证。

表2-6　　　　　　　　　多边公共平台的类型与关键特征

分类依据	平台类型	关键特征	公共平台案例
功能领域	民主政治平台	多元主体政治参与和协商对话	"两会"
	协同政务平台	政府多部门、多机构间的政务协作	协同政务系统
	社会治理平台	社会问题的合作共治	听证会
	公共服务平台	公共品或服务内容由他方提供	家庭综合服务中心
政府参与模式	政府第二方平台	政府自建，自用与他用	政府采购平台
	政府第三方平台	政府创建但不使用	产学研合作平台
	政府第四方平台	他方创建，政府参与	社工服务中心
平台连接性质	纵向平台	促使供需双方形成交易	广交会
	横向平台	促进不同群体间平等交流与合作	图书馆联盟
	公众平台	公众参与收听、传播、评价和监督	星光大道
平台所有权	独立拥有的平台	平台方不提供产品或服务	文博会
	垂直一体化平台	平台方生产部分产品或服务	动物保护协会
平台开放性	全面开放的平台	全方位开放，没有用户过滤	公共信息平台
	高度开放的平台	供多边群体使用，用户过滤不严	大众文娱平台
	低度开放的平台	仅供特定群体使用，用户过滤较严	教师教育平台
平台竞争性	垄断性平台	只有一个平台可供使用者选择	省级科研申报平台
	竞争性平台	有多个平台可供使用者选择	学术杂志
平台的形态	组织性平台	创建平台的组织并按平台运作	红十字会
	资源性平台	由一项或多项资源要素构成	基金会、信息系统
	虚拟平台	互联网空间	维基百科、远程医疗
	实体平台	看得见的物理空间	博物馆、文化广场
	综合性平台	表现为多形态与功能的组合	经济技术开发区

（二）公共平台类型的演化

平台的起源很难去考证，因为建筑类生产平台古已有之，平台商业模式也并非在近代才开始，封建社会的集市和农贸市场就是典型的双边平台。平台形态大致经历了如下演变：从建筑设施等物理平台到企业组织平台；从企业组织的产品平台、技术平台发展为双边平台；企业双边平台演化为产业竞争与合作平台的多边平台；最后是多边公共平台或政府平台的提出。从人们自发运用平台原理到主动建造平台，不仅反映了人类文明的进步和思想的开放，同时反映了平台的驱动力量由"看不见的手"更多地转向"看得见的手"。[①] 表2-7简单总结了公共平台与企业平台各自的演化趋势。

表2-7 公共平台与企业平台的演化及比较

	企业平台 演变趋势——→		公共平台 演变趋势——→	
价值取向	生产效率、企业竞争	产业合作与创新	单中心服务供给	多中心合作共治
创价模式	标准化、模块化	开放合作、降低交易成本、网络效应	供给方规模经济	开放合作、降低交易成本、网络效应
资源取向	企业内部	企业外部	政府内部	社会资源
平台类型	产品平台，技术平台	双边平台，多边平台	行政服务中心，电子政务、门户网站	治理平台、多元供给平台
平台结构	标准化体系、模块结构	生态圈与价值网络	电子政务技术体系	生态圈与价值网络
平台功能	批量生产、柔性生产	合作与创新	信息服务，"一站式"生产	协同、共治、创新
应用领域	生产制造、IT	各行各业	电子政府	公共服务、合作治理

---

① "看得见的手"是指政府等公共部门主动选择的平台战略和平台型治理模式，还包括平台领导企业有意识的产业集群与平台生态圈建设；"看不见的手"指的是市场机制自发驱动的结果，如农村集贸市场的出现。

平台演化的总趋势是：从资源性平台（如信息平台、技术平台）到制度性、组织性平台再到形态综合性、功能复合型平台；功能领域从经济社会到政治社会，即从企业平台到产业平台，再到社会性平台、政治性平台；平台的使用群体越来越开放，服务对象越来越广泛。基本遵循了从技术到制度、从有形到无形、从私域到公域的规律。这种演化不是单向的、线性的，而是综合交汇的复合型演变，进一步推动了世界的平坦化。平台构成了平坦化世界的一个基本的微小元素，一个又一个平台的延伸、连接与融合，造就更广阔的平台，平坦的世界最终得以真正形成。

平台的演化发展不仅反映了科技的进步，而且主要反映了人类对平台价值认识的深化与政治的民主化、社会的文明进步；不仅反映了平台用途与功能的拓展，而且反映了平台的内涵不断丰富，外延不断扩展，更是反映了平台及平台战略的魅力所在。当前公共平台的大量报道与案例研究的文献表明，平台演化的一个重要趋势是社会治理与公共服务领域的平台开始大量涌现，这反映了社会需求的变化和公共治理转型的需要。表2-8对社会治理与公共服务平台的功能类型进行了简单汇总并举例。

表2-8　　　　　　　　社会治理与公共服务平台的功能类型

功能领域	应用类型
社会保障平台	社会互助平台，弱势群体关爱组织，公共就业培训中心，残联服务中心
社会服务平台	家庭服务平台，远程医疗平台，公共卫生监测系统，交通服务平台
社会舆情与信息平台	微博、微信，气象服务平台，地理信息平台，物流信息服务平台
社区治理与服务平台	社区服务平台，网络社区，社区参与平台，社区文娱平台
社会事务共治平台	绿色治理平台，危机治理平台，公共安全治理平台
公共技术创新平台	技术创新服务平台，高校科技中介服务体系，产学研合作平台
交易服务平台	公共资源综合交易平台，商洽会，贸易促进平台，商品展览会
社会文娱教育平台	公共图书馆，公共体育平台，公共文化平台，公共学术平台
综合性治理与服务平台	城市综合治理平台，农村服务平台，民生服务平台，城市营销平台

资料来源：根据文献资料整理。

第三章 多边公共平台战略诠释

上文从运作层面阐述了多边公共平台的定义、特征、结构与类型，但要深刻理解为什么需要多边公共平台以及如何建设，需要上升到战略的高度。从战略管理视角研究平台的构建和治理，能够更好地理解平台战略的实施及其开放式创新。① 本章从多边公共平台战略的内涵、思维及其优势出发，从功能、价值和外在驱动、内在需求等方面论证多边公共平台战略是什么以及为什么这两个根本问题。

第一节 多边公共平台战略的内涵

战略是一个组织长期的发展方向和范围，它通过在不断变化的环境中调整资源配置来取得竞争优势，从而实现利益相关方的期望。② 可以说，战略是对重大的、带有全局的或决定全局的问题的谋划和策略。战略具有外部取向性、重大性、全局性、长远性等核心特征。研究多边公共平台战略，不仅需要研究其内涵，而且还需要研究其战略思维与战略优势。

一 多边公共平台战略的定义

根据多边公共平台的概念，可以推定多边公共平台具有战略性。第一，多边公共平台连接的是外部利益相关者，通过推动多元主体的

---

① 张小宁、赵剑：《新工业革命背景下的平台战略与创新》，《科学学与科学技术管理》2015 年第 3 期。

② 格里·约翰逊、凯万·斯科尔斯：《战略管理》，王军等译，人民邮电出版社 2004年版，第 7 页。

互动合作以满足各自的需求和自身的发展，因此涉及组织的发展方向和利益相关方的期望。第二，多边公共平台通过整合多方的资源、能力和权责，以形成整体的合力和优势。第三，多边公共平台考虑的是公共部门生态系统的全局性，致力于生态系统长期的、持续的发展繁荣。第三多边公共平台关系到公共品供给和公共事务合作共治的重大问题，关系到公共部门的合法性和战略绩效，所以是关乎战略发展大局的问题。

多边公共平台不仅是一种基础设施、中介或渠道，还是一套战略思维与框架；不仅是一种治理工具和服务载体，是一种组织发展战略。相对于生产自销模式与经销模式，"双边战略"比"双边市场"的称呼更贴切。① 因此，多边（双边）平台本身就是一种产品供给的战略选择。多边公共平台战略是将多边平台从运作层面上升到战略高度，不仅视多边平台为合作治理与公共服务的选择性战略工具，而且视其为一套基本的公共管理战略模式与战略思维。

有学者强调多边平台是政府的重要战略，认为平台战略有助于提高政府的领导性和用户的主导性。② 事实上除了各级政府，公立事业单位和残联、工会、妇联、共青团等公共部门均可以是多边平台的主办者、提供者和平台战略的推行者，其他社会组织、企业与群体均可以加盟多边公共平台。

二　多边公共平台战略的实质

平台战略模式的核心是开放互动，开放基础上的互动是第一位的。③ 因此，从战略管理的视角来看，多边公共平台战略实质是公共部门的开放式互动合作战略，以此推动生态系统乃至整个社会的发展。未来的时代将是大规模、大范围合作的时代，控制和排他的传统

---

① Rysman, M., "The Economics of Two – Sided Markets", *Journal of Economic Perspectives*, Vol. 23, No. 3, 2009, pp. 125 – 143.

② Marijn Janssen and Elsa Estevez, "Lean government and platform – based governance——Doing more with less", *Government Information Quarterly*, 2013（30）, pp. 1 – 8.

③ Sangeet Paul Choudary, *Platform Scale：How an emerging business model helps startups build large empires with minimum investment*, Platform Thinking Labs, 2015.

模式即将被合作、共享、免费的模式所取代，为什么举世瞩目的领袖为获得平台竞争优势甘愿全力而为之，原因在于掌握平台意味着拥有运转整个生态系统的力量。[①] 因此，公共事务要实现善治，绝不能靠政府的一己之力。因为政府的公共性使命与外部性特征，所以政府做好自己还不够，善政不一定善治。政府要与其他主体一起互动合作，甚至要培育、扶持、吸引其他主体，为其他主体提供机会、空间、渠道、规则和服务，使之参与公共事务治理与公共服务的供给。

从合作治理的视角来看，多边公共平台战略实质是平台型治理模式。平台型治理模式，是遵循多边平台的战略理念，基于平台的载体与规则，并按多边平台模式运行的合作治理模式。平台型治理模式的精髓在于组建平台生态圈，形成公共价值网络，供多边用户群体彼此沟通、协作，以发挥出整体网络效应，实现多方共赢继而增进公共价值。多边平台战略就是通过把多边群体联结起来互动合作来创造公共价值。很显然，多边公共平台战略完全具有"治理"的意味，是合作治理的重要战略选择。平台型治理要求公共平台的建设者、平台规则的制定者通过巧妙地推动与掌控多边群体的互动合作，在激发各边群体力量的同时也实现了平台主办方自身的责任与价值，因此平台主办方不用担心协助用户群体的成长而损害了自己的利益。

三 多边公共平台战略的核心模式

全球著名平台研究专家库苏玛诺（2010）认为，平台战略通过生态系统来催生补足性产品或服务的创新，并且在补足品和平台之间建立一种正反馈循环，共同维系生态圈的繁荣。成功的平台组织并非仅仅提供简单的渠道或中介服务，平台战略的精髓在于打造一个完善的、潜能巨大的平台生态圈，有效激励多边群体之间互动，实现平台的使命和愿景。[②] 多边平台战略有两个核心特征：一是将平台设为一个别人必经路径的渠道，并通过垄断这一渠道获得巨额利润。二是为

---

① 转引自［韩］赵镛浩《平台战争》，吴苏梦译，北京大学出版社 2012 年版，第 6—7 页。

② 陈威如、余卓轩：《平台战略》，中信出版社 2013 年版，第 7 页。

平台用户创造价值。其特别之处在于，需要通过一个外部生态系统来完成产品或服务的供给与创新，来共同维系生态系统的繁荣。[①] 同样地，多边公共平台战略模式的核心也是组建公共部门生态圈，供多边用户群体彼此互动、协商、合作，激发出彼此间的网络效应，实现多方共赢继而增进公共价值。

在平台生态圈中用户数量越多，越能吸引相关供应者的进驻，供应者数量越多，提供的内容和服务越优质价廉，越能吸引用户数量的增长，从而形成正反馈循环，推动平台生态圈的成长壮大，见图3-1。库苏玛诺继而认为，平台需要努力争夺用户，广泛授权，并向生态系统内的其他成员提供充分的经济激励和活动便利，以便合作伙伴投资于相关产品及服务等补足品的创新，还需要展示自己对平台的大力支持。[②]

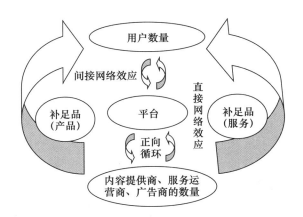

图3-1　平台生态圈：平台 + 补足品 + 网络效应

资料来源：Michael A. Cusumano，*Staying powder*：*Six Enduring Principles for Managing Strategy and Innovation in an Uncertain World*，London：Oxford University Press，2010，p. 19。

发展平台生态圈，就是要像发动集会那样，使用户群体感到他们

---

① 王昶：《平台战争》，中国纺织出版社2013年版，第10—18页。

② Michael A. Cusumano，*Staying powder*：*Six Enduring Principles for Managing Strategy and Innovation in an Uncertain World*，London：Oxford University Press，2010.

所隶属的平台社区的力量和意义。① 多边平台战略的基本思想就是，平台提供者提供合作空间和基本规则，建起生态圈以连接多边群体，让他们互动合作来满足各自的需求。多边公共平台的核心功能就在于为多边利益相关群体提供一个互动合作的空间，为此提供合作共治的场所和规则。政府等公共部门作为多边公共平台的提供者或主办者，必须与其他伙伴分享治理权力，为生态系统内的伙伴提供各种便利条件，努力提高公共平台的平坦性、覆盖性和用户的流量、黏性，还需要在平台要素供给、规则设计、服务能力等环节上加大投入，大力支持平台的建设和运作。

四 多边公共平台战略的特征及优势

平台战略的核心思想是开放、互动和共治，将参与公共事务治理和公共品供给的多项权利开放共享，与利益相关群体结成公共价值网络，让多边群体之间互动合作、互利互惠、相互满足，来实现平台方的使命与责任，将用户群体的成功转化为自身的成功。多边平台战略具备三个特征：一是要有被众多用户应用的基础技术或者产品。二是要将众多参与者汇聚于一个共同目的与空间。三是通过更多用户、更多补充的产品和服务使其价值以几何级增长。② 多边公共平台战略的优势根源于平台结构及特征，实质是平台水平思维及其治理模式产生的优势。其优势主要体现在以下几个方面：

（1）多边平台战略是一种务实的重复合作战略，为连接的多方利益相关群体的沟通、协作提供机会、空间、条件和规则。平台是用来"唱戏的"，不是一种摆设，因此多边平台战略是务实的，关注的是利益相关方的价值创造与权责履行。

（2）平台战略发挥了一种杠杆的作用，撬动了各方的资源和能力，实现了生态系统内群体间的资源与能力的连接共享，通过他方的成长实现自身的壮大；通过供给机制、不对称定价合理配置资源与调

---

① ［美］戴维·S. 埃文斯、理查德·施马兰西：《触媒密码——世界最具活力公司的战略》，陈英毅译，商务印书馆 2011 年版，第 32—39 页。
② ［美］迈克尔·A. 库斯玛诺：《耐力制胜：管理战略与创新的六大永恒法则》，万江平等译，科学出版社 2013 年版，第 19—20 页。

节利益均衡，扩展了组织原本有限的资源与能力，为打造无缝隙组织、无边界合作夯实了基础。

（3）平台战略以网络效应的发挥为核心，通过激发网络效应，实现多边群体之间的相互吸引、权利和责任的相互依赖、价值和利益的相互促进，调动了利益相关方合作共治的积极性，有利于推动公共品的多元供给和公共服务创新，同时创造繁荣、稳定的公共部门生态系统。

（4）多边公共平台处于平台生态圈的中心，是价值网的枢纽，在治理中处于非常有利的位置，创价丰厚、主动权大，能够充分发挥公共部门的影响力和元治理功能，且具有规模经济、范围经济等多种优势。可以说，平台的用户规模越大，其价值就越大；平台越公平，社会福利越大。

（5）政府等公共部门凭借自身的无形资产，通过供给平台的运作规则等关键要素和基金、基础设施等创价关卡①，施展平台领导力，不仅有利于公私伙伴关系的建立和维持，而且有利于发挥公共部门的掌舵、调控和领导能力。

总而言之，多边公共平台战略是一种可以实现互利合作的公共品多元供给模式，是一种开放互动的公共事务治理模式。多边公共平台战略为公共事务共治提供了实施路径，为公共服务的多元化供给与开放式创新提供了操作指南。

第二节　多边公共平台战略的功能

多边公共平台战略的具体功能受到平台所处的生态环境、平台结构、平台类型以及平台组织自身因素的影响，很难一概而论。但根本上取决于平台建设的使命与价值导向，一般倡导效率、创新、柔性等服务性价值和用户主权、合作善治等治理价值。平台的核心功能在于

---

① 像"收费关卡"那样的形象比喻，是指创造相关价值的核心要素或关键程序。

促进已进驻平台的多边群体之间的互动。① 平台不逼迫这些群体互动，而是吸引他们进驻平台后创造便利促进互动，并让他们从平台互动中获益。如果没有平台，多元相关群体可能永远无法聚集到一起。② 多边公共平台的互动功能不仅表现为多样性，而且呈现出层次性。基于此，下面从功能领域、基本功能、角色功能三个层次阐述多边公共平台的战略功能。

一 功能领域

多边公共平台的功能领域是从其在不同的应用领域所发挥的根本作用的概括。总体来讲，多边公共平台有助于推进民主政治建设，改善公共事务治理，提供优质高效的公共服务，以及提高行政管理与协调的效率。具体包括以下四个方面，其中在社会事务的合作共治与公共服务领域最具价值潜力。

一是民主政治功能。民主政治是一种公平正义、民主平等、文明开放、权力共享、政务透明的政治形态，其基本要求是参与互动与对话协商。多边公共平台的优势与民主政治的特征十分吻合，能够很好地满足民主政治的要求。公共平台已在政务公开、政府问责与廉政建设等方面发挥着重要作用，在政治协商、投票选举、公共监督等政治参与方面有着广泛的应用，在人权保障、民意表达、民意调查、利益协调等民主公平领域大有可为。未来，我们将会看到更多、更有效的公共监督与政府问责平台、协商互动与政治参与平台、民意诉求与人权保障平台、政务公开平台。

二是合作共治功能。政府与其他部门、组织、群体的合作共治总是需要在一定的现实环境与空间中，借助一定的渠道、路径与技术，即需要借助平台的运行环境与机制才能实现。平台有助于合作方之间的平等参与、权力共享、协商沟通、协同联动，有助于实现合作方之间的政治互信、资源整合与能力集成。在公共治理中，政府扮演着掌

---

① Hagiu, A., "Multi‐Sided Platforms, From Microfoundations to Design and Expansion Strategies", Harvard Business School, Working Paper, 2009.
② ［美］戴维·S. 埃文斯、理查德·施马兰西：《触媒密码——世界最具活力公司的战略》，陈英毅译，商务印书馆 2011 年版，第 8 页。

舵的角色，即在放权的基础上，把握好合作治理的价值准则与前进方向，如通过法律法规、政策规划、财政支持、行业规划等方式使合作治理方向明确、规范有序、高效协同。多边公共平台的合作共治功能已在公共教育、公共交通、公共体育、产学研合作、慈善事业、社区治理等领域发挥着重要作用，未来还可能在公共卫生、公共危机治理、社会文化建设、腐败治理等领域应用广泛。

三是公共服务功能。公共服务及其管理日益成为一项复杂的活动，不仅领域众多、类型繁杂，而且公众对公共服务的要求越来越高，既追求经济、速度、方便等效率属性，又要求基本公共服务的均等化与公平性，还要呼吁公共服务的多元化、综合性、弹性化与人性化。这些挑战要求借助平台的力量，通过平台的标准化运作、模块化选择、用户自助与交互作用相结合，尤其是通过平台的互补品生产运作权力、监督管理等参与治理权力开放给其他多边群体，以提供全方位、"一站式"、柔性灵活、快捷高效与多元创新的公共服务。

四是政务沟通与协调功能。根据多边平台的判别标准，政务平台只有将部分公共服务的供给、监督管理权力开放给组织外部群体才能视为多边公共平台。多边政务平台主要用于行政系统内不同区域、不同部门、不同机构之间和公务员之间在日常办公、学习培训与业务合作过程中进行信息沟通与共享、政务流转与配合等行政管理与业务流程，以提高政务协作能力。该功能与公共服务功能紧密相连，是顺利履行公共服务功能的基础。这类的政务平台有政务协同系统、公务员学习系统、公安联网系统以及综合性的电子政务系统。

二　基本功能

在多边公共平台的上述功能领域中，可以进一步根据其作用机理分解基本功能。其基本功能主要表现为以下几种功能的一种或多种：

其一，基础条件与空间供给功能。多边公共平台为民主政治提供了权力共享的机会、公平正义的环境与民主开放的条件等现实可能性，为合作治理提供了平等参与的路径、协商沟通的机会、互动协作的空间与场所，为公共服务提供了"一站式"的基础设施、灵活高效的基础条件、多元化的选择空间，并衍生出社会公权力。

其二，资源整合与能力集成功能。平台作为空间、设施、资金、规则和相关利益主体等要素构成的治理支撑系统，其本身就是资源整合的产物。平台的稳固性、平坦性、易扩展性、可复用性等特征，非常方便把平台的主办者、要素供给者、运营管理者、互补服务提供者与服务对象连接起来，作为公共事务合作共治的空间与机制，集成整合他们的资源与能力，协调他们的权力、责任与利益，提高平台的运作效率。

其三，信息供给与网络沟通功能。信息是决策的依据，是组织运作的基础，也是主体之间沟通联络、合作与竞争的前提，全面、准确、及时的相关信息是任何组织决策的关键。平台的开放共享、信息透明、平坦通畅使之最适合充当信息供给中心和四通八达的沟通网络，对于降低管理协调成本、合作或交易成本具有重要意义。

其四，民主平等和协同互动功能。政府要真正成为民有、民治、民享之民本政府，必须在公共领域广泛搭建各式各样的平台。无论是民主政治、社会治理还是公共服务，都需要参与互动，参与互动本身就是一项基本公共服务。多边公共平台的特征使之适合作为治理参与和权利保障的基本路径，适合于公共服务多元协作的供给模式。

其五，制度与规范功能。多边公共平台不仅表现为空间条件、基础实施或中介渠道，而且也是一种权利规则、运行规范与利益共享机制。平台规则在于平等地制约或激励每个成员的行为，从而创造一种有序、规范的价值。研究表明，平台所有者的管制角色是普遍的、必要的；平台作为制定和执行规则的治理机制，具有充分的动机、丰富的资源和多种工具实施管制。①

其六，经济效率功能。任何多边平台都有两项根本的功能：降低多边群体之间的搜寻成本、降低共享成本。② 平台在实现规模经济的同时，降低了生产多样性互补品的成本。即通过规模经济、范围经济

---

① Kevin J. Boudreau and Andrei Hagiu, "Platform Rules: Multi‐sided Platforms as Regulators", Working Paper, Harvard University, 2008.

② Hagiu, A., "Multi‐Sided Platforms, From Microfoundations to Design and Expansion Strategies", Harvard Business School, Working Paper, 2009.

效应节约了成本，模块化的界面降低了协调成本和交易成本，而且推动了产品的创新与多样性。[1]　其中，对交易成本的节约是平台战略和平台型治理的关键功能。

三　角色功能

角色功能是用形象的语言来描述多边公共平台在运作过程中所发挥的具体作用，方便更好地理解多边公共平台是如何发挥作用与创造价值的。从某种意义上讲，平台扮演的角色是不同用户群体创造和交换价值的界面。[2]　在不同的情境场合，多边平台的具体角色有所不同，可能包括以下一种或几种。

跳板角色，借助于公共平台平坦的表面和稳固的根基，平台使用者以此为跳台，表现出更出色的绩效。例如，大学毕业生或留学回国人员的创业平台、劳动力培训中心、星光大道等。

杠杆角色，即借助于平台稳固的根基，撬动社会资源的投入。平台的成功运作实际上是获得了一种杠杆的力量，通过这种力量获得比其他运作方式低得多的边际成本或高得多的边际价值，并通过成本的降低或价值的增值实现迅速扩张或创新。例如，社区社工服务中心、慈善平台、公益基金会、融资平台、文化创意产业服务平台。

舞台角色，无论是用于合作协同、互动参与还是表演竞技，平台的诸多特性使之合适于提供协商对话、参与互动、表演竞技的条件与空间。例如，公共体育平台、公共文化娱乐平台、听证会、博览会。

游戏规则的角色，平台所有者作为平台模式的规则制定者[3]和平台上不良行为的规制者角色已成为多位经济学家的共识。[4] 平台规则具体指激发公平正义、破除特权与垄断、降低流动门槛、实现平等公平的一系列机制、规则、法律、政策。例如，知识产权保护平台、国

---

①　Carliss Y. Baldwin and C. Jason Woodard, "The Architecture of Platform: A Unified View", Working Paper, Harvard University, 2008.

②　张小宁：《平台战略研究述评及展望》，《经济管理》2014 年第 3 期。

③　Kevin J. Boudreau and Andrei Hagiu, "Platform Rules: Multi-sided Platforms as Regulators", Working Paper, Harvard University, 2008.

④　David S. Evans, "Governing Bad Behavior by Users of Multi-sided Platforms", *Berkeley Technology Law Journal*, Vol. 27, 2012, pp. 1201–1250.

家社科基金，等等。

渠道或网络的角色，由于信息大爆炸，人们比以往任何时候都更加需要渠道和内容选择的路径，就像渠道和网络成为企业平台的生命线一样，渠道和网络也是公共服务和合作共治的生命线。例如，公共学术交流平台、产学研合作平台、政府营销平台、信访平台。

信息中心的角色，平台的开放与透明等特性有助于其发挥沟通联络的功能，如公共物流信息平台、政府的新闻发布会、新型媒体、信息系统等。

综合解决方案的角色，平台作为资源与能力、权利与规则的集合体，适合于复杂性公共事务的综合治理，如社会诚信平台、绿色治理平台、公共危机治理平台、社会保障平台等。

综上所述，平台表现为生态系统中各成员可以平等共享的各种服务、设施、环境、工具、技术或共同的标准，为不同成员间的沟通、合作、竞争提供机会、场地、空间、条件与机制，服务于相关利益主体间的沟通联络、市场交易、联盟合作。多边公共平台通过把相关利益群体连接起来，在治权开放共享的基础上促进互动合作，从而满足各边群体的权益诉求。

第三节　多边公共平台战略的价值

平台能够创造价值，是因为平台具有重要的优良经济属性，是具备范式特征的价值创造资产。[①] 平台经济属性与多边平台战略优势的结合，使多边公共平台能够支撑、兼容多元公共价值。以平台为中心的生态系统强调网络价值而不仅仅是产品价值，通过政府的平台领导，多边公共平台引导公共需求、掌舵社会治理、协同服务供给，形成整合力和

---

① Stabell C. B. and Fjeldstad Q. D. , "Configuring Value for Competitive Advantage: on Chains, Shops, and Networks", *Strategic Management Journal*, Vol. 19, No. 5, 1998, pp. 413 – 437.

网络效应，创造了公平、效率、秩序、创新与柔性等多元价值。

一 兼顾公平与效率的基本价值

公平与效率是人类社会发展的基本价值取向，在公共治理中两者不可偏废。尽管两者某种意义上存在着价值冲突，但也不是简单的此消彼长、不可调和的负相关关系，而是有其统一的、相互促进的一面。一方面，公平的文化与制度才能促进经济效率，是效率实现的基础条件，不公平就失去了产生效率的积极性；另一方面，效率是公平的物质保障和经济基础，也是检验公平与否及其成效大小的标准，只有效率搞上去才能兼顾公平，才能实现更广泛的、更高层次的公平。

多边公共平台的自身属性、运行机制能够很好地兼顾公平民主与经济效率等看似相互冲突的双重价值。首先，多边公共平台的特征，尤其是公共性与公平性的根本特征，使其天生就具有优良的结构性公平；其次，公共平台把公平、平等作为首要的价值导向，通过权利分享、广泛参与、信息透明、公平合作、对话协商等运行机制创造了民主、公平的价值；再次，平台的运作模式——信息透明、平坦通畅、模块化生产以及多元权力主体间的平等参与、网络效应——基本符合帕累托效率标准：信息完全、资源自由流动、大量供求者间的互动带来的供需匹配；最后，平台的动态演化性使其可以根据实际需要有效地调整结构，从而调适功能以更好地满足动态的需求，而且平台作为资源整合与能力集成的空间以及其可重复使用特征都是实现效率的重要方式。当然，多边公共平台战略能够提供效率的关键在于节约了交易和合作的成本。

二 降低生产与交易成本的同时提升权力公共性

政府等公共部门将公共品生产和公共服务供给的权力开放给社会组织或企业，有助于发挥这些组织的专业优势，同时并不妨碍公共服务的"一站式"运作与集约化生产，因而有助于降低生产成本。公共平台往往建设在人流汇聚之处，庞大的客户规模降低了公共品生产的平均成本。平台结构与规模扩展的便捷性，非常适合于规模化运作与规模经济的实现，从而大大降低了公共产品的生产成本。

　　这里从交易的不确定性、交易频率以及投资专用性三个方面分别探讨多边公共平台模式是如何降低交易成本的。多边公共平台为不同类型的互动合作提供了明确的渠道、空间与互动机制等现实可能性以及信息的透明，大大降低了交易的不确定性；公共平台的公共性决定了其开放共享性与服务对象的广泛性，公共平台的"一站式"运作、可重复使用等特征都有力地提高了交易发生的频率；公共平台及其资源的公共性、运作机制的平坦性及运行流程的通畅性使得交易中投资的专用性大大降低。在新制度经济学看来，制度和技术是降低交易成本的两种主要力量。多边公共平台正是集制度、技术、信息及其他资源为一体的治理支撑体系，从制度、技术、信息三个方面有效地降低了平台型治理的成本。

　　总之，多边公共平台战略将公共品生产运作权及治理权开放，降低甚至取消了政府生产的成本；平台网络效应与平坦化运行机制降低了管理交易成本。研究表明，降低合作的成本是多边平台的优势与关键功能。① 平台作为互动的空间和治理的工具，将多方利益相关者联结在一起，不仅发挥着提高互动频率、增加合作对象、扩大合作范围的供求匹配功能，而且还降低了相关方的搜寻成本等交易成本。②

三　兼容统一秩序与多样性创新的价值诉求

　　中共十八大报告提出了"注重实现基本公共服务均等化"的战略构想。在基础教育、公共卫生和社会保障等方面为全体公民提供统一的、均等的公共服务，以满足公民的基本生存与发展需求。公民政治参与、合作共治也需要追求统一、平等、规范有序的秩序价值。政府在将公共品生产权力开放的同时，通过规则的制约统一公共品生产的标准。多边公共平台运作模式为公共服务的均等化、合作治理的规范有序提供了一致的规则、平等共享的空间。因此，基于多边平台的公共服务供给模式与公共事务治理之道是实现平等、统一、有序的公共

① Carliss Y. Baldwin and C. Jason Woodard, "The Architecture of Platform: A Unified View", Working Paper, Harvard University, 2008.

② Hagiu, A., "Multi-Sided Platforms, From Microfoundations to Design and Expansion Strategies", Working Paper, Harvard Business School, 2009.

价值的必然选择，是解决面向不同区域、不同阶层社会群体的公共服务不平等挑战的重要路径。

公共服务需求是多元化的、多样性的，甚至是个性化的。公共服务必然呈现出不同类型、不同层次的广泛性，公共服务均等化不可能也根本无法满足多样化与创新的需求。因此，必须找到一种能兼容公共服务统一规范与柔性创新的价值实现机制。连接到平台的公共品生产者从客户需求出发，按照供求机制运作，有助于满足这些多元化需求。多边公共平台可借助模块化的、动态演化的平台结构，通过自主选择、付费、定制、自助化服务等机制，实现公共服务多样化与人性化的创新价值；还可以为不同的社会阶层、不同的地域，针对不同领域的公共服务，分别搭建不同领域、不同类型、功能合适的公共平台。而且平台一般具有良好的兼容性与易扩展性，最终有助于实现大一统、均等化的服务供给机制。例如，各个省份都有自己的，但又有所差异的社会保障平台，将来可以通过兼容、互通、共享形成全国统一的社会保障平台。

总之，多边公共平台有利于妥善处理公平正义与经济效率之间以及秩序规范与多元化创新价值之间的矛盾，有助于同时实现生产成本、交易成本的降低，使这些相互冲突的价值能够统筹兼顾、相互兼容。因此，多边公共平台战略是有效实现规范有序、高效和谐的合作治理模式，推广应用潜力不容小觑。

第四节　多边公共平台战略的驱动力与诱因

除了源自自身优势、价值与功能的吸引，多边公共平台战略也是多重驱动因素与现实诱因共同作用的结果。平坦化世界的到来，公共部门面临着诸多的挑战，同时存在着治理变革的良机。平台经济呼唤着平台型政府治理模式。[①] 在社会权力多元化与公平民主诉求高涨的

---

① 陶希东：《平台经济呼唤平台型政府治理模式》，《浦东发展》2013 年第 12 期。

政治现实中，在公共事务合作共治的需求拉动下，多边公共平台的战略思维与战略模式无疑是必要的、最佳的选择。

一 公共治理变革趋势的推动

极具复杂性的治理环境和富有挑战性的治理变革趋势，呼唤合作治理战略的产生。公共事务的复杂性与不确定性、公共需求的差异性及治理主体的多元化等环境特征，产生了治理变革的动力和时代需求。只有建构比环境更加复杂的治理模式，才能更好地应对环境的挑战。我们处于一个既分散又统一的世界：服务环境、生产环境逐渐集中统一，而消费环境越来越分散、细化和多样化。① 这种复杂的趋势决定了处于枢纽位置的平台组织进一步壮大。当消费者的需求偏好多元化且难以预料以及技术具有不确定性时，选择的价值就很大；当补足品具有很大的选择空间时，外部补足品生产者对平台的价值就很大。如果平台所有者不能满足这些多元化选择的价值，就必须吸引外部的互补品生产者进驻平台。② 未来的合作治理、公共服务及公共品供给主要是基于平台的运作模式。面对治理的各种挑战和治理变革的趋势，平台战略模式为公共部门提供了良好的契机。因此，多边公共平台战略是大势所趋。

二 公共管理战略功能的驱动

合作治理具有战略性，且比以往任何时候都需要战略管理，必然需要相应的战略工具。根据多边公共平台的内涵和价值、功能，多边平台战略无疑是开放合作型治理战略最佳的工具选择。多边公共平台战略是平台时代公共管理战略发展的必然趋势，是合作治理的基本战略选择。将多边公共平台上升到治理战略的高度，也是公共管理战略功能驱动的结果。公共部门战略管理意义重大：战略定位与规划提供战略性发展方向；战略管理指导和调节资源配置；强化组织对环境的适应能力，促进治理变革；战略愿景和目标设定了组织追求

---

① ［韩］赵镛浩：《平台战争》，吴苏梦译，北京大学出版社 2012 年版，第 199 页。

② Carliss Y. Baldwin and C. Jason Woodard, "The Architecture of Platform: A Unified View", Working Paper, Harvard University, 2008.

卓越的标准。① 而且在对于战略思考与战略联盟方面有着重大的促进作用。② 公共行政在思想上要具有战略性，行动上要具有民主性。③ 将多边公共平台上升到战略高度，有利于促进平台方的战略学习、战略思维和民主行动；帮助公共部门明确问题和挑战，明晰发展方向，确立行动纲领；有利于整合公共部门内外各种资源，健全价值网络；更重要的是，多边公共平台战略更能促进相关利益方之间的长期合作共治，从而创造更广泛社会系统的高效与福利。

三 社会平坦化进程中权利的驱使

在权力多元化、公民社会与民主公民权兴起的政治现实中，利益相关者参与治理共同事务的呼声高涨。政府必须为多元权力主体的政治参与及合作提供有序的、高效的治理平台。社会平坦化进程容易淹没政府的权威。政府权威的萎缩，迫使政府积极地回应多元化、多样性的社会需求，寻求多元治理主体、方法与工具的整合。如果想提高政府等公共部门的权威、影响力和领导力，供给和经营平台是必然的选择。④ 如果要在未来的合作中获得更大的话语权，平台战略是必然的选择。可以说，搭建的有效平台有多大，话语权和影响力就有多大。有了生态圈成员共同认可的平台，平台提供者就有了制定合作规则的权利。事实上，重视公共平台建设早已成为社会的呼声。⑤ 与此同时，在某些官员的讲话与媒体的报道中对平台的提法不绝于耳，比如经常在媒体报道中听到政府要打造一个什么"平台"。例如，党的

---

① Mark H. Moore, *Creating Public Value*：*Strategic Management in Government*, Beijing：Tsinghua University Press，2003.

② ［美］约翰·布赖森：《公共与非营利组织战略规划：增强并保持组织成就的行动指南》，孙春霞译，北京大学出版社 2010 年版，第 10—11 页。

③ ［美］珍妮特·V. 登哈特、罗伯特·B. 登哈特：《新公共服务：服务而不是掌舵》，丁煌译，中国人民大学出版社 2010 年版，第 31 页。

④ 贺宏朝：《平台：培育未来竞争力的必然选择》，机械工业出版社 2004 年版，第 31 页。

⑤ 荣林：《要重视公共平台建设》，《泰州日报》2005 年 8 月 29 日第 2 版。

十八届三中全会做出的《决定》一文中使用"平台"多达 3 次[①]；党的十九大报告指出，要在国际合作交流、公共服务供给、廉政监督治理等方面加强平台建设。在笔者走访的六家社工组织中，见到最多的用语也是"平台"。这些均反映了平台理念已普遍植入政府、社会等部门。

四　走出自主生产与行政化困境的诱因

进入复杂性时代和网络社会，政府的公共品自主生产经营模式已显得力不从心，难以实现公共品的高效供给和公共服务的创新柔性；公共组织的行政化管理模式虽然强化了政府对公共组织的控制，但抑制了公共治理中社会力量和市场力量的发挥，与治理现代化的理念背道而驰。

第一，复杂性与不确定日益增强的时代环境使公共事务治理与公共服务供给的难度增加，政府依靠自身有限的资源与能力开展公共品自主生产经营模式的弊端暴露无遗。消费者主权的时代必然是一个服务为本、服务多元化的时代，公共服务需求呈现出多样性、柔性化的特征，既要实现基本公共服务均等化又要推动公共服务创新，考验着政府的职能转型、合作供给的战略模式、协作创新的方式。

第二，在公共组织尤其是社会组织中，行政化管理暴露出诸多不足：集权专制的领导方式造成政府驾驭社会，政府权力大于社会权力的治理权力失衡局面，极易造成中央掠夺地方和政府权侵社会的格局；严格的等级系列与非人性化的管控，不利于发挥其他组织和群体的积极性。其垂直单向的管控模式远不能满足多元化、平坦化世界公共服务供给与公共事务治理的需求。政府应该允许来自市场和社会的扩充和修补，而不是什么都要详加规定，平台思维是政府什么都要详加规定的"解毒剂"。[②]

第三，在公共治理中，除了资源，价值和过程同样重要。政府等

---

① 整理如下：建立全社会房产、信用等基础数据统一平台；建立健全代表联络机构、网络平台等形式密切同人民群众联系；健全基层综合服务管理平台，及时反映和协调人民群众各方面各层次利益诉求。

② Tim O'Reilly, "Government as a Platform", *Innovations*, Vol. 6, No. 1, 2010, pp. 13 – 40.

公共部门有丰富的资源去满足社会需求，但价值和过程往往是社会组织的长处。社会组织虽然资源有限，但贴近社会和公民需求。政府部门长期受到官僚制及垂直思维的束缚，无法正确把握公民的权益诉求，无法设计合理的平台运行过程。① 因此，政府平台必须与社会组织等补足品供给者结盟，吸纳其参与平台的运作，形成多方的优势互补。社会协同治理格局的实现，还取决于主体和机制层面的平台建设。②

第四，在公共管理和公共服务领域，公共平台层出不穷，然而平台建设与运行实践存在多种缺憾：平台有名无实、"平台"用语泛滥；平台界定模糊，定位与使命不清；平台资源投入不足，开放性、共享性欠缺；平台管理机制、绩效评价机制不健全；运行流程不够平坦顺畅，平台间互联互通不足造成平台"孤岛"；运行质量与效果有待提高。因此，公共平台建设需要从战术层面上升到战略高度，公共平台实践的发展需要平台战略理论的指导。

五　小结

提出多边公共平台战略模式，既是对当代时代环境回应的产物，更是多边公共平台战略模式的自身功能、创价优势驱动的结果，同时也是政府走出自主生产经营模式及行政化管理模式的现实困境、指引公共平台实践发展的现实需要。多边公共平台战略提出的论证框架见图 3－2。

总之，在今天的平台时代，政府更应借鉴企业平台战略建设合作治理与公共服务平台，以实现善治与服务型政府的目标。未来的合作治理、公共品供给主要是基于平台的运作模式。多边公共平台战略是突破官僚制及其垂直思维的法宝，既化解了公众参与不足的问题，又破解了部门主义、公共服务碎片化等治理问题，有利于公共服务和公共治理走向协同。当多边群体间缺乏合作机制时或者互动、合作的交

---

① 王旸：《平台战争》，中国纺织出版社 2013 年版，第 106 页。
② 欧黎明、朱秦：《社会协同治理：信任关系与平台建设》，《中国行政管理》2009 年第 5 期。

易成本过于高昂时,当公共服务需要多元供给与创新时,多边平台战略是必要的。

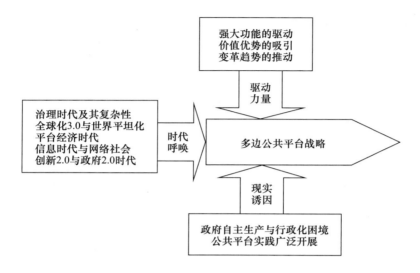

图 3 - 2 多边公共平台战略提出的论证框架

第四章　多边公共平台战略定位

多边平台模式不是简单的产品开发工具，而是整个组织层面的合作战略；用战略管理的视角来理解平台模式，有助于拓展平台战略的理论基础，而理论基础的拓展将使平台战略研究和实践具有更广阔的空间。[①] 战略管理是组织的战略定位、未来的战略选择并把战略付诸行动的过程，即战略管理的"三部曲"：战略定位、战略选择和战略实施。[②] 下文的章节安排即遵循此逻辑展开。战略定位是要确定平台在生态圈中处于怎样的位置及平台使命与发展方向等基本问题，通常涉及多边平台使命和目标、生态系统定位、服务对象及其需求、多边关系与供求关系、平台功能和业务范围、平台供给模式等主题。

第一节　多边公共平台的需求分析

平台生态圈的基本决策单元是利益群体，不同群体的价值诉求不同，对平台服务的功能需求及其性质差异很大。因此需要分析公共平台的服务对象与需求性质、平台功能与角色、需求内容与需求规模。平台需求分析与定位的关键是：识别相互需要的不同群体，确定他们的需求和相互依赖程度，判定哪些群体可以汇聚在一起；推断哪些产

---

① 张小宁：《平台战略研究述评及展望》，《经济管理》2014 年第 3 期。
② ［英］格里·约翰逊、凯万·斯科尔斯：《战略管理》，王军等译，人民邮电出版社 2004 年版，第 11 页。

品可以成为有价值的互补品，能否说服相关的主体来提供这些互补品。①

一 服务对象与需求性质分析

明确服务对象以及需求性质，才能回答为什么需要多边公共平台，才能使平台战略有的放矢。因此，服务对象及其需求分析是公共平台战略定位的前提和关键。多边用户群体都是平台的服务对象，但不同的群体对平台的期望和需求不同，因此需要具体分析消费者、产品内容提供者、服务提供者、支付补贴者分别对公共平台的需求。以大家熟知的学生食堂为例，用餐者需要食堂为之提供一种安全、卫生、舒适、便捷的用餐场所及相关服务（如对价格和卫生的监管服务）；内容提供者即各种食品、饮料的供应者，需要食堂为之提供餐饮制作和供给的灶台、窗口等基础设施和空间服务（甚至营销服务）；服务提供者，例如支付渠道的提供者需要食堂为之提供饭卡的刷卡与充值服务及配套的设施，还如卫生服务人员需要食堂为之提供相关的便捷措施或鼓励学生的自主清洁行为。此外，还需要分析多边群体对彼此之间的期望和服务需求，以便平台方提供相应的互动机制来促进多边群体之间的相互满足。例如，学生希望饭菜供应者提供多品种的风味小吃，对此食堂作为平台方需要在开放策略和招投标政策上吸引这类食品供应者的进驻。

各边群体的需求类型及其性质也有所差异，有的是基于过程的需求，例如机会的公平、沟通联络需求、流程的协作需求、参与式体验的需求；有的是基于结果的需求，例如有形的产品需求、无形的服务需求；有些是源自人们的心理需求，如受人尊重的需求、民主平等的政治价值诉求、社会公平感的需求。有些需求的性质是刚性的、必需的；有些需求的性质是弹性的，需求动力是不足的。有些产品的需求是引致性的（由对某产品的需求引起的对其互补品的需求）或联合性需求（多产品只能一起消费），这些产品更适合于平台式供给。平台

①　[美]戴维·S.埃文斯、理查德·施马兰西：《触媒密码——世界最具活力公司的战略》，陈英毅译，商务印书馆2011年版，第57—58页。

规划设计与建设定位时必须考虑这些性质，因为需求的类型及其性质很大程度上决定着需求的规模，也会对网络效应的大小和平台的运行机制产生很大影响。

二 平台功能分析与选择

平台的战略设计主要依赖于平台功能的选择。[①] 多边公共平台战略可以在多个领域发挥作用：既可以推动产业经济、区域经济的发展，例如产业园区、经济开发区；也可以推动民主政治的发展，增强公民的参与性和政府的合法性；还可以推动公共事务的合作治理，解决复杂的社会问题，并累计信任等社会资本，推进社会发展与社区建设。尤其是在公共服务领域，在促进公共服务多元化、多样化基础上提高公共服务的公平性与均等化。平台主办方通过在自己核心服务的基础上持续引进第三方创新作为补充，不断增加辅助服务、相关服务，不仅推动服务创新，而且提升了整体服务水平，并增强了用户的黏性。[②]

平台提供者根据自身的战略使命和多边群体的需求确定公共平台的功能领域。总的来说，需要向多元主体提供开放共享、公平参与、平等协商、互动合作的公共场域都有建设多边公共平台的潜力。具体到平台的基本功能定位，如果事务的不确定性及其信息的动态性、实时性较强，且主体间的信息不对称较严重以及造成的影响重大，公共信息平台是适宜的选择。如果服务需求多元化以及基本公共需求一致，且往往需要多元主体之间的合作生产与供给，推出公共服务平台战略是正确的选择。如果多群体之间的利益具有相关性和一致性，彼此的行为互相依赖、相互影响，需要多主体以协商、合作、竞争、交易为主要内容的平等互动，推出合作治理平台战略是合适的选择。如果公民需要表达言论自由、维护权益诉求，或是协商对话、共商国是公共能量场，推出旨在维护公民话语权的民主政治平台战略是合理的

---

① Hagiu, A., "Multi – Sided Platforms, From Microfoundations to Design and Expansion Strategies", Working Paper, Harvard Business School, 2009.

② ［韩］赵镛浩：《平台战争》，吴苏梦译，北京大学出版社 2012 年版，第 21 页。

选择。

确定平台的功能领域后，根据多边之间的关系和各边群体对平台的需求，结合平台方自身的资源和能力，对公共平台的具体功能进行定位。功能定位来源于下述的一种或多种功能的融合：一是基础条件与空间供给功能，为多边群体间的协商、合作、竞技提供场所。二是资源整合与能力集成功能，从而打造出体系竞争力。三是信息供给与网络沟通功能，发挥沟通联络的功能。四是提供链接，让互动成为可能，发挥平台的平等参与和协同互动功能。五是通过统一标准、规则、技术、工具与流程，发挥制度与规范功能，使平台提供者成为平台生态圈游戏规则的制定者；六是降低生产成本与交易成本，以低成本满足多样化的消费需求；七是利用多边群体间的互动合作来推动多元创新。

三　用户需求规模分析

用户需求规模是吸引多边群体进驻平台的重要变量，是继而确定服务规模的重要参考，更是平台提供者建设平台容量和确定供给能力的关键依据。在公共领域，需求在某种意义上创造着供给，需求规模决定了供给规模。平台需求规模预测需要考虑以下几点：一是宏观社会环境及其变化趋势，例如可支配收入及其增长速度，基于人口统计学特征的人口结构及数量的变化，还如公共政策的发展趋势和价值取向。二是平台各边用户的种类和规模，把需求规模分解为潜在需求规模、常规用户流量、高峰负荷需求规模[①]，分别进行预测分析。三是产品及服务的需求性质及由此决定的需求价格弹性、需求收入弹性及需求交叉价格弹性[②]，这些变量不仅影响需求，而且还会影响补贴等价格策略。四是其他竞争性或互补性平台的供给影响，例如，邻省有

[①]　例如，列车售票网站曾因高峰负荷需求规模估计不足造成售票网站瘫痪，后来在其购票平台上增加了另一购票模块及链接；还如，某市"弃婴岛"没有正确预计弃婴的潜在规模而造成了"供不应求"，更未曾考虑他市"弃婴岛"的关停造成的对本市"弃婴岛"的需求大增。

[②]　需求交叉价格弹性即互补品和替代品等相关产品的价格（成本）变化所引起的本产品需求变化的程度，例如政策性养老福利门槛对商业养老需求规模的影响。

无"弃婴岛"会对本地"弃婴岛"的需求产生影响，还如幼儿对"弃婴岛"的需求。①

第二节　平台使命、服务对象与需求定位

确立相关的用户群体以及为这些群体提供服务，是平台成功的关键。因此，平台建设规划首先要确定平台的使命与服务对象。②

一　平台的战略使命与价值定位

总的来说，多边公共平台战略的使命在于：建设一个多方共赢的生态圈和机制体系，妥善经营价值网络，设计能够接纳、"讨好"多边群体的策略，满足多边用户的需求以有效扩大平台流量，在权利平衡中推进平台的成长及实现平台方自身的利益。平台创造什么样的价值以及通往价值源的各种渠道，维系着平台生态圈的运行，是必须聚焦和遵循的核心战略使命。平台战略定位还需要调查有谁正在服务于这个平台社区，从而识别潜在的加盟者与竞争对手；并将多边模式与单边运营模式相比较，评价二者的优劣和用户的偏好，以此确定多边平台建设的必要性与可行性。③

平台的价值定位是平台建设与运行的基础。平台价值导向关系到平台提供者的职能定位及其在平台战略中的角色。由于利益主体的多元化及其价值选择的多元性，公共平台的价值导向理应满足多元价值诉求，为不同的利益主体提供不同的价值实现平台或整合某些价值的平台。这些价值导向主要包括以下一个或多个方面：回应力，平台对其他利益主体共同问题的反应速度与质量；效率，致力于促进多边用

---

① "弃婴岛"本来以"婴儿"为服务对象，但对于丢弃在"弃婴岛"的年龄稍大的"幼儿"，由于伦理道德问题，存在着需求规模定位与实际需求间的尴尬。

② Hagiu, A., "Multi-Sided Platforms, From Microfoundations to Design and Expansion Strategies", Working Paper, Harvard Business School, 2009.

③ ［美］戴维·S. 埃文斯、理查德·施马兰西：《触媒密码——世界最具活力公司的战略》，陈英毅译，商务印书馆 2011 年版，第78—79 页。

户群体之间的互动效率；公平、民主等价值，为多边用户群体之间的联络、竞争、合作提供公平公正的环境；创新，即推动产品和服务供给上的创新；知情权、参与权的满足等服务性价值；致力于生态系统和谐稳定与可持续发展的掌舵性价值。

二 平台生态圈边界与服务对象定位

确定平台为谁服务并定义多边群体，继而确定平台生态圈的构成，是平台战略的出发点，建设拥有成长活力或创价潜能的生态圈是平台战略的直接目标。平台战略定位需要事先界定平台作用所处的相对空间，即生态系统定位。① 平台生态圈的边界，关系到平台战略的目标"市场"定位，考虑的是平台的网络效应所能覆盖的范围。平台的战略使命与价值定位从根本上决定着平台生态圈的边界。平台用户的特征和需求偏好分析与平台生态圈的边界划分密切相关。平台生态圈定位不仅要考虑平台的基本价值需求，还要考虑平台用户的特征与偏好，如对用户使用平台的知识、技能、工具等方面的要求，用户在时间、空间、信息等方面的限制，以及对平台使用成本与交易成本、渠道的便捷性、隐私及安全等方面的考虑。

为了保障公共平台的公平性，平台生态圈边界的设定标准最好是历史、人文、人口特征、产业或行业、语言种类、地理区域、种族或族群等天然屏障，而不是带有社会歧视和价值偏见的变量（如性别、职业），除非服务价值向弱势群体倾斜（如国家社科基金青年项目对女性申报者年龄限制的放宽）。根据这些特征和指标来划分平台目标群体，在此基础上分析确定服务对象的需求及偏好。平台在创建初期，若能将这些天然屏障因子考虑进服务对象和服务范围的选择，使平台生态圈的服务范围自然地与这些天然屏障相吻合，不仅有利于细分目标群体，使平台覆盖的多边群体及其服务更加有针对性，从而实现专业优势；还能创新服务运行模式，使平台更容易延伸扩展，开发

---

① Hagiu, A., "Multi-Sided Platforms, From Microfoundations to Design and Expansion Strategies", Working Paper, Harvard Business School, 2009.

出具有差异化的模块和服务内容。①

三　多边关系及需求定位

确定了平台的战略使命、价值导向和用户群体，接下来就要确定这些群体间的关系和价值诉求，即在平台生态圈分析的基础上确定利益相关方之间的关系和各自的需求。识别多边客户及其需求是平台建设的第一步。②

一是确定平台各方之间的关系。如果是出资者与受赠者之间的关系，则需要分析各自的意愿和动机、期望与要求；如果是委托代理关系，则需要分析两者各自的权责、利益兼容性，重点解决委托—代理问题；如果是平行协作关系，则需要重点分析两者分工的协作性和流程衔接的顺畅性；如果是供求关系，则需要分析供求机制、价格策略等。

二是确定平台各边之间的关系。其关系类型可能包括：产品或服务的供求关系，彼此依赖、互为补充的共生关系，相互吸引、互相促进、互利共惠的合作伙伴关系。尤其要分析确定多边群体之间网络效应的强弱和方向，是否存在同边网络效应、跨边网络效应和间接网络效应。平台各边之间的关系决定了网络效应的大小及方向，关系到多边群体之间的互动机制和平台运行机制的设计。例如，在高度开放的社区性平台，无论是虚拟的还是实在的，通过用户自创内容实现了内容需求者与供应者的融合，两边群体之间的跨边网络效应转化为用户群体内部的同边网络效应，多边公共平台成为用户之间互相满足、相互服务的空间。

三是确定平台方与平台边之间的关系。这里的关系十分复杂，因为平台方和平台边分别有多种类型，很难对其关系进行简单划分。但其关系分析要考虑：平台方的功能角色定位，平台方的职能与权责，平台方和平台边各自的输入和输出、需求和期望，平台方和平台边之

---

① 陈威如、余卓轩：《平台战略》，中信出版社 2013 年版，第 181—182 页。

② David S. Evans and Richard Schmalensee, *Catalyst Code: The Secret behind the World's Most Dynamic Companies*, Boston: Harvard Business School Press, 2007, p. 59.

间的互动方式和如何满足彼此的期望。

四是需求定位，生态系统的需求是平台存在的基础。确定了平台建设的战略使命、价值导向与多边群体目标"市场"及其关系定位后，就需要具体确定：消费者、内容提供者、服务提供者、支付补贴方分别对公共平台的需求；多边群体对彼此之间的期望和服务需求，以便平台方提供相应的互动机制促进多边群体的相互满足；各边群体的需求类型及其性质；根据用户的需求类型及其性质、用户规模、需求收入弹性与需求价格弹性的大小、用户补贴规模和社会发展大势综合估计平台的需求规模。

第三节　平台业务范围与运行环境定位

确立了平台的战略使命、服务对象及其需求，就要考虑平台提供哪些业务来满足这些需求，以及平台自身建设和运作管理所处的与所需的外部环境。

一　平台业务范围定位

全球著名平台专家库苏麦诺等认为，平台战略应遵循四个准则。其中一个准则就是确定业务范围，考虑产品补足品自制还是市场/第三方生产。[①] 这对多边公共平台的战略定位有很大的启发价值。多边公共平台战略定位也要考虑平台的业务范围与运作方向。业务范围主要涉及产品内容及相关服务的一部分或全部是由政府生产还是市场或社会组织来提供。总的来说，公共平台的业务范围定位取决于平台的使命、功能与多边群体间关系，也取决于平台主办方与互补品生产者在资源与能力方面的比较优势，同时受到政府等公共部门向市场和社会的开放程度的影响，还要权衡与协调平台各方与互补品生产者之间的权益与冲突。

---

① Michael A. Cusumano and A. Gawer, "The Elements of Platform Leadership", *MIT Sloan Management Review*, Vol. 43, No. 3, 2002, pp. 51 – 58.

一般来说，同时具备如下四项条件可定位于平台业务：第一，公共需求具有不确定性、多样性、联合性或引致性等特征；第二，公共需求满足的过程具有互动参与性、公平民主性等要求；第三，群体间直接互动合作的成本比较高昂；第四，存在着各边群体参与供给和治理的网络效应等动力机制。

二　平台运作环境定位

平台战略要获得成功，不仅需要吸引生态圈成员的加盟和通力合作，同时还需要创建和完善平台的运作环境，提高平台运作的可行性与可靠性，保障平台的服务能力和质量。多边公共平台的运作环境主要包括以下几个方面：

一是平台的开发建设环境，分为平台建设涉及的政策法律环境和社会资本发展现状、用户的潜在规模与多属行为①、平台之间的竞争与联盟关系、公共平台间的关系网络结构、相关平台之间的兼容性与链接性。这些环境的定位为平台建设策略的制定与实施提供了基本依据。

二是平台的运行管理环境，为平台运行管理策略的制定与实施奠定基础。具体包括：平台的发布、推广与营销环境；用户的接入、甄别、响应和交互、反馈环境；技术环境，诸如是否需要"线上""线下"虚实结合模式或互联网环境；平台的运行管理流程的特征，诸如是否需要用户自制内容、自助服务或体验流程；平台生态圈的临界规模，关系到平台网络效应的正反馈机制能否正常启动。

三是平台的运作支撑条件，具体包括：配套基础设施和相关的资源要素的供给，平台接口及其标准化，资金投入或财政补贴的规模，服务协议与相关标准。运作支撑条件的定位为平台的供给和生态圈的创建提供基础。

---

① 即用户可以同时进驻多家功能相近的平台，可以在这多家平台之间低成本地、自由地进退转换。

第四节　多边公共平台供给模式定位

确定了多边公共平台的战略使命和目标群体、群体关系及其需求、平台功能与业务范围后，就需要确认：平台的供给战略和创建模式有哪些，谁来供给平台，如何创建平台，平台供给的内容和创价关卡有哪些。

一　公共平台的四种供给类型

根据政府是否参与公共平台的创建和使用，可将公共平台供给分为四种类型：一是政府自建自用的政府第一方平台——由政府机构建设，向政府系统内部的相关部门和公务员群体开放，供其信息共享、公务协作之用；二是政府建设的自用与他用并直接提供部分公共服务的政府第二方平台；三是政府仅提供平台但不生产也不消费产品的政府第三方平台；四是政府不参与平台供给，但参与微观的平台运作管理的某些业务（如补贴或评估）。其中，政府第一方平台、第二方平台往往是政府主办的产品生产平台或技术平台，政府第三方平台、第四方平台往往为多边（双边）平台。政府第二方平台是政府为私营部门、第三部门和普通公众直接提供政治参与或公共服务的平台。当政府第二方平台向其他主体开放公共品运营管理权力时，例如开放公共品生产权或监督管理权，它也能发展为多边平台。政府第三方平台由政府部门单独创建或与其他社会组织共同创建，但政府不参与平台的生产运作和管理，而独立于供求双边群体之间的直接互动。政府第四方平台由非营利部门、非政府部门或志愿群体创建，政府部门不参与创建平台，但可能涉及监管或购买该平台提供的公共服务。

政府第三方平台和政府第四方平台都反映了政府退出公共品和公共服务的生产，不参与公共平台的具体运作，是未来政府职能转型的方向，也是多边公共平台供给的主要模式。尤其是政府第三方平台在社会治理和公共服务领域大有用武之地，反映了政府有所为有所不为的公共品供给战略。根据主体互动的类型，政府第三方平台进一步分为：公众——公众（体育赛事平台、社区自治组织等），公众——私营部门（如招聘会、员工维权、听证会），公众——第三部门（如社会营销、志愿者招募与服务、展览馆），私营部门——私营部门（如商洽会、广交会），私营部门——第三部门（如产学研合作），第三部门——第三部门（如交流合作、监督评估），公众——私营部门——第三部门（如教育培训、公共危机治理、文博会、园博会）。

综上所述，从政府第一方平台到政府第四方平台，其开放性越来越高，依赖的社会力量越来越多，政府在平台建设和运行管理中的参与性越来越低。四种平台都有自己的应用领域和开发使命，需要根据建设主体的宗旨和意图、平台的战略使命和服务对象、政府在平台中扮演的角色及其开放策略，选择定位于哪一种平台供给模式。

二　公共平台的创建模式与主体定位

多边公共平台可由一家组织提供，也可以由多家组织共同建设，关键是要划分确定平台各方的职能和权责。只有明确了各自的职能和权责，才能各行其是、各司其职、分工合理。权利与权利之间的均衡、权利和责任之间的对称非常关键，权利和责任的失衡是平台战略最忌讳的事情。例如，"弃婴岛"涉及的家长没有担负起相应的责任，造成弃婴规模过大和平台资源供求失衡。由于公共平台在价值导向、功能领域、类型及结构等方面的差异，平台的建设模式也表现各异，从不同的视角来划分，得出的结论也不同。从创建主体的视角来看，多边公共平台的创建模式主要有以下几种类型：

第一种类型，简称公共部门主建模式，是政府等公共部门依靠自身的实力承担平台创建的主要任务和供给平台所需的主要资源，凭借自己的权威和影响力召集其他平台创建方和运作方参与平台的供给和业务运作，或者通过公共政策和利益引导其他主体参与平台的建设。例如，欧盟国家在电子政务平台建设上采用 PPP 模式，即以公私合作的形式从事社会基础设施的建设和经营。虽然是第三方机构在实施信息化工作，但政府高度介入，在信息化规划和体制建设上进行统一规划和部署；而在资金投入上，因有私营企业的介入从而保证了项目的运营，满足了资金需求。①

第二种类型，第三部门或企业主建模式，其他组织也可参与建设，如政府可以提供政策支持或部分资金。例如广东某县残疾人联合会主办的就业服务中心（培训服务项目向外界公开招投标），还如企业与社会组织主办的基金会，等等。这种建设模式充分利用了第三部门和企业的资源和社会影响力，通过社会和市场的力量，在某些领域开展专业化的服务，因而有助于克服政府失灵、扭转公共平台建设不足和公共品短缺的局面。这种建设模式非常灵活，既可以在组织原有业务模式的基础上实行开放策略形成平台，或直接在已有平台的基础上通过裂变诞生新的子平台，例如壹基金、腾讯基金会、妇联服务中心、共青团服务站。

第三种类型，简称多边召集模式，即共享共建模式，是由拟创建平台的某一方发起，基于开放协作的思维，根据多边群体间的相互依赖、互利共生关系，召集一个又一个的群体加盟进来，最终形成完整的平台生态圈，即平台创建方组织、吸引多边群体进驻和建设平台生态圈的过程。创建平台的关键在于，平台方如何把供求双边群体汇聚在一起。这里有两个问题：一是供求双边进驻的动力问题，二是优先推动哪一边群体加入。因为双边（多边）平台的特征是：卖方在考虑是否加入平台时，对买方的数量、需求存在预期，只有该预期符合目标期望，卖方才考虑加入平台；买方也如此。这就产生了"鸡"和"蛋"谁先存在的问题，平台方必须设法召集双边用户。②

因此，需要对两边群体采取各个击破，设法鼓励其中的一边群体优先进驻平台，以此吸引另一边的参与。各个击破的策略主要包括：观念引导，通过政府营销或社会营销转变观念和心理预期；利益诱导，诸如财政资助、免费或补贴等经济优惠。先推动哪边群体的进驻或聚焦哪个群体（或群体中的某个阶层），这取决于：哪一边群体的

---

① 童腾飞：《欧洲国家公共服务平台建设情况》，《中国行政管理》2008 年第 S1 期。

② 徐晋：《平台经济学》，上海交通大学出版社 2013 年版，第 5 页。

优先进驻与壮大能够决定平台生态圈初建的起步优势和发展速度。①
进一步，主要取决于网络效应的方向和强弱。网络效应更强的一边群
体应该优先吸引进来，另一边群体则自然而然地跟着进来。即便双边
群体间不是供求关系，例如互补关系或伙伴关系，道理也类似，就是
优先吸引吸附力、辐射力更大的一边群体。

三　公共平台的建设方式定位

根据平台业务模式与原有业务模式之间的关系及平台与原组织、
原平台之间的关系，分为以下几种建设模式：

一是在原来的平台体的基础上通过演化生成新的平台，简称平台
网络延展模式，是在已有平台体及其结构的基础上，通过平台的寄
生、裂变、聚合或母子平台关系，孕育、催生独立或逐渐独立的平
台；或在其他平台的帮扶下，依赖平台间的联盟关系、主从关系、共
生关系、互补关系，衍生、嫁接出新的平台（如腾讯基金会）。这种
类型的平台创建模式最"省力"，而且有诸多好处，譬如新旧平台之
间可以互通共享、互利合作，详见前文中对公共平台间关系网络结构
的论述。现实中也有不少的例子，例如腾讯公司平台云搭载北京奥申
委官网，将会大大提高公众对青奥会的关注度，也会提高腾讯平台的
覆盖面。

二是在原来的基础设施和组织业务基础上，按照多边平台的理念
和模式来建设和运作，向其他群体开放内容供给、服务供给或其他参
与生产及管理等权力，将组织由非平台或单边平台转化为多边平台的
过程，简称组织改造型平台建设。组织的基础设施、技术体系、基础
性产品或业务、经营渠道可以视为单边平台。在单边平台的基础上进
行设计改造，是双边平台建设的一种战略模式。② 具体来说，可以在
原技术平台、生产经营平台的基础上通过业务开放，将其转化为多边
（双边）平台。例如，传统社区服务中心引入社工机构后就由生产平

---

① 陈威如、余卓轩：《平台战略》，中信出版社 2013 年版，第 188 页。
② Hagiu, A., "Multi-Sided Platforms, From Microfoundations to Design and Expansion Strategies", Working Paper, Harvard Business School, 2009.

台转为多边平台。

三是成立新的组织或为组织的新业务、新服务创建新的平台，即创建的新平台与原组织、原业务没有直接关系，这种方式简称始创型平台建设模式。这种平台建设模式难度大、周期长，而且与前两种模式相比缺乏用户基础和资源优势，但直接应用平台建设和运行原理，不用受到组织原有业务和科层制思维的束缚。

四　政府角色定位

多边公共平台建设往往离不开政府的参与和支持，政府的合法性、权威性和排他能力，有助于克服市场失灵；政府掌握的基础设施或制定的法律政策，成为公共平台建设的必要条件。因而政府的职能定位和角色转型非常重要。政府在职能定位方面，致力于解决社会、市场、企业自身难以解决的共同领域，为其提供治理和服务的规则和空间。根据市场失灵的类型以及私营部门与第三部门的局限性及其对平台的公共需求，明确政府等公共部门建设平台的必要性，据此调整政府在平台战略中的角色。

政府建设平台的目标是通过提供基础设施、基金或平台规则，从公共品的需求和供给之间的连接点创造契机，推动服务和内容的供给者更好地提供产品、更好地创新服务。政府的角色是各边群体的召集者、授权者，而不是平台运作的直接参与者，公民应被授予权力去激发改进治理方法的各种创新。[①] 因此，政府需要由传统的公共品生产方转化为公共平台的提供者，由供给自己生产的产品转为供给他人生产的产品，以第三者的身份独立于平台式治理、供求、协商等具体事务中的参与主体，将是政府职能转型的战略方向和政府平台建设的重大趋势。

五　创价关卡与供给要素定位

多边公共平台的建设和运作离不开资金、基础设施、规则、服务、产品（内容）、信息等基本要素。每一个要素构成了平台价值网

---

① Tim O'Reilly，"Government as a Platform"，*Innovations*，Vol. 6，No. 1，2010，pp. 13－40.

络中的一个环节。但要确定的是：平台的创价（获利）关卡设在哪里。一般来说，最关键、最稀缺的那个或那些环节，往往是创价关卡。谁在哪个环节创造什么样的价值，或者说谁为平台分别提供这些要素，这些要素如何在不同的主体之间配置，这些问题需要综合根据公共平台生态圈分析和多边关系定位，结合多方群体各自的组织使命和业务范围、资源和能力专长或相对的比较优势，或由平台领导方和相关主体协商确定，例如规则的制定、基础设施的供给；或者由市场机制确定，例如通过公开竞标确定内容或服务的供给方；或者通过相关群体的自愿，如某些用户自创内容、自助或利他服务，还如捐赠资金。

　　多边平台建立在系统规划、战略远见和组织文化之上，重在战略规划。视多边公共平台为一套战略思维和谋略，是其根本战略定位。如果仅仅把平台视为竞争或合作的技术性工具，那么平台所能创造的价值就十分有限，无法发挥杠杆作用。如果平台组织不能持续地投资平台建设，那么对外部组织就缺乏持续的强大吸引力。从这个意义上说，平台运营不能只是某个业务部门的事，而应是为平台中长期战略负责的整个组织，必须有团队的强力支持和组织的长远规划为依托。①

---

　　①　［韩］赵镛浩：《平台战争》，吴苏梦译，北京大学出版社 2012 年版，第 201 页。

第五章　多边公共平台战略选择

多边公共平台战略实质是一种开放合作的战略，是一种基于平台空间与规则、依据多边平台原理运作的治理模式。制定并选择具体的多边公共平台战略，是为了履行战略使命和实现战略目标，依据一定的指导思想和原则，寻求公共价值创造路径的过程。多边公共平台战略是公共平台建设、运行及管理的行动方略和基本依据，因而战略选择在战略定位与战略实施之间承上启下。

第一节　多边公共平台战略选择的指导思想

制定与选择具体的多边公共平台战略，是在合作治理的时代背景下，以开放互动的水平思维为指导，以战略定位为基本出发点，由战略使命与公共需求驱动，基于价值网络的协同共治的思想，以网络效应的激发为核心，还应遵循一些基本原则。

一　战略使命与公共需求驱动

在今天的商业环境中，要想成功必须拥有两样东西：一个让人欲罢不能的产品和一个有效的平台。[①] 同样，在平台时代的政府生态系统中，提高政府的合法性也需要高绩效的公共服务和支撑参与共治的多边平台。多边公共平台战略绝不是适应互联网时代或应付公共事务合作共治的权宜之计，而是一种大势所趋的长远战略。平台战略规划和制定要从组织使命出发，没有战略使命与愿景的诱导，组织难以拥

---

① ［美］迈克尔·哈耶特：《平台》，赵杰译，中央编译出版社 2013 年版，第 6 页。

有独具慧眼的能力及运筹帷幄的勇气。① 平台战略使命是平台战略制定与选择的根本依据，因为战略使命回答了平台创造什么样的价值、为谁创造价值、平台的功能与业务范围等根本问题。因此，战略使命是战略选择的出发点。

公共需求是平台战略制定的基本驱动力量。多边公共平台战略制定的需求驱动指的是，根据生态系统的总需求，并将其分解为：消费者、内容提供者、服务提供者、支付补贴方等目标群体分别对公共平台的需求以及多边群体对彼此之间的期望和服务需求，综合根据多边群体的特征与偏好、需求性质、需求内容与需求规模等变量来制定平台战略。需求驱动必须把用户需求作为平台建设的出发点，因为用户的黏性和满意是平台建设的归宿，也是平台绩效评价的标准。平台研究专家贺宏朝认为，在平台经济时代，以用户为中心是基于互动主体对等地站在平台上所产生的良性互动，通过互动合作才能持续满足用户不断增长的需求。②

二　基于价值网的协同共治

（一）从价值链思想到价值网思维

"价值链"概念由全球著名战略大师迈克尔·波特提出，是用于企业业务流程分析和竞争优势定位的战略工具。价值链思想是把企业作为一个整体，其竞争优势来源于在设计、生产、营销、交货等主要活动中和辅助活动中所进行的许多相互分离的活动。③ 价值链思想视组织为一个整体，而非组织所处的生态圈或价值网络视为一个体系。很显然，价值链思想容易把思维局限于组织内部，使组织过多关注某一流程的优势，忽略其存在的整体意义，而且容易引发与组织上下游之间的过度竞争或利益摩擦。价值链思想无法分析生态系统中多主体间的互动互利、合作共赢的关系，无法冲出组织的围墙，难以在更广泛范围内整合资源从而创造出更大系统的价值。

---

① ［韩］赵镛浩：《平台战争》，吴苏梦译，北京大学出版社 2012 年版，第 202 页。
② 贺宏朝：《"平台经济"下的博弈》，《企业研究》2004 年第 12 期。
③ ［美］迈克尔·波特：《国家竞争优势》，李明轩、邱如美译，华夏出版社 2002 年版，第 10 页。

价值网是由与某组织发生着价值往来并影响该组织价值实现的各类主体构成的互动网络和价值体系。① 价值网实现组织与组织间的动态链接，包括四个前提：从组织内外两个方面出发，开发资源和协同能力；在研究、设计、制造和客服方面创造新的协作；开放标准；促使用户、供应商和其他合作伙伴进行创新，帮助他们成长来推动组织自身的成长，并实现两者的良性循环。② 该思想的提出者波维特认为，价值网就是要人们在关注自身价值的同时，更加关注价值网上各节点的联系，冲破价值链各环节的壁垒，提高网络在各主体之间交互作用对价值创造的推动作用。③ 价值网优势在于可以使网络中各成员在充分共享信息和知识的基础上，利用彼此的互补优势，共同满足用户的多样化需求。因此，以价值网为基础、以政府为依托、社会主体多元参与的协同治理是多边公共平台战略制定的重要指导思想。

（二）以价值网为基础的协同治理

以平台为中心的创新系统强调网络价值，而不是产品价值。④ 在当代治理环境中，公共部门必须建立和参与价值网络来开展自己的事业，并创建一个全新的生态系统。平台本身就是把不同的用户群体联系起来形成一个完整的价值网络，并建立有助于促进互动的基础架构和规则。⑤ 多边平台战略意味着公共部门价值链向多元主体合作共治的价值网络转型：由单边到多边、单中心到网络、垂直到水平、封闭到开放。价值网的思想意味着：政府等公共部门需要向社会放权，对其他主体开放资源与治理权力；公共部门的核心治理能力是整合资源、协同网络的能力；公共部门的使命在多元利益相关方的互动合作中实现，公共部门的合法性随着多元主体的参与互动而得以提高，平

① Bovet, D. and Marha, J., "From supply chain to value net", *Journal of Business Strategy*, Vol. 21, No. 4, 2000, pp. 24 – 28.

② 冀勇庆、杨嘉伟：《平台征战》，清华大学出版社 2009 年版，第 50 页。

③ Bovet, D. and Marha, J., "From supply chain to value net", *Journal of Business Strategy*, Vol. 21, No. 4, 2000, pp. 24 – 28.

④ Hearn G., Pace C., "Value – creating ecologies: Understanding next generation business systems", *Foresight*, Vol. 8, No. 1, 2006, pp. 55 – 65.

⑤ 张小宁：《平台战略研究述评及展望》，《经济管理》2014 年第 3 期。

台绩效随着多边群体的成长和网络效应的激发而得到提升。

协同是整个生态系统功能优化组合、资源集成共享和行动协调配合的价值增值过程，共同提供整体化的服务。以价值网为基础的协同治理具有如下特征：追求合作共赢和生态系统总体价值最大化，通过多主体的协同和交互作用，以整体最优为目标；协同具有动态性、敏捷性及综合柔性、渐进性和多样性；协同的合作对象实质是各主体所具有的核心能力；协同系统的开发和运行以各成员的自组织为主，也强调政府等协调方作用的有效发挥。[①]

（三）依托政府、社会参与的网络治理

多边公共平台的建设往往需要依托政府。平台建设不仅需要政府的政策和资源支持，往往还需要政府的监督。政府在平台建设中通常扮演着多重角色：作为平台规则的主要制定者，重在协调平台成员的互动合作和利益均衡。作为平台的掌舵者和领导者，政府必须用前瞻的眼光、系统的思维认识社会发展趋势，运用法律、政策、经济的手段支持平台战略。作为平台的组织协调者，政府需要调动各方力量参与平台的建设，需要整合平台运行主体的利益与目标、资源与能力，使利益各方做到资源共享、优势互补、运营协同，充分发挥平台的杠杆作用，提高平台的合作效益。作为平台的监管评价者，重在监督平台运行的质量和绩效，降低平台运行的交易成本，解决平台运行中的冲突。作为平台的创建者和供给者，政府必须根据实际需要，尽力保障公共平台建设和运行所需的资金、基础设施等资源。

平台建设通常需要三个基本要素：资源条件、服务体系和保障措施。其中，资源条件的整合集成是公共平台的坚实基础；服务体系的开放共享是平台建设的直接目的；保障措施是平台建设的必要条件。因此，公共平台的主办方、管理维护方、平台运作方、内容供给方、服务供应方、用户要在平台上一起"共舞"，就必须联合社会的力量，

---

① Jing R. Z. and Yu J. W. , "The Research on Sustainable Development of Enterprises Cluster Based on Recycling Economy", International Conference on Management Science and Engineering, 2007, p. 8.

充分发掘和利用民间资源和社会资本，与企业、非营利组织、非政府组织、社区、社群联盟合作，实现公共事务的网络化治理，促进公共服务供给的多元化和平台建设的多渠道、多主体整合。网络化治理代表了全球公共部门发展趋向的集合：利用私人企业和非营利机构从事政府工作的模式；从顾客公民的角度考虑，采取横向协同政府、纵向减少程序的做法；公民希望增加公共服务选择权的要求不断提高。[①]平台型治理要求摆脱控制与强权，从平台使命出发，建立平等的沟通互动系统，致力于生态系统成员的通力合作，确保多边平台的整体高效。

三 网络效应为核心的战略制定

（一）网络效应的作用机理

网络效应是多元主体之间的互动而产生的相互影响。一种产品给用户带来的价值受到以下几个方面的影响：该产品的用户规模、供给规模、其互补品供给规模。这三个要素的影响分别产生了网络效应作用的三种方式：同边网络效应、跨边网络效应和间接网络效应。同边网络效应表明用户群体内部相互吸引，显示出需求方规模经济。跨边网络效应表明供求双边之间相互依存和彼此吸引，基于平台的交易与合作降低了交易成本。间接网络效应表明某产品与其互补品的关系所产生的引致性需求，有利于推动服务创新并产生范围经济。网络效应激发的正反馈循环就是对这种相互依赖、彼此吸引的多边群体互动产生的互利互惠、相互促进的过程描述。总之，由于网络效应，平台产生了规模经济和范围经济。[②]

三种网络效应方式产生的网络价值最终推动：产品及服务的创新、平台规模的扩大、平台覆盖面的提高、用户黏性的提升、平台公权力的增强、平台生态圈的繁荣、平台领导力的加强。因此，平台战略的核心是网络效应。但平台的网络效应发生作用需要几个前提和假

---

① ［美］斯蒂芬·戈德史密斯、威廉·埃格斯：《网络化治理：公共部门的新形态》，孙迎春译，北京大学出版社2008年版，第13—21页。

② Thomas Eisenmann, Parker G. , and Van Alstyne M. , "Strategies for two – sided markets", *Harvard Business Review*, No. 11, 2006, pp. 1 – 10.

设：需求是多元的，且由分散的不同供给者来提供；假设存在早期的用户——网络的安装基础，安装基础的存在往往影响潜在用户进驻平台的决策[①]；平台用户存在理性预期，即是否加入平台取决于对平台规模变化的判断；用户到达临界规模，才会产生正反馈循环。平台网络效应作用机理见图 5 – 1。

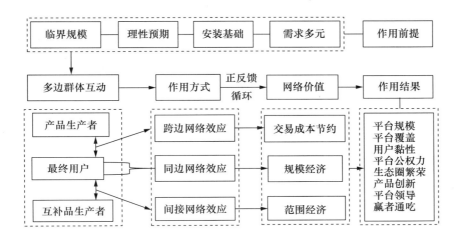

图 5 – 1 平台网络效应作用机理

（二）以网络效应为核心的平台战略

网络效应的作用机制成为平台战略制定和选择的核心依据。例如，要激发同边网络效应，可以选择平台兼容、标准化的战略；激发间接网络效应关键在于使互补品丰富且价廉；激发跨边网络效应可以选择对"鸡"和"蛋"问题分而治之、不对称定价等战略。[②] 多边平台战略模式的根基来自多边群体的互利互补和相互依赖所激发的网络效应。引爆网络效应，实行平台型治理，成为多边平台战略的精髓。

---

① Farrell, J. and G. Saloner, "Installed Base and Compatibility: Innovation, Product Pre-announcements, and Predation", *American Economic Review*, Vol. 76, No. 5, 1986, pp. 940 – 955.

② 傅瑜：《网络规模、多元化与双边市场战略——网络效应下平台竞争策略研究综述》，《科技管理研究》2013 年第 6 期。

因此，挖掘公共品供求和公共事务合作共治中的网络效应，成为平台价值创造的关键。

多边公共平台的运行战略、建设和管理策略制定都要将孕育和激发网络效应作为战略重心，以环环相扣的机制设计和运行策略，实现网络效应的正向循环，维护平台生态圈的持续壮大和繁荣，渐进地实现多重公共价值。利益相关群体是否有足够的动力进驻平台，平台是否有足够的吸引力诱导相关主体的加盟，取决于平台网络效应的大小。因此，网络效应决定着平台生态圈的建立、成长和壮大的整个过程。平台成长的过程，尤其在平台创建初期，必须突破缺乏网络效应的"真空地带"，突破用户临界数量，这样才能够切实挖掘用户之间关系的增值潜能，这是以网络效应为核心的平台生存和壮大面临的最大难题。① 以网络效应为核心的运行策略和机制设计体现在多个方面：突破临界规模、扩大用户规模、提高用户黏性、平台定价、权利平衡机制。

四　平台战略遵循的基本原则

平台战略要想获得成功，需要吸引生态圈成员加盟与通力合作，同时不断完善自身的服务能力，保障平台的可靠性和服务质量，同时还必须遵循一些基本原则。

一是符合社会发展趋势，这是最根本的成功法则。在平台的世界里，标准答案是不存在的，任何组织可以根据大势的变化及自身特点去量身定做自己的策略，前提是必须意识到：自己生活在平台时代，产品、服务都必须按照平台的原理去供给；为了达到平台战略目的，可以在大环境、技术、服务、商业模式等各个方面做文章。② 因此，推行平台战略重要的一点就是选择一个正确的发展方向，以符合时代和社会发展大势，包括政治、经济、社会和技术的发展趋势。例如，曾投入巨资建设的 IC 电话系统因移动通信技术而付出了巨大的代价。

二是平台能够累积庞大规模的用户，能够为用户提供巨大黏性的

---

① 陈威如、余卓轩：《平台战略》，中信出版社 2013 年版，第 91 页。
② 王旸：《平台战争》，中国纺织出版社 2013 年版，第 22 页。

产品或服务。平台的制胜之道在于有能力为各边用户提供最大利益和最能满足用户的需求。① 因此，将平台建在人流汇聚之处，吸引多元用户的进驻，激发用户群体之间相互依赖、互利共生的网络效应并提高用户满意度和黏性尤为关键。

三是选择平台战略的组织能够具备合作共赢、先利人后利己的运作理念和模式。多边公共平台的法则是平衡地利用关联组织、利益相关群体组成一个合作系统，协作治理共同事务。合作主体和关联组织按照多方共赢、互利互惠、共同受益的原则，平衡享有合作系统带来的增值利益。只有在平台上运作的合作伙伴获得较好成长，平台才能生存和发展；只有让合作伙伴实现预期价值，平台才能长期运作下去。平台生态圈的权益平衡一旦被打破，有些群体就会退出，平台将会瓦解。

平台研究专家 Cusumano 认为，平台战略及创新应遵循六条原则②，见图 5-2。多边公共平台战略也应遵循这些原则：提供能够供给公共品的平台，而不是亲自生产产品；不仅提供平台和产品，还要供给产品的互补服务；关注公共品供给能力和治理能力，而不仅仅是战略愿景或竞争战略；公共需求拉动公共品供给和合作共治，而不是

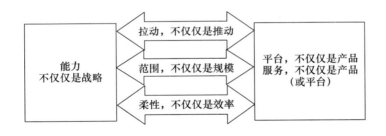

图 5-2 平台战略耐力制胜的六大法则

资料来源：Michael A. Cusumano, *Staying powder*: *Six Enduring Principles for Managing Strategy and Innovation in an Uncertain World*, London: Oxford University Press, 2010, p. 10。

---

① 陈威如、余卓轩：《平台战略》，中信出版社 2013 年版，第 264 页。

② Michael A. Cusumano, *Staying powder*: *Six Enduring Principles for Managing Strategy and Innovation in an Uncertain World*, London: Oxford University Press, 2010, pp. 9 - 10.

政府的推动；注重公共产品、服务的范围经济与多元化创新，而不仅仅是规模经济；注重公共服务和平台服务的柔性化，满足人性化、多元化需求，而不仅仅是经济效率。六条原则基本导出了平台建设与管理的相对战略重点：明确使命，需求驱动，注重服务，提升能力与灵活性。笔者认为，多边公共平台管理战略还应遵循第七条原则：关注平台的公共性与公平性，而非仅仅是灵活、高效。

第二节　多边公共平台的价值创造模式与路径

一　多边平台创造价值的一般原理

平台创造价值的基本原理是，通过把两类或更多类型的用户群体联结起来形成共同体，帮助他们找到彼此、互动合作并创造价值，从"联结在一起中"获益，即在"coming together"中创造各种价值。平台创造了具有共同利益的共同体，他们通过彼此互动而受益，各类行为主体皆从共同体中受益。① 因此，平台创造价值的前提是，找到相互依赖的用户群体，实现供需匹配、互动互惠。而高质量的匹配需要大规模的用户基数和广泛的选择权利、参与和反馈，因而是平台创造价值的最大挑战。平台创造价值的三项基本活动包括：通过发展平台社区、提供平台空间、确定服务价格来创建价值主张，联结价值网络；提供信息并降低用户搜寻成本，帮助有相互需要的用户之间找到彼此；建立管理规则和标准，防止用户的负外部性行为和机会主义行为。②

从平台创价原理可以看出，平台创价的基本特征是：第一，把多种不同类型的用户联结在一起从而创造价值，多边用户相互依赖、互

① Marijn Janssen and Elsa Estevez, "Lean government and platform – based governance—Doing more with less", *Government Information Quarterly*, 2013（30）, pp. 1 – 8.

② ［美］戴维·S. 埃文斯、理查德·施马兰西：《触媒密码——世界最具活力公司的战略》，陈英毅译，商务印书馆 2011 年版，第 31 页。

相影响、相互满足。第二，平台为这些用户的联结和价值交易提供一系列的服务，以降低交易成本，这些服务包括促进供需匹配、促进互动合作与互惠互利的实现。第三，平台所有者通过选择价格和其他战略变量来识别两类用户间的相互依赖，从而最大化自身利益。[①]

　　平台之所以能够创造价值根源于平台的根本特征、优良属性、运行模式和平台所体现出来的战略思维、战略特征及其优势。平台具有平坦通畅、开放共享、信息透明、资源整合、可重复使用等总体特征，以及平台自身结构的开放共享、动态演化等特征，在运行模式上体现网络效应的核心特征以及行为的协同性、价格的非对称性与价值的分配性等特征，支持了平台的产品多样性与创新、规模经济性与范围经济性等经济效率。[②] 平台遵循的是基于价值网的运行模式，体现了水平的战略思维及其合作共治的战略模式，这种战略模式具有广阔的价值创造空间。

　　平台创价的基本方式和路径可以概况为以下几种：一是通过合约控制权的开放，实现用户之间的直接互动，从而减少多层代理成本和委托代理问题——信息不对称、目标不一致造成的机会主义行为，因而节约了交易成本。二是平台联结多边用户群体，形成了生态系统与利益共同体，在共同体中这些群体相互依赖、互相影响、互动互利，不仅完善了价值网络并激发了用户之间的网络效应，而且产生了规模经济和范围经济，重要的是构建了合作共治的支撑体系。三是平台向第三方或用户开放产品、互补服务的生产运作权，并为这些生产者提供配套的服务，激发了产品创新，增加了产品多样性和互补性，尤其是这些生产者之间的竞争驱动着产品创新[③]。四是通过平台方的规则制定与主动监管，确立了相关利益方互动合作的制度规范，减少了负外部性行为，提高了合作的质量。五是通过非对称定价或补贴来分配价值，不仅具有利益平衡的作用，而且公平合理的价值分配能够促进

---

　　①　David S. Evans, "Governing Bad Behavior by Users of Multi‑sided Platforms", *Berkeley Technology Law Journal*, Vol. 27, 2012, pp. 1201–1250.

　　②　Carliss Y. Baldwin and C. Jason Woodard, "The Architecture of Platform: A Unified View", Working Paper, Harvard University, 2008.

　　③　毛立云:《公共平台的价值共创模式及其竞争优势》,《企业管理》2015 年第 5 期。

合作，增强网络效应，从而促进价值创造。总之，平台通过提供有效的治理系统来为共同体创造价值。①

成功的平台能够识别用户之间积极的相互依赖，谋划如何降低用户之间的交易成本，确立把用户连接起来的价格和非价格机制。平台的创价机制或工具集包括：为不同用户提供互动空间和基础设施。提供具体的"一揽子"服务以促进合作。免费、补贴、捆绑定价、二步收费和非对称定价等价格机制。开放的治理机制来管制参与者行为。这些工具和策略旨在实现平台的根本目的和功能：把用户连接起来而释放价值。②总之，多边平台使用了广泛的机制来为用户创造价值以及在用户群体间分配价值；通过合理的价值分配，实现共同体的持续繁荣与稳定发展。

多边公共平台创造的公共价值是由上述价值创造模式与基本路径来实现的。多边公共平台的创价模式根源于平台的特征与战略优势，依赖于多边用户间的相互依赖、治权开放、供需匹配、用户临界规模等前提条件，凭借基础设施、制度规则、价格和服务等系列工具，通过开放共享、合作共治、网络效应、价值分配与平台管制等基本路径，创造了公民民主与用户主权的正义价值、成本节约与创新柔性等经济价值和互利共赢、和谐稳定的秩序价值。多边公共平台的价值创造模式归纳为图5-3。

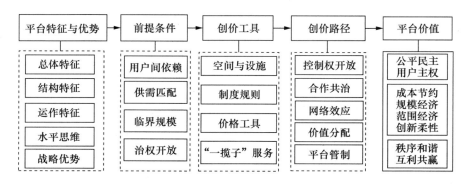

图5-3 多边公共平台的价值创造模式

---

① David S. Evans, "Governing Bad Behavior by Users of Multi-sided Platforms", *Berkeley Technology Law Journal*, Vol. 27, 2012, p. 1219.

② David S. Evans, "Governing Bad Behavior by Users of Multi-sided Platforms", *Berkeley Technology Law Journal*, Vol. 27, 2012, pp. 1203-1213.

二 公平民主与用户主权的创价模式及路径

总的来说，多边公共平台运作的公平性、开放性、协作性、互惠性等特征创造了用户知情权、参与权、话语权、受益权、平等权等价值。基于平台的多元权利主体间的权利分享、平等参与、对话协商等运行机制创造了民主政治、公平正义的价值；基于平台的自愿参与、平等协商、互动共享、公平合作，创造了生态系统协同运作与网络合作的价值。平台结构和流程的标准化、平坦性，有助于实现公共服务平等、公平等价值。公共平台的稳固根基、平坦表面与透明信息为参与方创造了一种安全保障的价值，有助于促进网络沟通，不仅满足了用户的知情权，而且为合作共治奠定了基础。最后，多边公共平台作为公共能量场释放出平等协商和言论表达的话语权等正能量，多边群体通过沟通互动，施展各自的影响力，表达各自的价值主张和诉求，体现用户主权的价值。总之，多边平台的使命是创建一种共同体，以此降低交易成本，提高自身影响力和用户主权的水平。①

三 经济效率的价值创造模式及路径

多边公共平台作为一种治理机制和合作战略，提供了相关利益方协商、合作或交易的机会与现实性，是发挥协同效应、降低成本、诞生创新性的基本路径，为用户提供柔性灵活和多元、高效的经济价值。

第一，多边公共平台通过相关资源的共享、整合以及功能的集成、流程的协同，从而产生了用户的集中化趋势与网络聚集效应，实现了公共服务的一体化、"一站式"供给，发挥了公共资源利用的范围经济与规模经济，提高了平台生态圈的整体效应。

第二，多边公共平台运行流程的平坦性、通畅性、透明性与开放性，以及无排他性与可重复使用性，有效地降低了公共品的生产成本与互动合作的交易成本，为组织的低成本运作创造了战略价值，为用户创造了速度、便捷、高效、廉价等经济价值。

---

① Marijn Janssen and Elsa Estevez, "Lean government and platform – based governance—Doing more with less", *Government Information Quarterly*, 2013 (30), pp. 1 – 8.

第三，多边公共平台借助第三方创新的力量，将产品和互补服务的作用管理权开放，由各边群体参与公共服务供给与创新，由此辅助服务、相关服务不断增加，整体服务质量和服务的多样化不断提升，整个平台的创造活力得以激发。正如国外学者指出的那样，在创新生态系统中，平台扮演着关键角色，加强了创新能力。①

第四，平台的延伸、移植与平台间的对接与兼容，创造了潜在的无限价值与庞大的体系竞争力：平台的易扩展性使平台在供应链、产业链或服务链上实现纵向或横向的延伸，使资源和业务进一步整合，在原来平台的基础上创造更多的集成价值；平台的移植，即将成功的平台从一个作用领域复制、借鉴到另一个领域，因此平台实际上发挥的是实验基地的作用，有助于公共价值的创新；平台的对接与兼容，实现了更广泛的跨平台分享、合作与协调，不仅使资源得到更广泛的利用、更有效的配置，而且使平台创造的公共价值具有乘数效应。

四 秩序和谐的价值创造模式及路径

多边公共平台方通过平台领导，创造了稳定、统一、和谐的秩序价值。具体来说，平台主办方通过提供共同的标准与规则、通用的设施或相通的技术，创造了一种规范有序、透明开放、稳定平坦的秩序价值。第一，多边平台作为一种游戏规则、运行规范与利益机制，制约或激励每个成员的行为，从而创造出规范有序的价值。平台赋予公民协商对话的机会和渠道，为政府的政策制定提供情报。② 第二，平台战略通过激发网络效应，使相关利益方相互吸引、合作共赢，有利于平台共同体的和谐。第三，平台在创造价值的同时，获得了社会公权力，释放出巨大的公共能量，为政府引导公共需求和社会治理创造了条件，尤其为政府的掌舵和元治理奠定了基础。第四，平台战略的巧妙之处在于将平台的成功建立在其他方成功的基础上，不仅有效实现了利益相关方的激励相容，而且创造了多元相关群体合作共赢的格

---

① Iansiti, M., Richards, G. L., "The information technology ecosystem: Structure, health, and performance", *The Antitrust Bulletin*, Vol. 51, No. 1, 2006, pp. 77 – 109.

② Marijn Janssen and Elsa Estevez, "Lean government and platform – based governance—Doing more with less", *Government Information Quarterly*, 2013（30）, pp. 1 – 8.

局以及多边群体各施其能、各得其所的和谐秩序。

　　总之，多边公共平台的价值创造离不开互动，互动不仅是多边平台的关键判别标准，更是平台创造价值的根本路径。主动者与从动者之间的互动关系决定了价值创造，价值互动中各方有序的互动过程就是协同。① 通过开放合作、治理参与、价值交易、协商沟通、关爱互助等形式的互动，实现了用户主权、公共品创新、效率提升、价值协同、和谐有序等多元化的公共价值。

第三节　多边公共平台建设战略选择

　　多边公共平台建设是平台各方基于各自的权责和平台的战略定位，对平台的要素的供给、平台体及其结构的创建、平台规模的演化、平台业务的选择等行为。Hagiu 提出了具有一定参考价值的平台建设框架：首先联结相互依赖的多边群体，然后确定业务功能和业务模式，权衡平台的业务规模，最后不断提高平台的覆盖面。② 相应地，多边公共平台建设战略包括：根据平台供给模式与生态圈需求，创建价值网络并设置创价关卡；根据公共平台的功能领域和业务范围，结合平台的战略使命，选择合适的业务模式；扩大平台规模，扩展平台业务，以提高平台垄断力和影响力；根据平台发展阶段、平台间网络关系和用户的动态需求，推动平台不断演化和升级。

一　价值网络建设与关卡设置

　　在当今的平台时代，每个组织都要学会展现自身的价值优势，还要积极寻求与其他主体的合作，找到自己的"用武之地"。具体到一个价值网络体系中，每个组织都要与其他组织一道，在创造出完整的体系价值的同时，还要找准自己的价值位置和创价关卡。平台战略模

---

　　① 蔡剑：《协同创新论》，北京大学出版社 2012 年版，第 75 页。
　　② Hagiu, A., "Multi - Sided Platforms, From Microfoundations to Design and Expansion Strategies", Working Paper, Harvard Business School, 2009.

式的根基来自多边群体的互补依赖所激发的网络效应，创价的关键是找到多方需求引力之间的"关键环节"，设置获利关卡。[①] 价值网关卡建设就是基于生态圈发展的需要，平台各方结合自身优势，在平台价值网络中选择、设置创价和获利的关卡。每个关卡有利有弊，关键是要明确自己在价值网络中处于什么位置，根据自己的价值、能力、资源，选择如何介入平台的世界。[②]

　　多边公共平台连接着基础设施的供给者、资金的供给者、信息内容及渠道的供给者、公共品及互补服务的供给者以及监督评价方等主体，这些主体在生态圈中互动合作创造的价值联结成价值网络。平台价值网络与创价关卡模型见图5-4。

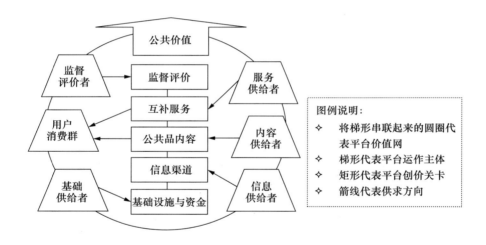

图5-4　平台价值网络与创价关卡模型

　　一般来说，每个参与主体都可以有自己的一项或多项创价关卡：基础设施关卡（提供场地、空间、实施等获利），资金关卡（表现为基金会、项目购买资金等），信息渠道关卡（信息浏览、营销媒体、信息获取通道、信息工具），公共品关卡（公共产品内容的开发与供

---

① 陈威如、余卓轩：《平台战略》，中信出版社2013年版，第81—82页。
② 王旸：《平台战争》，中国纺织出版社2013年版，第239页。

给），互补服务关卡（服务的开发与供给），监督评价关卡。监督评价关卡可以由普通大众和社会媒体、各边群体、平台所有者或管理者、第三方评估机构来提供。每一个关卡均是平台的组成部分，有时也被称为"平台"，如基础设施平台、基金平台、信息平台、公共服务平台、第三方评价平台。

最关键、最稀缺、最具影响力的关卡的供给方，或者可以为其他关卡带来核心利益的关卡供给方往往是平台领导。平台领导或平台的主办者优先选择自己提供的关卡，然后把其他关卡开放给其他群体来提供；这些关卡环环相扣，构成了平台的价值网络，这就是平台建设和创价的"密码"。每一个关卡的所有者凭借自己的关卡设置行使并获取相关的权益，或履行自己的责任。

政府等公共部门作为多边公共平台的所有者、始创者、主办者或主管方，往往具有优先选择关卡的权利。由于公共平台建设具有前期投资巨大的特点，因此基础设施与基金关卡是公共部门供给平台的关键。"基础设施支持"发挥着总开关的作用，只有"基础设施支持"到位后，其他的关卡才能开始构造。[1]"基础设施"如此重要，且是具有外部性的公共品，这一关卡的把持者往往是政府等公共部门。政府代表的是社会整体利益，普通民众往往不希望自己的核心利益被他方把控。除了基础设施或基金关卡，平台所有者还要考虑是否设置信息渠道关卡，如有必要，这一关卡也可以开放。信息渠道关卡、内容供给关卡、互补服务关卡的供给者都可以是社会组织或私人机构。内容和服务关卡开放给谁，可以选择市场机制，如招投标机制。平台所有者在开放这些关卡的同时，也需要将监督评价关卡开放给另一方、另一边或社会公众。

哪些产品（内容）及服务开放给他方来生产，哪些由平台主办方自己来生产，这主要取决于以下三个因素：

一是需求的单一性还是多样性。需求多样性的产品、服务更应倾向于外部的补足品供给者来生产。因为外部的补足品供给者有更多的

---

[1]　王皜：《平台战争》，中国纺织出版社2013年版，第16—17页。

能力、资源和对用户需求的更好理解；补足品供给者拥有经营自主权且相互竞争，因此具有更大的动力来努力经营；补足品供给者不需要进入平台方内部，也不需要产生雇佣关系，仅仅需要把业务放在平台上，因为平台降低了他们的交易成本，同时不会给平台方造成负担。[①]

二是消费选择是集中的还是分散的，或者说产品和服务是不是容易分割的。如果消费选择是集中的、不可分割的，那么这样的产品及服务只适合平台方来供给。

三是收益与成本的比较，主要是生产成本与交易成本的权衡。生产权的开放意味着要产生谈判、协作和监督的交易成本，其收益是平台使用费和用户多元化需求的权益满足，这与自己生产所产生的成本及收益需要进行综合权衡。举个例子，一个受学生欢迎的大学食堂（平台）一般将饭菜的生产权开放，而食堂大厅的清洁卫生由自己提供，而不是交给各个饭菜生产者分别去提供。因为饭菜的需求是多元的、变化的，消费是分散的，其生产权适合开放；而清洁卫生的服务需求是统一的、稳定的，是集中消费的、难以分割的，不适合由各个饭菜生产者分别来提供。那么可以外包给清洁公司吗？可以，但还是应该由平台主办方（校后勤部门）而不是饭菜生产者来解决，因为平台主办方能较好地解决公共品"搭便车"的困境和降低业务外包的交易成本。

二 平台业务模式的选择

平台业务模式即平台在开展业务过程中所采取的基本的、稳定的方式。Evans 等认为，根据平台吸引用户的方式，平台业务模式分为以下几类：召集双边用户的业务模式、利益平衡业务模式、规模化和流动性业务模式、多属业务模式、众包业务模式。[②] 笔者认为，前三者业务模式，无论对于企业平台还是公共平台都具有通用性，在单边市场基础上扩展为双边平台是简单易行的通用模式；而"多属业务"，

---

① Baker, George, Robert Gibbons and Kevin J. , "Murphy, Relational contracts and the theory of the firm", *Quarterly Journal of Economics*, Vol. 117, No. 1, 2002, pp. 39 – 84.

② Evans, D. S. , "Some empirical aspects of multi – sided platform industries", *Review of Network Economics*, Vol. 2, No. 3, 2003, pp. 191 – 209.

准确地说，它不属于平台业务模式，而是用户的多属行为及由此引发的平台间的竞争行为。众包业务模式在公共平台中也有采用，在某些领域发挥着重要价值，但并不是通用的。此外，笔者补充了混合业务模式、虚实结合的业务模式。

（一）四种通用的业务模式

1. 召集双边用户的业务模式

平台方需要想方设法地召集双边或多边群体的加盟，以组建完整的生态圈和价值网。这里的"双边用户"一般指公共品（内容）或其互补服务的供给者，另一边是这些公共品和服务的消费者。平台经济学常用"鸡和蛋"来形容，并用"各个击破"的方式解决谁先谁后进驻平台的问题。具体情景取决于公共需求的性质、群体间网络效应的方向和强弱，前文在多边公共平台创建模式定位中已有讨论。

2. 利益平衡业务模式

平台生态圈成员在权益分配上的平衡关系到平台能否持续发展，平台建设的核心是要在权利平衡中推进平台的成长及实现平台方和平台边各自的价值。利益平衡涉及平台方与平台边之间、平台各边之间的利益平衡。多边之间的利益平衡，由平台方主要根据多边群体的网络效应方向和强弱，通过差别化定价或补贴来协调利益。平台方与平台边之间的利益平衡，主要依靠平台方对平台边的放权让利。平台方对平台边的放权让利，是公共平台战略模式的前提和平台建设的基本原理，平台方必须有这种放权让利的"胸怀"，否则平台无法成长壮大。因为平台始终是伴随着第三方开发者的成长而成长的，平台运营的关键是要能让第三方开发者获得好处。①

3. 规模化和流动性业务模式

规模庞大的用户群体是平台战略成功的必备条件，只有拥有大规模的某一边群体，才能吸引另一边群体的加入。平台吸引力表现为双边（多边）市场规模，市场规模直接决定着平台的创价能力、用户基

---

① 朱近之：《智慧的云计算：物联网的平台》，电子工业出版社 2011 年版，第 139 页。

础、价值空间。① 平台的规模化要求平台要有稳定的、较大的用户流。增加用户流量、累计用户规模是平台战略的基本选择。多边公共平台建设和运行的策略都应该有助于提高平台的用户规模和流量。

4. 从单边到双边的扩展模式

从单边到双边的扩展模式，是由单边的组织运作模式扩展为双边或多边平台模式。案例研究表明，单边业务扩展为多边（双边）平台后价值显著提升，在规模经济的基础上产生了创新柔性与间接网络效应。② 最初，可以考虑从创办一个对该组织生态系统的所有方面都能控制的单边运作模式开始，待市场建立起来后，再创建双边模式，实现从单边到双边的转移。③ 这是一种可行性较强的平台创建策略，关键是找到并利用单边网络的影响力，创造强大的跨边与间接网络效应，吸引另一边群体的加入。这种平台建设模式对应于组织改造型平台建设模式，是将组织原有业务模式通过控制权的开放与互动合作，转换为平台业务模式。这种模式要求开放组织的合约控制权，实现单边控制业务向多边（双边）互动合作业务的转变来创造价值。

（二）众包业务模式

众包是网络经济催生下的外包模式的分支，经典案例有维基百科。Chanal（2008）认为，众包是一种开放式创新与服务供给的模式，聚集外界众多的离散资源。④ 通俗来说，众包是一个组织把自己的业务，以自由自愿的形式外包给分散的网民、大众，从而把志愿资源、闲散资源、不规则资源组织、整合与利用起来。众包往往借助互联网进行沟通联络、处理数据与整合资源，并与用户高度互动。平台众包业务模式实际上是用户自创内容、互助服务的运作模式，意味着用户自愿自主供给内容和服务，实现用户群体内部的自创内容、互助

---

① 徐晋：《平台经济学》，上海交通大学出版社 2013 年版，第 50—51 页。

② Hagiu, A., "Multi-Sided Platforms, From Microfoundations to Design and Expansion Strategies", Working Paper, Harvard Business School, 2009.

③ ［美］戴维·S. 埃文斯、理查德·施马兰西：《触媒密码——世界最具活力公司的战略》，陈英毅译，商务印书馆 2011 年版，第 82 页。

④ 转引自徐晋《平台经济学》，上海交通大学出版社 2013 年版，第 55 页。

服务、自助消费。需要用户自创内容的公共平台均可采取众包业务模式，用户自创内容消融了内容提供方和消费者群体的边界，实现了跨边与同边效应的融合，用户基数与内容丰富性相辅相成并成正比例增长。①

众包业务模式具有几项优势：一是无限延伸的多边市场，平台边界无限延伸，社会大众均可成为其用户。二是用户参与动机的多元化，且多是高级的人性需求，例如，自我实现的成就需求、与人交往的社会需求，因此容易产生满足感。平台众包业务模式提高了平台效率，调动了用户参与积极性，尤其是用户的创新热情。② 因此，平台众包业务模式不仅有效组织利用了分布广泛的、闲散的大众资源，还创造了基于平台参与的多种价值，而且提高了平台的网络效应，增强了用户的归属感。

平台的众包业务模式在大众性社会治理领域和大众参与的体验性公共服务领域，具有用武之地。在社会治理领域，用户参与具有极其重要的价值，民主公平、知情权、话语权、决策权等价值的创造均以参与为前提。在公共服务领域，参与过程本身可能就是一种消费并产生效用的过程。在社区社工服务中心，基于平台的用户自组织活动和自助服务甚至比社工直接组织的活动和提供的服务价值更大。众包业务模式将会在社会自治平台、社区服务平台领域发挥更大的作用，例如休闲娱乐社区、虚拟论坛社区、网络社交社区、居民生活社区的信息资源共享、社区事务众包、社区活动自组织、社区服务互助供给；在公共信息平台、社会监督评价平台等领域均可应用，例如网民或大众主动上传各种信息、资料等内容，主动提供情报，主动进行监督评价。

（三）纯平台业务还是混合业务模式

根据平台上业务的经营控制权，平台上的业务可分为主办方自营业务和开放性业务，当然不能全部都是自营业务，否则就不是双边

---

① 陈威如、余卓轩：《平台战略》，中信出版社 2013 年版，第 193 页。
② 徐晋：《平台经济学》，上海交通大学出版社 2013 年版，第 55—58 页。

（多边）平台。若两者混搭，则为混合平台业务模式；若全部为开放性业务则为纯平台业务模式。组织不必只将自己定位为渠道或平台，两者是可以融合兼顾的，从事生产或销售渠道的组织可以将平台模式融入自己的业务模式。[①] 例如，妇联在开办妇女儿童服务中心平台的同时仍然保留着一些服务内容与渠道。

平台建设时需要在纯平台业务模式与混合业务模式之间进行选择。是选择混搭还是纯平台模式除了要考虑平台模式与生产经营模式的影响因素外，最关键的是看拟经营的产品是竞争性的还是互补性的。竞争性的业务及产品选择纯平台更合适。否则，选择混合业务方式势必造成平台主办方与开放业务经营者间的竞争，竞争结果只能造成两者的利益冲突以及外部经营者的利益受损。平台研究专家指出，平台建设者不要与内容开发者竞争，否则会造成两者的紧张关系。[②]对于具有互补性的多种业务，是选择自营还是平台模式，首先，要看对互补品是否存在多样性与创新性需求，如果答案是肯定的，且存在多元的、高效的互补品创新者，则选择平台业务模式。其次，如果互补品是不能分割且具有外部性的公共服务，这些业务就应该由平台方来提供。"服务而不仅仅是平台"，为内容生产商提供公共服务，是平台战略的基本原则之一。[③]

（四）虚实结合的平台业务模式

在互联网时代，实体平台（线下平台）与虚拟平台（线上平台）相结合是很多平台选择的业务模式。这样实体平台和虚拟平台能发挥各自的优势并满足用户的多元需求。虚实结合的平台业务模式在现实中有很多种，可以是彼此独立但又相互协作的业务伙伴，可以是虚拟平台寄生在实体平台之上并为实体平台提供信息功能，还可能是虚拟

---

① ［美］马歇尔·范阿尔斯丁、杰弗里·帕克、桑杰特·保罗·乔达利：《平台时代战略新规则》，《哈佛商业评论》2016 年第 4 期。

② Carliss Y. Baldwin and C. Jason Woodard, "The Architecture of Platform: A Unified View", Working Papers, Harvard University, 2008.

③ Michael A. Cusumano, *Staying powder: Six Enduring Principles for Managing Strategy and Innovation in an Uncertain World*, London: Oxford University Press, 2010, p. 10.

平台为主导、实体平台仅提供配套的实际体验、服务接待等简单功能；可以是你中有我、我中有你的交叉业务，或是业务功能上互为补充、相互依赖的共生关系。这种业务模式大多是在实体平台的基础上推出虚拟平台业务，循序渐进地增加虚拟平台的如下角色：信息渠道、营销渠道、分销与交易渠道、售后服务与反馈渠道，使得两者在平台创价关卡的分工上更加合理。

虚实结合的平台业务模式既给了用户更多的选择空间，又为他们创造了速度、便利等价值，而且还节约了交易成本。虚实平台结合后，关键是要两者在服务流程上无缝接转，在空间、信息、用户、技术等资源和营销、销售、物流等流程及能力方面实现整合共享，这样才能提高平台用户规模和覆盖面，创造平台网络的整体价值。

三　平台规模与业务扩展

平台具有向外扩张的本能倾向，无论是传统的组织还是平台组织必须培养平台思维，在现有业务上设计平台、治理并扩展平台。[①] 平台"帝国主义"现象表明，平台规模及业务扩展常常是平台战略发展的必然选择。平台规模越大，平台对其他群体的影响力就越大，平台的垄断力和领导力越强。扩大平台规模不仅可以节约平均生产成本和交易成本，从而产生规模经济；还可以吸引更多群体提供更多的服务，从而产生范围经济。因此，多边公共平台建设以平台规模建设和业务扩展为基本操作路径。

平台规模，即平台在人、财、基础设施等资源的投入规模、空间规模与业务规模，包括员工规模、资金规模、空间大小、业务规模等若干变量。当平台产品供不应求时，供给规模直接决定着需求规模和用户流量，因而需要加大平台所需的资源和要素投入，完善基础设施建设，来扩大平台规模继而提高用户规模。这些资源的投入，可以通过平台合约控制权的开放，由其他外部主体来完成，如资金、基础设施等要素和关卡交由其他主体来供给，放权的同时一定要懂得让利。

---

① ［美］马歇尔·范阿尔斯丁、杰弗里·帕克、桑杰特·保罗·乔达利：《平台时代战略新规则》，《哈佛商业评论》2016 年第 4 期。

因此，可以认为平台价值网络越完善，平台规模越大。但平台规模不是越大越好。平台越大，其监督管理和维护成本就越大；而平台越小，功能和服务范围越狭窄，平台在履行功能时降低的交易成本就越少。所以，在理论上平台规模主要取决于平台节约的交易成本与监督管理成本在边际上的均衡，而在现实中还要考虑供给能力与需求规模的均衡。

除了增加固定成本及可变要素投入，扩大平台规模有三条途径。其一是通过平台结构的兼容和平台形态的演化，使平台发展为纵横交错、覆盖面广的多环状平台与平台网络体系。其二是虚拟平台建设，通过网络信息技术建设与实体平台互利共生的信息网络平台，打破平台规模及业务的时空限制，使平台业务触手可及，实现平台的广覆盖。其三是平台业务的扩展。平台业务的扩展分为横向和纵向两种方向①，横向扩展即提高业务领域的广泛性，使服务功能多样化、用户群类型多元化。一般来说，平台业务广度越高，平台越具有通用性和综合性，其"利润池"也越大。平台业务扩展往往具有多重动力：探寻新的价值源或增加新的用户群体，创造新的网络效应，或者纯粹是为了生存或应对竞争，但受制于人、财、物等资源约束，业务扩张还可能导致生态系统内潜在的利益冲突，甚至严重阻碍平台的发展。②

四　平台演化的战略选择

随着产品互补性、功能多样性、兼容互通性不断增强以及外部环境的变化，平台也要不断演化和升级。多边平台的一个重要属性就是它是动态演化的，能够做出调整以适应需求偏好和技术的变化，因此平台方必须有能力推动平台的演化发展。③ 平台演化是外部环境变化和利益相关者的诉求引致的平台自我发展、变化和演绎的过程，是初

---

① 平台业务横向扩展涉及平台业务范围，往往由平台所有者、主办者决定，属于平台建设策略；平台业务纵向扩展，是在平台运行管理过程中通过深耕细作提高服务专业化水平，属于运行管理策略，因而放在下文探讨。

② Hagiu, A., "Multi‐Sided Platforms, From Microfoundations to Design and Expansion Strategies", Working Paper, Harvard Business School, 2009.

③ Carliss Y. Baldwin and C. Jason Woodard, "The Architecture of Platform: A Unified View", Working Papers, Harvard University, 2008.

始平台催生出子平台、发生裂变或平台融合的过程。[①] 成功的平台永远在不断演化，包括广度、深度和边界的变化。[②] 在平台的不同发展阶段，平台演化路径和机理也不同，但平台演化的顺利与否关系到平台建设的成败。

（一）平台演化的动力与目标

平台演化要从平台的战略使命出发，综合考虑：平台的成长阶段，平台自身的发展需求及其制约因素，平台之间的网络关系，平台演化的技术可行性，平台间的合作交易成本，以及平台演化引发的利益均衡问题，同时还要考虑平台演化的缘由：演化的动力和目标。平台演化的动力可能来自以下多个因素的一项或多项：一是平台方基于资源能力的约束，不得已选择屈从或借用其他平台。二是多边用户需求拉动平台的升级，或用户的多属行为推动平台的兼容。三是平台为了提高覆盖面、影响力和效益，主动选择某种壮大自己的演化路径。四是不调整的后果压力，平台如果不能适应变化将丧失公权力，随着时间的推移，将由富有生产率的积极结果变为沉重的负担。[③] 平台演化的直接目标是使平台自身发展为其他平台依赖的宿主平台、母平台或多环状平台，终极目标是提高平台的成长空间、创价潜能，增强平台对其他平台的主导性，提升平台对社会和用户的公权力、话语权和影响力。

（二）平台演化的阶段

平台演化一般分为三个阶段，按先后顺序分为：寄生阶段、共生阶段、衍生阶段。

平台寄生是某新型平台依附于其宿主平台的发展阶段，也是平台诞生的一种方式，是平台建设初期一种非常重要的生存方式，使新型平台能够快速获取用户，提升平台对用户的吸附能力，但受到宿主平

[①]　徐晋：《平台经济学》，上海交通大学出版社 2013 年版，第 260 页。

[②]　Hagiu, A., "Multi – Sided Platforms, From Microfoundations to Design and Expansion Strategies", Working Paper, Harvard Business School, 2009.

[③]　Tim O'Reilly, "Government as a Platform", *Innovations*, Vol. 6, No. 1, 2010, pp. 13 – 40.

台的资源能力和规则的管制和约束。平台寄生的模式有多种：内部寄生与外部寄生、友好与恶意寄生、一对多寄生、完全和不完全寄生。[①]在寄生阶段，平台的演化方向是谋求独立自主，演化方式主要有：平台功能扩展，累计自身的独立性和用户群。

平台共生是某平台与其他独立的平台相互依存、相互补充、相得益彰。平台共生有三种表现形式：偏利共生、原始协作、互利共生。[②]在共生阶段，平台的演化方向是增强对其他平台的影响力或者借助其他平台壮大自己的实力。相应的演化方式主要有与其他平台的兼容、联盟、聚合和自身在规模、业务和用户市场上的扩展。

平台衍生是随着平台自身的进一步发展而催生新平台的过程。平台的演化方向是增强其他平台对自身的依附性，提供自身的话语权，实现平台通吃或广覆盖的目标。平台衍生包括三种演化方式：母平台诞生出子平台，平台功能裂变出多个新型平台，形成多平台交错互通的平台网络体系。

（三）平台演化的趋势与规律

一个平台从诞生到成长的整个过程，一直伴随着动态演化的建设过程。其演化过程总体上呈现出如下规律和趋势：一是从寄生到共生再到衍生，演化阶段不断升级，从脱胎于其他平台，到自身独立，再到发展为母平台或宿主平台并诞生、裂变出新的平台，如此循环往复，平台演化能力和领导力越来越强。二是从自身的规模和业务模式入手，到借用其他平台的资源、能力，再到支配、领导其他平台，或是裂变出新平台，再到不同平台间的聚合，平台体系越来越庞大，平台网络关系越来越复杂。三是地位和实力的变化，从半独立到独立地位，从独立地位到支配性地位，从支配地位到平台领导的多环状平台，最后形成助推"赢者通吃"的平台集群和平台网络。

构建多环状平台或平台网络体系，不仅能够提高平台的覆盖面和用户流，还能提高平台领导的创价能力、抗风险能力、用户黏性和话

---

① 徐晋：《平台经济学》，上海交通大学出版社 2013 年版，第 263 页。
② 同上书，第 267 页。

语权，有助于促进平台生态圈的壮大，因此成为平台演化的直接目标。在平台演化趋势和规律的背后，是平台创价模式的驱动：平台规模决定着平台的经济效率、创价能力、福利效用和社会影响力。

第四节　多边公共平台运作战略选择

多边公共平台运作战略，是针对各边群体采取的旨在提供平台运行效率、发挥网络效应与满足多边群体需求的行动策略，是平台施展功能的基本方式，也是平台创造价值的基本路径。这些运作战略包括：开放与管制战略、业务深度与广度的权衡、扩大用户规模、平坦化战略、用户细分战略、平台定价战略。

一　开放与管制战略

开放是平台的通用战略，只是程度不同而已。开放战略有利有弊，且关系到平台战略定位和创价模式。因此需要谨慎权衡何种程度、何种形式的开放。

第一，权衡开放的利弊。一般来说，越开放的平台越容易吸引用户，但越开放的平台越容易失去可控性和获利机会。绝对的开放，即所有业务或资源完全开放，可能意味着平台所有者失去创价"关卡"。开放策略调动了其他各方参与公共品和服务供给的积极性，但容易放弃可控性。平台过于开放，安全性难以保证，用户参差不齐；或者造成使用者过多，结果服务跟不上，或者造成拥挤，最后成为众矢之的。过度的开放还可能导致产品碎片化、质量难以监管、口碑难以统一。过度的封闭丧失了平台的本质和平台生态圈的价值网络优势。[1]相比较，封闭性增加了平台系统的可控性和创价的可能性，并且可以提高产品的质量，但牺牲了开放体系海纳百川的兼容性、多元性以及更为广阔的网络效应。[2]

---

[1]　陈威如、余卓轩：《平台战略》，中信出版社 2013 年版，第 69—70 页。
[2]　王吙：《平台战争》，中国纺织出版社 2013 年版，第 117 页。

第二，确定开放的对象。平台总体上由规则和结构组成，平台所有者需要决定两者的开放对象。开放结构即允许参与者访问平台并使用平台上的资源，创造新的价值来源。开放规则即开放治理权力，允许平台所有者之外的主体改变平台规则并奖励平台上的互动合作行为。如果仅仅开放平台结构而没有开放规则或权益，那么参与者可能分享不到权益而失去积极性；如果开放规则而结构封闭，那么潜在参与者将失去参与互动的机会。① 因此，开放规则关键是要实现规则下的权益公平和激励相容。

第三，确定开放的方式。开放有两种基本方式：一是平台的提供开放性，即向外部群体提供自有的资源、业务、空间等要素，具体形式有：向外有偿提供使用权；免费开放内容、支持技术或业务。二是平台的接入开放性，即向内引进外部的资源与能力。引进资源与能力不是无条件的，而是要考虑在何种程度上接受和支持第三方创新，判断该创新是否符合其他方的战略。判断的标准包括：对用户群重叠部分的考虑②，还包括创新的程度与成果。③

第四，权衡开放的程度。根据对平台用户的准入规则和过滤程度，开放程度分为：全面开放、高度开放、低度开放。全面开放意味着不加管制、毫不干预，高度开放意味着低度的管制、宽松的准入，低度开放意味着严格的准入条件和高度的管制。开放的程度取决于平台方的开放意识，还需要综合权衡：平台的战略使命、生态圈的构成，尤其是服务对象的需求特征；平台的价值定位及其创价模式选择；平台开放的利弊；开放的技术是否准备到位，或者说排他的可能性是否成立，排他的成本与好处有哪些；平台是否具备开放的能力，诸如开放的规则如何建立、开放的标准如何设立。因为开放也是一种

---

① ［美］马歇尔·范阿尔斯丁、杰弗里·帕克、桑杰特·保罗·乔达利：《平台时代战略新规则》，《哈佛商业评论》2016 年第 4 期。

② 向第三方开放内容和服务的供给权之后，可能形成平台与第三方在目标用户群上的部分重叠。如果重叠过多，则意味着平台争抢了第三方的过多客源，从而损害第三方的利益，那么平台开放的战略就会落空。

③ ［韩］赵镛浩：《平台战争》，吴苏梦译，北京大学出版社 2012 年版，第 30—32 页。

复杂的能力，需要具备开放带来的一系列相关问题的应对能力。[①]

第五，确定管制的策略。管制和开放是如影随形的，有开放而没有管制就是放任，就有可能出现参与者为所欲为的失控局面。平台管制的形式主要有：一是用户的过滤机制，即通过用户身份鉴定、认证、核实机制，身份确认有助于避免平台被滥用，即避免平台成为"公地悲剧"；还有助于避免对平台的恶意寄生、病毒攻击等机会主义行为和负外部性行为的发生，继而避免平台声誉、形象、公权力流失造成的平台失灵。二是对内容和服务供给者的准入管制，例如注册资本的要求、资质认证、组织规模限定等。三是基于客观的标准，通过市场竞争机制选择参与者，如公开竞标。四是对平台运作的流程以及产品或服务的价格、规格、质量等方面的管制。五是基于平台方主观的标准进行审核过滤，该策略的主观随意性可能造成平台公平性的缺失。除了平台方的甄别机制，用户之间的相互监督机制也可以使多边用户评价彼此的表现与诚信，有助于净化平台生态圈的运行环境，并节约甄别成本。

二　业务深度与广度的权衡

平台扩展分为横向和纵向两种方向，即广度和深度的扩展，平台战略需要对业务广度扩展和业务深度扩展进行权衡，以确保目标市场与平台功能的匹配。[②] 业务广度反映业务广泛性与功能多元化程度；业务深度反映业务专业化程度和聚焦程度。

平台业务广度和深度的权衡，就是要确定广度优先还是深度优先，以及发展过程中的广度和深度的权衡。权衡的因素主要有：一是平台的战略使命和功能定位，如果平台建设的目的旨在提高用户覆盖面和规模，为用户提供基本的公共服务，那么业务广度优先；如果目的旨在为特定人群提供针对性的专业化服务，那么业务深度优先。二是目标用户及其需求定位，目标用户比较宽泛，其服务需求不需要专

---

① 王昉：《平台战争》，中国纺织出版社 2013 年版，第 125 页。

② Hagiu, A., "Multi – Sided Platforms, From Microfoundations to Design and Expansion Strategies", Working Paper, Harvard Business School, 2009.

业技术和专用投资，或对质量要求不高，那么平台业务应以广度优先，否则以深度优先。以慈善平台为例，其平台业务广度和深度均取决于慈善平台为谁服务的用户定位，服务对象的范围越窄，服务的针对性和专业化水平越高，服务资源越能聚集在目标用户那里；而平台业务范围越广，受益的人群越大，提供的服务项目越多，用户选择的余地越大。三是平台网络效应的种类。跨边网络效应越强，使多边群体之间的吸引度越高，越容易提高平台的广度；同边网络效应越强，同边群体规模提高后对平台专业化水平和服务质量的要求越来越高，容易推动平台深度的提高。

确定平台业务深度需要综合依据服务对象的需求、平台主办方的能力与权限、平台间的竞争格局、专用投资水平等变量。[①] 平台具备强化业务深度的动力：为已有用户创造更多价值，使互动合作更加频繁、高效而强化网络效应；平台的深耕细作有助于提高用户的黏性，防止用户被其他平台吸引走，但平台功能的过度深化可能增加搜寻成本与共享成本。提高业务深度的具体方式包括：为已有产品、用户增添新的特色，改进服务质量、增添附加价值；产品和用户的质量认证，以此降低多边之间由于信息不对称引发的搜寻成本。[②]

总之，平台业务的深度越高，专业化投资水平越高，服务质量越高，而服务面往往越窄；而平台业务的广度越高，平台覆盖面越广，用户黏性越强，但很可能影响平台服务的专业化水平。如果没有足够的深度，那么平台就为采取集中化策略的竞争对手留下了机会；而宽度是产生网络效应的必要条件，也是发展壮大、维持自身地位、防范潜在对手进攻的必然选择。[③] 因此，需要在平台业务的深度和广度之间权衡利弊。在平台建设和发展的不同阶段，适时地在广度基础上加大深度，以提高服务质量或满足用户的更高要求；适时地在业务深度基础上提高广度，以增加平台生态圈的覆盖面、用户黏性和转换成本。

---

① 陈威如、余卓轩：《平台战略》，中信出版社 2013 年版，第 186 页。
② Hagiu, A., "Multi-Sided Platforms, From Microfoundations to Design and Expansion Strategies", Working Paper, Harvard Business School, 2009.
③ Ibid.

三　扩大用户规模

平台用户规模即服务对象的总体数量，直接决定着平台存在的合法性和价值创造力，影响到规模经济效率。因此，平台用户规模在平台战略制定过程中极其重要。扩大用户规模，首先要做到用户突破临界规模，其次持续增加用户规模。平台的质量、价格、网络效应的强弱和消费者预期是影响潜在用户进驻平台的关键因素。当网络效应和消费者预期高于一定的阈值，具备质量和价格优势的平台才能吸引用户。①

（一）用户临界规模原理

对于平台方来说，平台的好处就在于平台方会随着用户数量的增加而成长，即因聚集了大量用户流而更好地履行了使命、创造了价值。但只有用户量突破了临界规模，平台才能通过多边群体间网络效应，促进彼此的成长壮大及循环，才会像滚雪球那样越滚越大。临界规模是平台生态圈能自行运转需要用户规模达到的特定的门槛，实质是激发网络效应所要求的用户规模临界值。平台运行一段时间后，用户还未达到临界规模，已进驻用户可能要闹退，而观望用户就会失去信心。只有达到临界规模，网络效应才能正常发挥作用，才能实现多边群体间相互吸引、相互促进的正循环。② 因此，临界规模的确定对于平台建设策略十分关键。

临界规模的作用机理如图 5 - 5 所示。在临界点 L 点之前，用户群 A 的增加并不会带来用户群 B 的增加；而在 L 点之后，网络效应开始发挥，A 和 B 相互吸引，彼此促进增长。平台创建初期，只有快速突破某一边群体的临界规模，才能源源不断地吸引另一边群体进驻平台，平台才能正常运行。临界规模往往是以网络效应为核心的平台生存和壮大面临的最大难题。平台创建初期，用户是否加入平台，存在一个心理预期和观望期，如图 5 - 6 所示。用户往往具有从众心理和

---

① Zhu F. and Iansiti M. , "Entry into Platform - based Markets", *Strategic Management Journal*, Vol. 33, 2012, pp. 88 - 106.

② 陈威如、余卓轩:《平台战略》，中信出版社 2013 年版，第 86 页。

理性预期，即别人不加入，我也不加入；我等别人加入并形成一定规模（最低意愿门槛）后再加入。因此，快速突破临界规模是多边平台运行管理初期的重要战略。

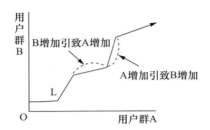

图 5 – 5　用户数量与临界规模、网络效应

资料来源：赵镛浩：《平台战争》第 20 页。

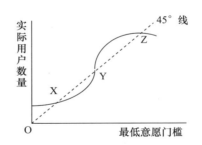

图 5 – 6　用户数量增长的"S"形曲线

资料来源：陈威如、余卓轩：《平台战争》第 89 页。

　　在图 5 – 6 中，纵轴代表的是实际用户数量（实际市场份额），横轴代表的是至少有多少使用者加入平台的情况下，潜在的新用户才愿意进入平台，即最低意愿门槛（预期市场份额）。图中的"S"形曲线表示平台用户数量的变化轨迹或用户市场的成长周期；45°线表示实际市场份额、预期市场份额的吻合，它与"S"形曲线有三个交点：X、Y、Z。X 为临界点①，X 点之前的用户为创新者、冒险者、尝试

---

　　①　X 点之后的 XY 弧线段，网络效应开始缓慢发生作用，但在一定时期内用户规模还未突破至 Y 点，网络效应可能随时停滞，造成已有用户的流失。

者用户，代表的市场份额过低。在 X 点之后的 XY 弧线段（不含 Y 点），实际用户数量少于潜在用户加入平台的最低意愿门槛，意味着潜在用户没有加入平台的动力。此时，如若不采取积极措施，吸引新用户的不断加入，部分用户会退出平台。只有将实际用户数量增加至 Y 点的右边，实际用户数量高于用户想加入的最低意愿门槛，新用户才源源不断地加入。因此，Y 点称为网络效应的引爆点。Y 点之右，凭着存量用户对潜在增量用户的网络效应，平台生态圈就可以快速成长。[①]

（二）平台兼容与联盟战略

平台兼容是指两平台之间在产品生产技术、接口技术、信息技术等方面遵循统一的标准，从而使平台之间的产品具有匹配性、互补性或者平台之间可以相互连接、共通共享。兼容的前提是相同的标准、统一的接口以及双方的同意。兼容的好处在于，并没有改变自身形态和独立性的情形下，能够与其他平台互通信息、用户等资源，平台间的兼容共享、互相连接降低了用户的转换成本和交易成本，延伸了为用户服务的价值链条从而为用户创造更加广泛的价值，还有助于平台自身的推广。研究表明，平台间的互通与兼容可以优化资源配置，提高平台的绩效和社会福利。尤其对于新型平台或弱势平台来说，通过平台的兼容互联能够快速扩大用户规模。在多边平台之间的兼容联通中，需要考虑：平台在技术和规则方面的兼容性、消费者转换成本、消费者归属行为（单归属和多归属）、平台接入费等方面[②]，还要考虑平台在功能上的替代性与互补性以及平台在规模优势、客户群优势、知名度方面的相对优势。

平台联盟是不同的独立平台之间出于互利共赢的需求而进行协作的战略。平台联盟的形式与组织间的联盟合作相似，其形式不拘一格。可以是基于第三方或中介的联盟，也可以是双方直接的合作。联盟可以发生在平台业务的任何一个领域，可以是基于上下游链条之间

---

① 陈威如、余卓轩：《平台战略》，中信出版社 2013 年版，第 88—89 页。

② 纪汉霖、王小芳：《双边市场视角下平台互联互通问题的研究》，《南方经济》2007 年第 11 期。

的纵向联盟，也可以是横向的、交叉方向的业务联盟。平台联盟的对象可以是平台，也可以是非平台型组织，甚至是竞争对手。其中，平台间的合作性兼容就是其中的一种。平台联盟和平台兼容的好处显而易见，只要不违背正义价值且能实现双方的互利共赢，平台联盟是平台运作和发展的通用的战略选择。

（三）平台覆盖战略

出于扩大用户规模、市场份额和更大成长利基的需要，平台战略模式往往具有帝国主义的特征——扩张，即积极地实施覆盖战略向外扩张，这也是平台模式容易成就商业帝国的重要原因。① 另外，平台要注意规避其他平台的覆盖战略，最佳的防守就是进攻——主动实施覆盖战略。因此，覆盖与被覆盖关系到平台的生死存亡。

平台覆盖是指平台跨越已有市场的边界，吸收相近市场的技术特征，以扩展平台业务和规模。② 平台覆盖意味着平台以更广泛的功能、更优的质量、更低的价格，来争夺其他平台的客户和业务的平台扩展战略。它既是平台竞争和扩展的策略，也是平台以攻为守来应对威胁的战略。平台覆盖的领域往往是具有互补关系、弱替代关系的产品或服务，即通过相关多元化的扩展来争夺其他平台的"利润池"和平台之间的交叉用户。因为，相关多元化的平台扩展策略实施起来相对成本更低。集中化运作的平台被其他平台覆盖的可能性较高，因此对平台覆盖的威胁保持警觉十分重要。③

平台覆盖是扩大用户规模的基本路径。平台为获得持续竞争优势，通过平台结构扩张与"楼梯策略"来实施平台覆盖行为。前者主要通过多环状平台建设，构建庞大稳固的平台体系。"楼梯策略"需要远见和长期的坚持，其操作要点包括：跨平台连接、后向兼容，以

---

① Eisenmann T., Parker G., and Van Alstyne M., "Platform Envelopment", *Strategic Management Journal*, Vol. 32, 2011, pp. 1270 – 1285.

② Gawer, Annabelle, and M. Cusumano, "How Companies become Platform Leaders", *MIT Sloan Manegement Review*, Vol. 49, No. 2, 2008, pp. 27 – 35.

③ Thomas Eisenmann, Parker G., and Van Alstyne M., "Strategies for two – sided markets", *Harvard Business Review*, No. 11, 2006, pp. 1 – 10.

实现渐进、稳定的升级更新，这比孤立的优良功能更重要。① 通过平台覆盖，有可能实现平台领导的"赢者通吃"局面，但需要几项条件：高度的跨边网络效应、高度的同边网络效应、高度的转换成本。② 因此，构筑网络效应和转换成本是相伴而生的平台战略。

四　平坦化战略

为提高平台互动的频率和效率，最大化创建用户的累积性价值，以及减少失败的互动，通过机制设计增强平台平坦性是重要的平台战略之一。③ 同时，为了体现平台的"平"的属性，平坦化战略是必要的战略选择。平坦化战略有利于降低交易成本、提高平台的运作效率、提高用户的黏性，从而保障平台的公平性价值。运行标准化和流程通畅化、信息透明化、低成本运作是平坦化战略的基本实施策略。平台运作的公平性、流程平坦性与低成本化，是使平台被称为"平"台的关键。

平台运作的公平性，就是在平台实践中尽力做到程序和机会上的公平，适当做到结果上的均衡。首先，确保相关利益者的自愿、平等参与，不得强制或设置人为的障碍。其次，维持多边群体间的利益均衡，推动基本公共服务均等化。最后，平坦化战略的关键一点是确保不利群体或最广大的利益群体有均等机会的参与权与平等的话语权。为此公共平台必须向不利群体、弱势群体、基层成员提供各种适当的支持力量与扶持措施，最终确保平台的相对平坦与公平。

平台的流程平坦化策略意味着，进入平台的大门是敞开的、渠道是畅通的，平台运作流程是顺畅的，基于平台的交流、创新与合作是便捷的。流程平坦化策略的目的就是要让平台变得更加平坦，有效地实现公共价值与平台的公平性。平坦化战略要求平台的使用尽量做到无排他、低门槛、无障碍，平台的运作及其信息是开放透明的，平台

---

① Gezinus J. Hidding, Jeff Williams and John J. Sviokla, "How platform leaders win", *Journal of Business Strategy*, Vol. 32, No. 2, 2011, pp. 29 – 37.

② 陈威如、余卓轩：《平台战略》，中信出版社 2013 年版，第 165 页。

③ Sangeet Paul Choudary, *Platform Scale: How an emerging business model helps startups build large empires with minimum investment*, Platform Thinking Labs, 2015.

的接入程序是友好的、安全的、便捷的，平台的运作与服务流程是通畅顺利的，基于平台的交易、合作与沟通是平等自愿与互动协商的。

平台使用成本反映了平台门槛的高低，因此平台应注意低成本运作，否则平台运作难以维系，甚至"平台"将不再是平的。因为公共平台难以排他，难以通过"门票"等收费方式弥补运作成本，高昂的运行成本造成政府和民众的负担；而且，基于平台的合作或交易等成本如果过高，将会影响平台的用户流量，降低平台的使用频率，违背公共平台建设的初衷。

五　用户细分战略

由于用户类型的多元性和服务需求的异质性特征，在对用户群体进行细分的基础上实行服务模块化运作，是平台运作的重要策略。模块的多元化、平台服务的个性化与柔性化是满足生态系统成员需求的重要一环。用户细分战略不仅影响平台的创价模式和收入来源，而且还影响到平台的业务深度，使平台能够为聚焦的群体提供有针对性的、专业性的、高附加值的服务。

用户细分战略要成功，用户必须达到足够的规模。当用户大规模增长时，细分将有助于提高供求匹配机制，增强多边互动；但是当规模未达到某个水平前，细分反而会造成一些模块用户的冷清。[1] 用户细分的依据主要有：同边网络效应、服务供给者的资源能力、用户需求层次与用户细分的可行性。用户细分要尽量根据"自然"的分化特征[2]，如年龄、性别、语言等，而非根据社会特征，如职业、收入、教育程度、户籍等容易造成社会分化、引致社会不公的统计特征。服务差别要体现出正义公平的基本原则或扶持政策的价值导向。用户细分战略不要影响基本公共服务均等化，也要注意避免用户过度分化引致归属感的下降。

六　平台定价战略

平台定价与市场战略密切相连，不仅影响多边群体的收益和福

---

① 陈威如、余卓轩：《平台战略》，中信出版社 2013 年版，第 102 页。
② 同上。

利，还会影响群体之间的网络效应和互动行为。如果平台不能对多边（双边）用户实施不同的价格，就不能称为多边（双边）平台。①

（一）平台定价的战略性

定价是对各边群体使用平台进行收费、免费或补贴，并对平台上供给的产品进行计价的方式。确定平台使用价格在于平衡各方的利益，保障群体间的吸引力。② 平台的正常运作及其价值创造与网络效应发挥都离不开平台的定价策略。定价在平台运作原理中发挥着战略作用，不仅为了增加收入或创造利润，还要维持平台生态圈的利益均衡。平台定价的最终目的是平台生态圈的总体价值最大化或社会福利最大化。Jullien指出，福利最大化下的平台定价通常不能抵偿成本，即可能带来负利润。③ 多边公共平台的定价更是如此，公共平台的公共性体现为追求平台生态圈的总体价值最大化或社会福利最大化，而不是利润最大化。这是以维持平台收支均衡和生态圈利益均衡为前提的。定价反映平台参与者各自的影响力和对平台的价值贡献，是维持生态圈持续成长的重要举措。平台定价的直接目的是通过激发网络效应来培育用户规模。定价涉及权益的分配，必然影响多边群体参与平台的积极性与群体间互动合作的动机，最终影响平台的用户规模和价值创造。

（二）平台的价格结构

平台定价涉及多边群体，由于多边群体各自的吸引力、外部性、价格弹性和创价能力不同，平台只能选择不对称的价格结构。平台的价格结构有两个组成部分：一个是平台方对使用平台的各边群体征收的费用，如门票、租金（统称为"平台使用费"）。另一个是内容和服务提供者对其需求购买方和消费者的计价收费（统称为"产品价格"）。产品价格细分为内容价格和服务收费。以博览会为例，平台定

---

① E. Glen Weyl, "A Price Theory of Multi‐Sided Platforms", *American Economic Review*, Vol. 100, No. 4, 2010, pp. 1642–1672.

② ［美］戴维·埃文斯、理查德·施马兰西：《触媒密码》，陈英毅译，商务印书馆2011年版，第39页。

③ Jullien, B., "Two‐Sided Markets and Electronic Intermediaries", CESifo Working Paper, 2004.

价涉及对内容、服务的不同供给者与不同需求者如何收取入场费或补贴，还涉及展览品与互补服务的价格。总之，平台定价结构十分复杂，需要考虑：谁来收费，是平台提供者还是内容、服务的供给者；收谁的费，即向哪个（些）群体收费，内容、服务的供给者还是消费者；谁来补贴，是平台主办方主管者还是项目购买方或捐资方；向谁补贴，是内容供给者、服务供给者还是最终消费者；如何收费和补贴，涉及收费和补贴的依据、条件、流程、方式、方法等。

（三）平台定价的依据

平台使用费定价与产品定价显然不同①，后者属于经济学的一个传统命题，这里主要讨论前者。平台所有者必须面对不同的用户制定一种合理的价格结构，这需要考虑：用户的支付意愿和价格带来的跨边网络效应、同边网络效应。② 跨边网络效应更强的一方，应该受到价格优待以吸引其加入继而吸引另一边群体的加入。同边网络效应更强的一方也应该受到价格优待，这样容易产生规模经济。平台使用费定价的直接目的是吸引用户的进驻，因此定价主要取决于各边群体的网络效应强度。

平台使用费还受到平台间竞争和平台用户多属行为的影响。用户可以栖息的平台越多，平台间的竞争越激烈，使用费越低。平台使用费当然与平台投入的成本密切相关，尤其是受到固定投入和边际成本的影响。固定投入一般以租金方式回收；边际成本按流量收费，收费方式主要有：用户数计量、时间计量、空间计量，或者因边际成本过低而免费。此外，平台收费还受到对各边群体收费的难易程度和成本高低③、排他行为、平台间互联互通等因素的影响。④ 平台对最终消

---

① 两者密切关联。平台使用费越高，如果产品生产者要收回成本必然使产品定价越高；产品定价越高，产品生产者回收的成本越多，平台方对产品生产者的补贴越少或收取的使用费越高；当用户进驻平台消费某些服务性产品时，平台使用费和产品价格可能是同一的，相比产品供给平台而言共治平台更是如此，因为用户使用平台和使用平台上的服务可能是相同的过程。

② Thomas Eisenmann, Parker G., and Van Alstyne M., "Strategies for two‐sided markets", *Harvard Business Review*, No. 11, 2006, pp. 1–10.

③ 如果收费的技术难度太大、现金流难以汇聚、操作起来困难，或者收费过程需要投入的成本太多，可以选择不收费，或改变收费策略：更换收费对象、改变收费方式。

④ 徐晋：《平台经济学》，上海交通大学出版社 2013 年版，第 217—221 页。

费者的收费或补贴，除上述因素外，还要受到需求性质及收入弹性、需求价格弹性、内容和服务间的交叉价格弹性的影响。由于价值取向和目的不同，公共平台定价与企业平台定价的最大区别在于前者的非营利性、惠及民生和政府对价格的更多干预、补贴等特点。

（四）平台定价的模式与策略

虽然不同平台的定价模式相差较大，但不对称定价、补贴及免费是平台通用的定价策略。为了避免平台滥用，排他性定价策略和对用户进行资质认证的定价策略是必要的。排他性定价可以仅仅是象征性收费。对用户进行资质认证的定价策略既可以维护平台的安全性、维护消费者权益，也可以实现排他或者避免平台"公地悲剧"。[①]

在多边公共平台运行中，不对称补贴是一种重要的价格战略，是激发网络效应的关键。被补贴用户的规模对于激发网络效应至关重要。[②] 补贴是一种负价格，因此不对称补贴是不对称定价的一种。图5 - 7[③]解释了对平台的用户群体 A 实行补贴后，用户群体 A 和用户群体 B 的数量都会增加，从而带来总的收益增加。假设原来实行统一定价为 P_0，总收益为两个坐标图中的虚线所在的两个矩形的面积之和；补贴后使价格下降，总收益为两个坐标图中的实线所在的两个矩形的面积之和。

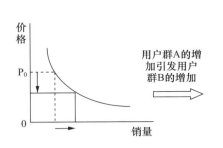
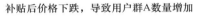
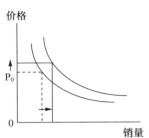

补贴后价格下跌，导致用户群A数量增加　　　　价格上涨，用户群B数量照样增加

图5 - 7　不对称定价或补贴带来总收益增加

---

① 徐晋：《平台经济学》，上海交通大学出版社 2013 年版，第 216 页。

② Thomas Eisenmann, Parker G. , and Van Alstyne M. , "Strategies for two - sided markets", *Harvard Business Review*, No. 11, 2006, pp. 1 - 10.

③ ［韩］赵镛浩：《平台战争》，吴苏梦译，北京大学出版社 2012 年版，第 44 页。

此外，免费在多边平台价格现象中极为常见，是平台运作的重要战略选择。免费战略具有很多优点：第一，免费策略是吸引用户进驻平台的最有效策略，如果平台提供者硬要给自己的服务加一个付费的门槛，就会把大量的用户挡在门外。第二，免费能有效激发网络效应。免费使更多消费者愿意试用，进而获得大量的用户基础；通过免费吸引用户从而增加人气，继而产生网络效应；辅助型服务免费，从而增加核心服务的吸引力。第三，面对免费的服务，用户对服务的质量就没有苛刻的要求；免费使顾客通过主动试用了解内容的特性，从而节省大笔广告和营销费用；在考虑免费的产品和服务时，用户会更宽容，因为免费降低了顾客期望。[1] 第四，平台免费战略有助于实现公共服务均等化，有助于提高参与治理的积极性。

总之，平台定价的总特征是：不同群体间采取不对称定价，价格与网络效应成反比；同一群体内部实行差别定价，价格高低与需求价格弹性成反比。平台定价的一个发展趋势是：高端用户补贴低端用户，低端用户主要产生网络效应。[2]

---

① 王昢：《平台战争》，中国纺织出版社 2013 年版，第 193 页。

② 陈威如、余卓轩：《平台战略》，中信出版社 2013 年版，第 45 页。

第六章　多边公共平台战略实施

根据战略管理原理，多边公共平台战略的实施立足于战略定位，根据平台战略的基本思路、实施框架、关键成功要素和基本原则，贯彻落实已制定和选择的平台战略。平台战略实施主要围绕着平台如何建设、如何运作与管理等实际问题而展开。笔者深入调研的社区社工服务中心平台的建设与运行管理经验及教训为多边公共平台战略实施提供了借鉴与启示。

第一节　多边公共平台战略实施的方案

一　平台战略实施的基本思路

平台战略实施的基本思路是，立足于平台战略使命，确立平台战略实施的总体目标；正确理解平台战略基本选择，据此制定实施策略；遵循平台战略的基本原理。然后，据此逻辑确定战略实施的总体框架、成功要素和具体策略。

（一）从使命出发确立平台战略实施目标

制定平台战略实施的总体方案要确立实施目标，实施目标和实施方案源自平台战略定位。首先，要确认为什么要建设公共平台，为谁建设公共平台，即要明确平台拟创造什么样的价值，要连接哪些目标群体，这些群体之间的关系及需求性质、需求内容与需求规模是怎样的。其次，要确认公共平台是干什么的，即明确平台作用的功能领域，继而确立平台的基本功能和具体功能，明确平台的业务范围、业务方向和所需的运作环境。最后，要确认平台的供给主体、模式和内容，即确定平台的供给策略、创建模式、供给主体、平台供给的要素和创价关卡。从使命出发确立平台战略实施目标，关键是要提炼平台的价值导向、用户需求和平台功能。

确定实施目标后，需要将这些目标分解为可操作的指标体系，以便提供战略实施的具体路径。这些指标体系分为三大类：投入类指标、过程类指标和结果类指标。投入类指标一般涉及：投入的资源和成本，平台规模和容量，平台开放度，平台结构和功能。过程类指标一般包括：信息透明性、流程平坦性、业务深度、用户参与程度与话语权大小、交易成本和转换成本、网络效应的大小。由于公共服务常常无形且难以量化。结果类指标往往包括：用户黏性，用户规模，平台覆盖面或入驻率。

（二）正确理解与分解已选择的平台战略

多边公共平台战略制定的指导思想包括基于价值网络的协同治理的思维，以网络效应为核心的平台运作原理以及应遵循的基本原则，这些指导思想和原则继续指导着平台战略的实施过程。确立了平台战略的实施目标和基本指导思想，接下来依据平台的价值目标选择相应的价值创造模式及其实施路径。在深入理解价值网关卡建设、平台业务模式的选择、平台演化等平台建设战略的基础上，把这些战略付诸实施。平台运作战略包括：开放与管制战略、广度与深度的权衡、扩大用户规模、平坦化战略、用户细分战略、平台定价战略等。但这些战略要落实到实施方案和策略中去，需要根据战略制定与战略实施的逻辑关系层层分解，抓住关键要项。总之，在实施平台战略时，要搞清楚：平台战略分解的逻辑是什么，制定实施策略的依据是什么；哪些策略是通用的，哪些策略需要根据特定的情景来制定，具体要考虑哪些因素。

（三）遵循平台战略模式的基本原理

多边公共平台战略模式，就是依据生态系统论、开放共享的水平思维和价值网络思想，吸引利益相关群体进驻平台以组建平台生态圈，使多边群体基于平台的规则和空间开展互动合作，发挥出整体网络效应，实现多方共赢继而增进公共价值，推动政府生态系统乃至整个社会的发展。其实质是公共部门的开放式互动合作战略，同时也是以价值网为基础的利益相关方协同治理模式。其成功之道在于，平台方借助于平台各边群体之间的相互依赖、吸引与互动，在推动各边群体成长和价值实现的同时，巧妙履行着自身的责任与使命。平台战略模式的根基来自多边群体的互利互补和相互依赖所激发的网络效应。因此，孕育激发网络效应，是多边平台战略制定和实施的关键，贯穿于平台生态圈成长壮大的整个过程，成为平台运作管理的核心。

综上所述，多边公共平台战略的基本思路如下：第一，摆脱传统的单中心、统治性管控思维，将多边公共平台定位为基于价值网络的开放合作战略。第二，参与主体在联结价值网络的同时，还要找准自己的价值位置和创价关卡：基础设施、资金、信息渠道、公共品、互补服务、监督评价。第三，围绕着网络效应，建立开放与管制策略，制定和实施价格策略，注重平台生态圈的质量和价值创造模式。第四，推动平台的成长与壮大，通过突破用户临界数量、细分市场迎合多元需求以提高用户入驻率，通过提高用户黏性降低用户流失率；继续激发网络效应和权利平衡机制，推动平台生态圈的稳定和繁荣。第五，不断提高平台的影响力，通过推动平台广度和深度的扩张和平台形态的动态演化，构建庞大稳固的平台体系，扩大平台的覆盖性，提高平台的绩效、合法性和社会影响力，同时回避和防范平台的不利影响和各种威胁。

二　平台战略实施的总体框架

平台战略实施框架主要根据平台的战略使命、实施目标、制定与选择的平台战略、平台战略原理、实施成功要素和基本原则等因素，综合确定平台建设、运行及管理的策略。其中，主要由制定与选择的平台战略逻辑分解而成。例如，扩大平台用户规模、平台演化战略、平坦化战略、价格战略分别有直接对应的实施策略。多边公共平台战略实施总体框架由实施目标、实施方案和实施策略构成，见图6-1。

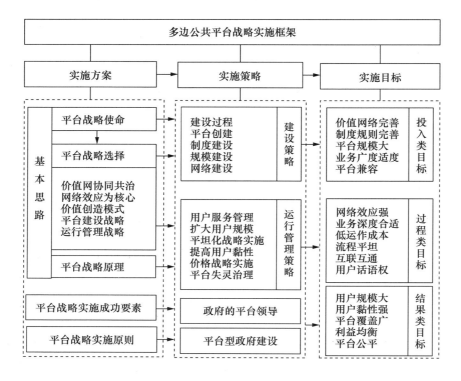

图6-1 多边公共平台战略实施框架

三 平台战略实施的成功要素

多边公共平台战略成功需要几个前提或假设：治权是开放的，政府等公共部门允许其他主体参与公共事务治理和公共服务的供给；参与公共平台的各方存在相互依赖、互利互补、相互信任的关系；平台建设和供给主体具有利他性等公共精神，有追求公共价值的动机。

平台创造的公共价值与使用该平台的用户规模、用户黏性和使用的效果、频率和深度正相关，平台价值的发挥取决于平台对不同利益方的吸引程度和相关利益方对平台的参与、利用程度。成功的多边公共平台要具备几方面的因素：首先，它应该坚持公共性与平等性，从而在根本上决定其潜在的巨大用户流量，用户流量越大，不仅公共性越凸显，而且创造的聚集效应与网络效应越大，平台就越成功。其次，成功的平台要有广泛的承载力，这种承载力表现在对多种业务的支撑、服务链条的整合、多元主体合作共治能力的集成。最后，成功的公共平台相比较而言要有较强的优势和吸引力，优势来自低廉的交易成本和生产成本，即低成本地提供一体化的公共服务，吸引力来自多边群体间彼此依赖、互利互惠、相互吸引的网络效应。

综上所述，多边公共平台战略实施要取得成功，以下几个方面非常关键：

（1）转换政府的职能和治理模式，向社会放权，由单中心的垂直思维转向水平开放的合作思维，明确政府的角色定位以及在平台建设不同阶段所起的作用，尤其是自己的创价关卡设置，切实为平台建设、运行及管理提供服务。

（2）多边公共平台应建立在完善的价值网络的基础之上，仅仅靠政府的投入是远远不够的，必须通过对平台生态系统成员的激励、引导，使之积极投身于公共平台的建设与使用，让生态系统内的其他成员投资于产品内容及服务等补足品的供给与创新，而且要持之以恒。权益均衡是平台战略能够长期发生作用的关键因素。

（3）多边公共平台主要通过为其他利益主体之间的合作共治、协商联络与供求行为等互动活动降低交易成本，从而创造价值空间，无论在民主政治活动、公共服务供给还是社会事务合作治理方面，交易成本至关重要。

（4）平台战略的关键在于能够把相关利益方的供给能力与公共需求整合起来，实现多元利益相关方之间互相服务或群体内部自我服务。公共需求是平台战略的驱动力，目标群体及其多边关系与需求定位十分关键。整合是重要的平台思想，整合能力是决定平台运作绩效的关键能力之一。因为在日益开放的公共领域，公共部门要取得治理优势，不可能仅依靠其拥有的内部资源、能力或技术优势，必须整合、吸收先进的理念、制度、资源、知识与技术。

（5）用户规模及其影响因素——平台覆盖性、网络效应、用户黏性、平台业务广度、平台规模等，成为衡量平台价值大小的重要指标；网络效应是影响其他变量和目标实现的关键变量。网络效应自身又受到价格策略、网络关系、平台规模和理性预期、营销管理等因素的影响。

多边公共平台要获得长期成功，还应具备一个必要条件：不存在绕过该平台的其他更便捷、有效的公共空间，否则平台用户大量流失。随着政治民主化、制度变迁、技术进步和新的需求的出现，可能产生比原有平台更具优势的治理模式或新平台。要保障平台的成功运作，有几条途径可供选择：一是通过设置平台外运作模式的各种诸如法律的、经济的、行政的障碍，但这可能不是合理的，也不是长久之计。二是为用户使用平台提供诸如补贴的各种激励。三是降低平台的进入门槛和使用成本，使之获得新的比较优势。四是将平台升级或延伸，以便与平台外模式对接、集成、兼容，将其纳入平台运行模式。选择何种途径，关键在于维护和实现更广大的公共利益。

四　平台战略实施的原则

多边公共平台战略在实施时，需要遵循以下原则或避免一些问题：

（1）通过准确理解多边公共平台的理念、原理与运行模式，把握好政府搭台、撑台、护台到后台的政治、经济支持的力度，同时要注意平台不是干预的结构，而是合作共享的机制，因此要避免政府过多的干预。

（2）在平台运行模式上，注意由平台建设初级阶段的政府主导模式——政府等公共部门针对合作的难题，在政策、资金和信息等资源的供给上起到主导作用并诱导各方的参与和权责整合，逐渐向未来的多方和谐互动的模式转化，即以契约合作为基础，致力于互利互惠的长期合作。

（3）注意避免平台运作的形式化，提升平台运作的质量层次。多边公共平台建设也可能流于形式——仅仅把传统行政业务或公共服务搬进平台，使平台沦为一般的信息平台或行政服务中心。多边公共平台注重信息技术的应用，但不是将传统的公共服务简单地搬上互联网、电子政务，而是要使其在技术的支持下，更好地促进开放互动，实现权力开放基础上的多元主体合作供给与创新。

（4）遵循渐进开放、循序建设的原则，平台资源和服务的开放要循序渐进，平台运营的基本方法是：一方面做好平台的推广工作；另一方面要丰富和完善平台的服务能力，后者甚至更重要。[①] 此后，逐渐完善平台结构、提高服务质量、扩展服务模块、改进服务流程、提高平台的兼容性。例如，湘潭市园区经济发展办公室提出分"三步走"建设园区公共服务平台。[②]

（5）遵循平衡的原则。多边公共平台是社会协作系统，其产生是人们协作愿望的结果，必须始终黏合协作的意愿，注重平台利益相关方承担的义务和报偿的平衡、平台建设与外部环境及用户需求的平衡。平台经济与平台战略最忌利益失衡[③]，因此必须坚持互利互惠和多方共赢的权益平衡原则，避免过度征税——平台使用费，以鼓励更多的投资和更好的选择价值。

（6）注意避免公共平台的几种陷阱，并且防范平台失灵。平台战略实施可能遇到的陷阱包括：平台建设与运作以供给为驱动力，而不是以需求为中心，不是为广大的用户而是为平台的所有者、主管方、主办方提供服务与便利；平台在权益配置方面没能实现相对均衡，平台被运营管理者、大用户或政府等权势利益方俘获，成为他们权利垄断的工具；平台使用成本高昂、接入程序不畅或者进入门槛过高，且缺乏相关激励措施，或者因为信息不透明、不对称影响了平台用户流量。

第二节　多边公共平台的建设策略

多边公共平台建设是根据平台战略规划的要求，在充分调研论证的基础上，分阶段按步骤实施，并根据情况的变化进行调整、完善的

[①] 朱近之：《智慧的云计算：物联网的平台》，电子工业出版社 2011 年版，第 138—140 页。

[②] "三步走"，即建立"一站式"服务为核心的政务性服务平台建设：通过创业服务、技术服务、信息通信、咨询培训、法律援助，加强专业性服务平台建设；通过健全配套基础设施，加强园区公共性服务平台建设。

[③] 贺宏朝：《平台：培育未来竞争力的必然选择》，机械工业出版社 2004 年版，第 20—21 页。

动态过程。平台建设以完善平台价值网络为直接目标,以平台供给为主轴,以平台要素投入和平台的结构、业务、功能、制度等为实施变量。多边公共平台建设的主题包括:平台创建、制度建设、规模建设与网络建设。

一 多边公共平台的成长历程

平台的发展演化过程伴随着用户规模的变化,平台用户规模直接决定着平台的价值。鉴于平台用户规模的极其重要性,因此根据用户规模的演变阶段来划分平台成长过程。平台用户规模变化分为三个阶段:初步形成、持续壮大和稳定阶段。相应地,平台成长可以分为三个阶段:创建阶段、发展阶段和成熟阶段。图6-2描述了多边公共平台的成长阶段及每个阶段的建设重点。

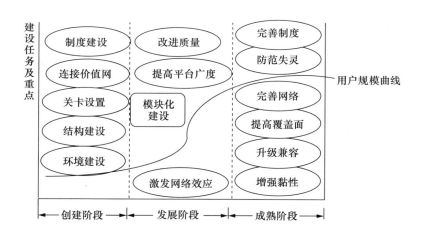

图6-2 多边公共平台的成长历程

平台创建阶段,是从平台建设创议到用户到达临界规模的过程。用户到达临界规模是平台能够进入正常运转的基本条件,因此标志着平台创建工作基本完成,成长阶段开始启动。平台创建阶段的主要任务有:建设平台运作所需的支持环境和平台规则;投入基本要素和资源,构建平台基本结构;组建平台生态圈,选择并设置平台创价关卡,连接价值网络;吸引用户进驻,启动平台运转。该阶段的主要目标是连接多边群体并到达用户临界规模，实现平台的基本功能：对所需的资源、能力进行初步整合，形成价值网络，显现出对互动合作的支撑和载体功能。

平台发展阶段，介于用户临界规模与比较稳定的、接近极大用户规模之间。因此，持续扩大规模、提高用户覆盖面是该阶段的主题和基本目标。该阶段的主要任务有：激发网络效应，累计用户黏性，提高平台广度，改进平台的结构、流程、功能与制度，改进服务质量，提升平台深度和专业化服务运营能力，细分市场与服务模块化建设。平台成长阶段通过最大限度地把多边群体吸引到平台上来，实现不同群体间互动合作、相互满足和权益配置的功能。

平台成熟阶段，基本特征是用户规模在峰值附近徘徊，用户流量稳定。在该阶段平台功能发挥到极致，平台对生态圈发展、合作共治与社会利益格局产生了引领导向作用。该阶段的主要目标是：维持用户规模，发挥公共平台的领导力，防范与治理平台失灵。主要建设任务有：增强用户黏性，提高平台兼容性，防止用户流失；提高覆盖面、开放性、集成性，建立一体化的综合平台；推动平台演化升级，衍生、裂变出子平台、从属平台和互补平台，建设发达的平台网络和多环状平台。

二　多边公共平台的创建

多边公共平台的创建过程，简单来说就是把多边群体、价值关卡分别连接起来组建平台生态圈和价值网络，实现平台基本功能的过程。首先要根据实际情景选择公共部门主建模式、第三部门或企业主建模式、共享共建模式公共平台创建的三种模式和平台网络延展模式、组织改造型建设模式、始创型建设模式三种建设方式。无论选择哪一种建设模式，都要将平台或平台的服务关卡建立在人流汇聚之处，或者设立在人气旺盛的其他平台的附近，因为潜在的庞大用户流是突破临界规模以及保障持续用户流的关键。多边公共平台的创建步骤一般如下：

第一，项目定义：明确平台使命、建设主体、业务范围和平台生态圈边界；

第二，需求分析：分析多边群体之间的关系及各自需求特征、权益诉求；

第三，确立建设目标：明确公共平台的基本功能、价值网络和创价模式；

第四，要素投入与基础建设：投入平台建设所需的基本要素和资源，构建平台的基本结构、支撑环境和基础设施；

第五，平台规则与机制设计：包括开放合作机制、用户过滤与甄别机制、服务接入与响应机制、评价监督机制、价格或补贴机制，等等；

第六，业务流程设计：设置创价关卡和功能模块，设计服务流程、服务方式和用户进驻平台的接口与通道；

第七，营销宣传平台产品及平台价值，拟定用户进驻方案，引导用户入驻平台，突破临界规模。

三　多边公共平台的制度建设

制度为人们的合作提供行动框架，并从根本上决定着绩效。无论是竞争还是协商、合作都需要制度。激励相容的制度是公共平台能够稳定、健康发展的根本保证。因此，公共平台的建设不仅是平台体硬件的建设，包括规则和机制在内的软件建设更为重要。制度由平台方制定，是平台方施展领导力、治理能力的关键。规则制约着平台网络效应的大小，鼓励平台成长需要改善平台规则。① 例如实名制、城乡二元化机构、联网运行机制等分别影响到互动合作的质量、平台兼容性、监督的有效性。

平台制度建设关键在于设计生态圈成员相互吸引、互动合作、互利互惠的一套制度体系。平台制度涵盖成员的进入与退出、协商与合作以及资源整合与共享等方方面面。归纳一下，制度建设的主题有三个：一是平台的开放规则，具体包括用户甄别与过滤机制、用户转换与退出机制、平台兼容规则、用户多属行为管理规则。二是平台运行及管理机制，具体包括用户参与程序、互动机制、信息机制、监督评

---

①　［韩］赵镛浩：《平台战争》，吴苏梦译，北京大学出版社 2012 年版，第 204 页。

价规则等。三是利益分享规则，主要包括服务购买、免费、补贴在内的价格机制。平台规则是多功能的，是平台系统的主要连结点，但不能降低整个平台的多样性与灵活性。[①]

在遵循平等、自愿、公开的合作规则的前提下，平台制度设计时要牢记三项使命：一是激发网络效应，这是以网络效应为核心的平台运行机制和战略制定原则决定的。二是降低交易成本，这是平台战略的基本功能，也是制度的基本功能。三是维护利益均衡，这是平台战略的关键成功要素，否则平台难以持续。一套优良的平台制度，要做到平台制度的设计成本、执行成本低，即制度简易清晰、可操作性强、实施效率高，关键在于诱导合作性、建设性行为，防范平台失灵。因此，平台制度设计必须重点考虑三个问题：一是激励相容问题，要求制度设计以激发网络效应为核心，以利益均衡为归宿。二是成本问题，从信息效率与信息成本、流程效率与互动合作的成本、产品供给与服务成本等多个方面考虑。三是监督评价问题，根据激励相容和成本原则，设计出有效的监督主体、程序和方式，提高监督的动力、效率和效果。

四　平台演化与平台网络建设

平台的演化是平台建设的重要步骤之一。[②] 平台的动态演化，是根据成长需要，平台适应外在环境和用户需求变化的必然过程，因此是平台成长发展的重要环节。公共平台在成长的不同阶段，均可接受其他平台的互通与支持，吸纳、聚集其他平台或与之兼容、联盟，获取其他平台的链接、能量和资源。下面介绍平台裂变、网络平方、平台聚合、平台的嫁接移植等几种常见的演化方式。

（一）平台裂变

平台裂变是通过功能或业务细分，让特定功能或业务独立出来，裂变成一个新的专业性平台，即一个大平台产生若干小型的、更加专

---

① Carliss Y. Baldwin and C. Jason Woodard, "The Architecture of Platform: A Unified View", Working Papers, Harvard University, 2008.

② ［美］戴维·S. 埃文斯、理查德·施马兰西：《触媒密码——世界最具活力公司的战略》，陈英毅译，商务印书馆 2011 年版，第 130、220 页。

业化的平台。① 平台裂变是社会化专业分工的产物。旧平台分离出新平台后，新旧平台之间可能是母子平台关系，也可能是共生互补关系，还可以是联盟协作的关系。平台裂变有两种形式：横向裂变、纵向裂变。前者是水平的、专业化的裂变，后者是基于产业链上下游纵向分工的裂变。例如，广州某家仅提供养老服务的社区服务中心，裂变出青少年服务中心，后来该社区服务中心在佛山、揭阳等地也建立了同名的社区服务中心；三个不同地区的社区服务中心不是总部与分部之间的关系，而是独立运作、品牌共享、业务借鉴的关系。

（二）网络平方

网络平方（Network Squared）是由支配性平台衍生出新型平台的现象。当支配性平台存在资源闲置时，向其他组织开放其所拥有的核心资源和空间。其他组织将这些空间、资源有效利用起来后形成一个新的平台，并为共同的、更细分的用户群提供更加专业的服务。支配性平台向新型平台转移相应用户群，使第三方的附加服务或创新成果更容易实现。在以网络经济为基础的平台运营中，具有积极网络效应的用户群本身就是最大的资源，这是其他组织在短期内无法获得的。② 对支配性平台来说，网络平方的好处在于：有效利用了闲置资源并获得了相关收益；用户不仅没有流失，且其柔性化的高级服务通过其他组织得到了满足，因而是一个"双赢"的过程。对于其他组织来说，最大的好处是直接快速地吸收了支配性平台的用户资源，利用自己的专业优势为这些用户创造了更有针对性的专业服务。简单来说，通过用户的平台多属行为，用户的基本需求由支配性平台来提供，附加的、专业的增值服务由衍生的新平台来提供。③ 值得注意的是，企业平台与公共平台之间可以相互提供网络平方，两者互相利用对方的资

---

① 徐晋：《平台经济学》，上海交通大学出版社 2013 年版，第 272 页。

② ［韩］赵镛浩：《平台战争》，吴苏梦译，北京大学出版社 2012 年版，第 51—52 页。

③ 网络平台与单纯的业务外包的关键区别在于，提供网络平台的企业将自己的用户群提供给外部公司，而外部公司在利用这种资源后形成另一个平台，即从一个平台衍生出另一个平台。例如，移动运营商将通信网提供给迪士尼、苏宁、阿里巴巴等，由这些企业为最终消费者提供附加的、专业的增值服务。

源为自己的服务提供便利。例如，企业平台可将自己的非营利性或公益性业务分包给社会组织平台来做。

（三）平台聚合

平台聚合是指平台在发展过程中，由于其特定的业务模式、战略布局或发展需求等原因，通过与其他平台融合，以吸收、整合彼此的资源和能量，逐渐汇聚成一个更大的新平台的过程。[①] 简单来说就是多个平台的汇聚、合并，或是一个平台兼并了另一个平台。平台聚合的目的在于要产生出聚集效应。平台聚合的条件与对象选择的标准很关键。平台聚合往往以平台间的互补性或相似性为前提，否则容易造成平台间的互斥与合并障碍。互补性表现在资源、能力、业务等诸多方面的互补，相似性表现为相似的运营模式、盈利模式、业务范围和用户群体。互补性平台之间的聚合有利于整合资源，创造范围经济；而相似性或竞争性平台之间的聚合产生出更大的垄断性，创造了规模经济。

（四）平台的嫁接移植

除了上述几种方式，平台的演化还包括嫁接移植。平台的嫁接移植，即运用了生物学中的嫁接移植概念，是将一个平台的业务功能及其运作模式、创价模式移植到另一个业务领域或其他组织而形成新平台的过程。简单来说，就是将一个平台的业务模式及其成功经验推广应用到另一个平台之上。例如，深圳社区社工服务中心借鉴移植了香港的社工模式，而梅州有些社工服务中心借鉴移植了广州的社工模式。多边公共平台建设和运行管理模式还可从企业多边平台移植借鉴经验模式。平台的嫁接移植应注意，被嫁接平台应该具备嫁接平台类似的运作环境、基本条件和自身基因，以避免水土不服或基因冲突。

（五）平台网络建设

平台网络建设是在平台演化的基础上，通过建立、调整平台之间的关系，发展平台之间的兼容、协作、共生关系，建立健全平台网络体系，或者实现平台之间的聚合以形成覆盖面更广的综合性平台。平台网络体系往往由处于母子关系、寄生关系、主从关系、衍生关系的

---

① 徐晋：《平台经济学》，上海交通大学出版社 2013 年版，第 274 页。

多个平台构成。因此平台网络建设，不仅要根据自身的发展需求，还要考虑其他平台的发展需求。如果平台自身影响力有限，就要在母平台、宿主平台的主导下，为他们添加互补的产品或服务。因此，发展平台网络关系，选择的合作平台要与本平台在功能业务上有一定的相关性。如果平台自身有一定的独立性和影响力，构建多环状平台网络是一个平台发展为领导平台、提高创价能力的必经之路。构建多环状平台网络是在已有平台的基础上，通过市场细分、业务多元化或平台的衍生、裂变，开发出若干辅助性平台、互补性平台、专业性平台，并能与主平台、母平台互动互补，构筑完善的价值网络系统，发挥出整体效应。

第三节　多边公共平台的运行管理策略

在平台运行管理过程中，为满足多边群体的需求，激发网络效应，扩大用户规模，提高用户黏性与平台运行管理效率，应对平台失灵与规避平台风险，需要采取必要的策略与方法。

一　用户服务管理策略

用户服务管理是以用户需求为中心、以服务为导向的管理服务。这里主要讨论营销与需求管理、服务质量管理与评估、服务模块化、话语权管理。

（一）营销与需求管理

政府营销通过运用市场营销的原理、方法和技巧，由公共部门向其他部门、组织、公民营销某种信念与价值观、行动主张和合作方案、公共产品等客体或其组合，并期望"顾客"做出相应的行为或心理反应。[①] 多边公共平台作为一种公共品和治理模式，要吸引用户的进驻，产生多元主体的互动合作行为，并满足各自的需求，往往离不

---

① ［美］菲利普·科特勒、南希·李：《科特勒谈政府部门如何做营销》，王永贵译，中国人民大学出版社 2009 年版，第 5—7 页。

开政府营销。平台营销管理实质是对生态圈成员的需求进行管理的过程。公共平台营销需要针对用户类型及其需求偏好，考虑 4P（Product、Price、Promotion、Place）组合策略。即通过有效传递平台产品、服务及其核心价值，以免费和补贴策略以及降低交易成本的方式，以恰当的沟通和促销方式，选择便捷的渠道推广公共平台及其服务。陈威如等利用营销原理提出了引导平台用户的四个步骤：察觉、关注、尝试、行动。① 首先，在潜在用户流动性较高的地方或其他合适的场所宣传平台产品及服务，让用户察觉到平台的存在；其次，站在用户的角度简明扼要地传达平台的核心价值，激发用户的进驻欲望，使用户开始关注平台；最后，通过免费或者补贴的方式，鼓励用户的接触、试用、尝试与体验。

（二）服务质量管理与评估

平台的服务质量管理是相关多元主体互动合作共同维护平台信誉、优化服务质量的行为。第一，质量管理不仅是平台方的责任，需要平台方开放质量管理和监督评价的权利，引入社会大众、媒体、中立的第三方，尤其是平台的多边群体参与质量管理。第二，通过构筑用户过滤机制净化平台生态圈的环境，即用户身份鉴定、识别机制，避免恶意寄生等机会主义、道德风险的发生和平台声誉、平台公权力的毁损。第三，加强利益相关方之间的互动协商，在信息透明化和互动合作的基础上提升质量。例如，提高用户的参与度和归属感，有助于改进服务质量、提高服务满意度。第四，通过诚信评价机制、信用联网机制、竞争机制来改进质量。

为了保障平台的运行绩效和服务质量，监督评估是必要的。监督评估同时也是一种创价关卡，体现了监督主体的相关权力，调动了监督主体参与治理的积极性。公共平台的监督评估具有第四代评估的性质：评估是一个带有社会政治色彩的互动合作和共享责任的过程，赋予利益相关者能力和权力，使利益相关者在政治和理念上享有充分的

---

① 陈威如、余卓轩：《平台战略》，中信出版社 2013 年版，第 117 页。

平等，共同建构评估的信息、过程、结果及后续行为。① 因此，公共平台的监督评估是基于平等互动、致力于绩效改进的合作行为和责任履行过程。除了完善平台方的监督评价，将监督评估权开放给多边群体也很重要。这里有三点建议：一是多边群体之间的相互监督，互相评价彼此的表现、质量与诚信，是有效的评价策略，其好处是：用户最具有发言权；符合激励相容、信号发送机制的原理，且成本低廉；能有效地实现供求匹配和群体间的相互依赖，有助于改进绩效。二是社会问责，通过普通公民或社会组织，以直接或间接的方式来推进公共部门问责②，主要是社会大众、第三方中介机构、传统媒体、互联网络的监督。三是在完善指标体系、权责机制和信息公开的基础上，设置信息查询、追溯、反馈、评价等信息监督机制。

（三）服务模块化

平台结构的优点在于模块的多样性及其演化性，模块化界面降低了协调成本和交易成本。③ 服务模块化与用户细分相伴而生，是用户细分战略的实施策略。"平台＋模块"的运作方式是平台运作的基本策略。在平台运作标准化的基础上，服务模块化能提高平台的服务能力、专业化水平和用户黏性。青木昌彦认为，模块化是将一个复杂的系统或过程按照一定的逻辑规则分解为可进行独立设计的半自律性的子系统的行为。④ 其中，逻辑规则是用户细分的依据和变量。逻辑性体现在分解的自然性、合理性，如基于不同的服务主题、需求主体进行划分。模块化要注意系统的原则，即划分要完整、全覆盖，否则造成某些用户找不到适合自己的模块。模块设计要顺应用户的消费流程，因此首先要根据用户细分的逻辑划分用户模块，让用户轻易地识别自己的身份并"对号入座"，然后根据细分群体的需求偏好，为不

---

① ［美］埃贡·G. 古贝、伊冯娜·S. 林肯：《第四代评估》，秦霖等译，中国人民大学出版社 2008 年版，第 186—192 页。

② 世界银行专家组：《公共部门的社会问责》，中国人民大学出版社 2007 年版，第 21 页。

③ Carliss Y. Baldwin and C. Jason Woodard, "The Architecture of Platform: A Unified View", Working Paper, Harvard University, 2008.

④ 冀勇庆、杨嘉伟：《平台征战》，清华大学出版社 2009 年版，第 46 页。

同的用户设置不同需求的功能模块。如果功能较复杂，还需要为每项功能进一步细分模块，目的都是让用户便捷地找到适合自己的平台功能和服务项目。用户确定了服务模块后，自然地进入服务流程，因此需要将服务模块植入服务流程图。服务流程图一定要直观、清晰、易懂，流程图上要标注关键提示，以便实现平台服务系统顺畅、高效。

（四）话语权管理

平台型治理的实质，就是通过话语权的管理推动多边群体的互动，在推动各方成长的同时也提升了平台方自身的话语权，因此平台方不用担心因协助一边用户的成长而危及自身的权益。平台主体在运行过程中的影响力和收益权，很大程度上取决于其话语权的大小。增强某一边的话语权，其目的是扩大该边用户规模、放大跨边和同边网络效应，或者为了留住该边用户，提高其用户黏性。平台话语权的管理，包括三个方面：一是提高多边用户的话语权，借以提高他们的参与度，向他们开放知情权、决策权、监督权等权力。二是调控多边用户之间的话语权和相互依赖性，使这些用户对彼此施展影响，互利共生，最终都"套牢"在平台上。三是提高平台方自身的话语权，主要是平台运作规则制定的主导权和多边用户对平台的依赖性。平台型治理的艺术在于维护多边均衡，来确保平台自身的最大话语权，也就是使平台像个天平，不失时机地增加筹码来维护多边群体相对权力的均衡，避免一边对另一边的垄断。①

二　扩大用户规模的实施策略

用户规模直接决定了平台的创价潜能，扩大用户规模自然成为平台运行管理的直接目标和操作路径。扩大用户规模，首先要突破临界规模，并持续增加用户规模，还要通过平台间的互联互通与提高平台覆盖性来维持或壮大用户规模。

（一）突破临界规模

突破临界规模是引爆网络效应的前提。突破临界规模的措施主要有：第一，通过初期的免费尝试、营销宣传和低成本、便捷的体验尝

---

① 陈威如、余卓轩：《平台战略》，中信出版社 2013 年版，第 105 页。

试，优先吸引创新者、冒险者用户。第二，利用潜在用户的从众心理与理性预期，发送用户规模快速成长的积极信号，启动网络效应。第三，给优先加入的用户一定的承诺和优惠措施，诸如免费或者补贴，并且降低用户信息搜集、进驻用户的各种交易成本。第四，选择影响力、吸引力相对更大的群体优先加入，以该类群体的规模去吸引另一边群体；在该群体内部，优先吸引意见领袖、权威人士的加入。第五，根据互补需求和引致需求的特性，强化其中需求交叉弹性更大、互补性更强、引致能力更强的产品需求，以带动其互补品和另一边用户的需求。第六，根据垄断和竞争原理，公共部门在迫不得已时，可以暂时减少来自替代品的竞争压力（如暂停或减少替代品），在一段时期内快速提高平台产品的垄断性，以此非常方式突破用户临界规模，此后再引入良性竞争。

（二）持续增加用户规模

用户在到达临界规模后，还需要通过激发网络效应和一些管理手段来持续增加用户规模，确保平台用户流量。有很多策略可供选择：其一，运用政府营销的原理、方法，加大营销宣传的力度。如有必要，可以开展网络营销和线上体验活动。其二，通过免费和补贴的价格策略，夯实网络效应。其三，通过提高用户使用平台的效用、话语权和累计性权利，增加用户对平台的归属感和转换成本，来提高用户黏性，从而降低用户流失率。其四，通过扩展平台业务，增加平台功能领域和服务模块，提高平台的覆盖性。平台的业务和功能越广泛，平台覆盖的服务对象就越广泛，潜在的用户规模越庞大。其五，运用平台网络关系和联盟战略，通过平台间的寄生关系、联盟关系、聚合关系或母子关系，通过平台间的兼容、链接、共享与协作，借用或共享其他平台的用户资源，也是快速提高用户规模的捷径。例如，地处偏僻的某社工机构的老人服务中心可以寄生在该地区的老人福利院。其六，通过用户需求管理、服务质量管理、提高话语权等方法提高平台的绩效合法性与用户规模。

（三）加强平台间的互联互通

平台间的互联互通是基于统一的标准和规则而实现互通共享的技

术和策略。提高平台的兼容性和互通性具有如下优势：链接、整合更广泛的服务资源和目标群体，避免平台成为孤岛；延伸平台的服务体系，给用户创造便捷性，降低用户的平台多属成本。这些优势有助于扩大用户规模。平台互通要求平台建设时有意识地保持与其他平台在技术标准、规则制度等方面的统一性，主动设立能够与其他平台对接的接口和链接，授权其他平台或取得平台之间互访问、互链接的授权，实现平台之间在信息、用户资源、技术等方面的互通共享。推动平台间的互联互通，必须考虑如何降低接入成本和转换成本。除非平台之间自行商定，否则政府或行业中介组织应该有所作为。例如，建立标准规范来提高兼容性或者降低转换成本，或者直接规制接入成本。①

平台间互联互通的困难在于平台的非对称性。对于弱势平台来说，与强势平台互联互通对实现自身快速成长十分有益。但平台互联会抵消强势平台的用户规模优势，可能造成部分客户流失。因此弱势平台互联互通的动力更强，而强势平台往往缺乏动力。如果在无规制环境中无法形成非对称平台之间兼容互通，政策制定者就有必要制定相关政策来强制平台互联，以提高消费者剩余和社会福利，如银联卡、不同地域社保卡的互联互通。设置并收取平台接入费可以提高互联平台的收益，因此各平台具有合谋提高接入费的内在激励。为此，为避免过高的接入费吞噬消费者剩余，政策制定者设定合理的接入费是必要的。② 弱势平台必须诱导强势平台与之对接。弱势平台必要时应该主动地对强势平台进行补贴或成为其附属平台，或者为其添加互补产品及服务，以战略联盟的形式推动平台间的互联互通。但需要在增加客户规模等收益与丧失自身独立性、价值源被覆盖的风险之间权衡。

（四）提高平台覆盖性

平台覆盖性指的是平台在业务、功能上的广度及由此带来的服务

---

① 纪汉霖、王小芳：《双边市场视角下平台互联互通问题的研究》，《南方经济》2007年第 11 期。
② 同上。

对象上的广泛性。平台的覆盖性越广,平台的支配力和话语权越大,用户黏性越大。提高平台覆盖性的实施策略主要有:平台业务扩展与发展平台网络关系。

平台业务扩展是通用的平台发展路径,因为扩大平台规模、提高业务广度、细分市场并壮大用户规模往往是平台的共同选择。业务扩展创造出规模经济和范围经济等效率,继而提高了平台的覆盖面和创价能力,增强了网络效应和用户黏性。平台业务扩展的基本方式是通过相关多元化扩展,发展互补性和替代性产品。具体方式包括:提高平台的业务广度,增加服务项目和平台功能;细分目标群体,提高业务的深度,增加服务模块。

发展平台网络关系,即利用平台之间的衍生关系、主从关系、母子关系、共生关系、联盟关系等形式,构建庞大稳固的平台体系。平台网络关系为平台的形成与扩展、升级与兼容以及平台间的对接与合作提供路径依据。发展平台网络关系不仅使平台更加平坦,协同效应更为显著,服务更加系统、集中,更重要的是,有助于拓宽平台的价值网络空间,提高平台的覆盖性和影响力。

三 平坦化战略的实施

为了将平坦化战略付诸实施,在平台运行管理过程中必须坚持统一的标准,降低信息不对称和不完全的程度,使运行流程畅通高效。在此基础上,平台可以适当地向生态系统中的不利群体、弱势利益方、基层成员倾斜,以保障他们共享机会与平等的治理参与权、协商互动权。

(一) 运行标准化策略

平台运行标准化策略,是基于一定的价值准则、程序规范、技术规格和评价标准,对平台运作环境、过程、方式及其服务,实行规范化和模式化。平台运作标准化有助于创造规范有序的运作环境,增强平台运作的透明度、顺畅性,提高了平台对接和兼容的可能性,有助于提高服务质量。[①] 制度和标准容易让人产生心理预期和依赖感,有

---

① Harshavardhan Karandikar, Srinivas Nidamarthi, "Implementing a platform strategy for a systems business via standardization", *Journal of Manufacturing Technology Management*, Vol. 18, No. 3, 2007, pp. 267 – 280.

助于降低交易成本，提高用户对平台的可信度和依赖感。运作标准化策略包括：运作环境的标准化，基础设施及其质量规格标准化；运作过程和方式的标准化，涉及平台进入、业务运作的标准化，诸如业务流程的程序化、评价指标的标准化、平台接口的标准化、服务方式的标准化、技术标准化；平台输出的标准化，如制定产品标准、服务规格。平台运作标准化一定要适度，不要影响用户的自主行为和柔性化需求，还要权衡好标准化程度，标准化过度容易造成平台运作僵化而丧失活力。

（二）信息化与透明化策略

信息是一切事务运行的基础，是决策的前提。信息不对称与不完全容易造成机会主义行为，用户偏爱信息可靠与价格等信息透明的平台。[①] 多边公共平台运作离不开信息基础设施和信息技术的支撑。信息技术很大程度上降低了平台建设与扩张的难度，容易消除参与者之间的摩擦，使网络效应得到强化；同时，信息技术提升了收集、分析及交换数据以增加平台价值的能力。[②] 信息化不仅要求信息共享和实时通信，而且在条件许可的情况下尽量做到：首先，通过信息技术支持平台用户的参与互动、协商对话，使平台能够广泛支持手机、电脑等操作终端，支持微信、短信、邮件、搜索引擎、超链接、门户网站等接入方式，使公众从网络渠道就能获取信息和服务。其次，对信息资源进行有效开发和管理，将公共服务通过网络技术进行集成，支持平台的一体化运作。最后，平台的透明化运作，充分利用网络的综合功能，及时披露数据，通过信息化与透明化提高平台的开放共享性和流程通畅性。

（三）流程通畅化策略

流程通畅化策略就是让公共平台的运行流程畅通无阻，具备高效性、回应性、顺畅性、协同性等特征。可以根据业务流程再造的原

[①]　David S. Evans，"Governing Bad Behavior by Users of Multi‐sided Platforms"，*Berkeley Technology Law Journal*，Vol. 27，2012，pp. 1201－1250.

[②]　［美］马歇尔·范阿尔斯丁、杰弗里·帕克、桑杰特·保罗·乔达利：《平台时代战略新规则》，《哈佛商业评论》2016 年第 4 期。

理，实现平台运行流程在速度、回应性和成本等维度根本性的改善。具体措施包括：第一，取缔影响公共平台流程平坦通畅的门槛、障碍，减少不增值的环节，简化烦琐的流程，重新界定模糊的流程，精简合并高度相关的流程。第二，在信息透明的基础上减少不必要的审批、检查、监督等环节，如通过开放平台的监督评价权力，使平台置于用户的互相监督之中。第三，运用信息技术，再造、优化平台的流程和运行方式，使系统流程与组织流程匹配，数据流与业务流一致，业务信息系统与管理信息系统集成互通，实现流程的信息化、自动化流转；第四，提高流程之间的衔接性和协作性，以需求为导向，以向用户交付服务为出发点，自下而上地设计、改进业务流程与流程的接转机制、协同机制。

（四）低成本化运作

低成本运作关键在于降低各类交易成本，必须通过诚信等文化建设、激励相容的机制的设计来实现平台使用的高频率、大流量与高质量，还要充分考虑平台用户的便捷性要求。由于公共平台的成本是多种维度的，不同的成本由不同的主体来承担，因此在降低成本时需要注意的是降低谁的成本。对此，首先应考虑的是，从整体上降低最广大用户的平台接入成本、使用成本，然后才是平台的举办、维护与管理成本。这是由多边公共平台的使命与价值决定的。

四　提高用户黏性

用户黏性，即用户对平台的依赖性和归属感，体现了平台吸引用户、留住用户、防止用户流失的能力。为了提高用户的忠诚度、归属感和满意性，降低用户的流失率，累计庞大的用户群和用户流量，用户黏性策略是极其重要的战略选择。用户黏性策略有三种操作变量：转换成本、效用权益、心理归属。对应地，通过提高平台的效用权益、归属感和转换成本是提高用户黏性、"绑定"用户的三大实施策略，见表6-1。

第一，增加用户使用平台的效用，满足用户的权益诉求。用户是基于一定的目的和需求进驻平台的，因此保障用户正当的、合理的权益和诉求，是留住用户的基本途径。首先，让用户从平台创造的整体价值中分到自己需要的"一杯羹"，保障相关权益分配的均衡；其次，累积平台信誉、口碑，改进服务质量，让用户从便捷性、服务效果和效率中享受到平台效用；最后，让用户和平台一同成长、一起进步，建立一种让用户使用平台越久，相应的权限越大、优惠越多的互利共惠机制。

表 6—1　　　　　　　　提高用户黏性的策略与操作变量

实施策略	操作变量	操作变量的细化与解释
增加效用权益	使用效果	提供优质服务、需求满足、权益保障
	使用效率	实现低成本、便捷性、快速回应
	使用权限	赋予使用权限并使之与留驻平台的时间成正比
	权益分配均衡	实现多边群体间互利、平台方与多边之间的共惠
强化心理归属	尊严感	自动识别用户及其需求偏好、个性化服务
	归依感	创建融洽、和谐的文化氛围，群体认同，情感寄托
	信赖感	实现价值认同、深度参与与群体间互相依赖、信任
	自豪感	提高平台的声誉、知名度和社会影响力
提高转换成本	沉没成本	增加用户的投入与专用资产、学习成本与路径依赖
	机会成本	补贴、优惠权利、累计话语权和人性化权利
	直接成本	设置退出的障碍与交易成本
	社会资本	增加社会关系、信誉等社会资本损失

第二，塑造用户对平台的归属感，实现用户对平台的心理依附性。塑造归属感，是让用户在平台中建立起"自己所重视的身份"和情感依托，因为人们不会离开自己有感情归依的地方。[①] 塑造归属感是对用户心理上的无形"绑定"，满足了用户的高层次需求，因此是用户留驻平台的有效策略。提高归属感的方法包括：赋予用户各种权利（如知情权与评价权）和选择的自由、进退的自由，是塑造归属感的基础；塑造一个良好的交流网络和氛围，增加用户的感情投资和人际关系投资，建立良好的关系网络，通过多重机制让群体之间依赖共

---

① 陈威如、余卓轩：《平台战略》，中信出版社 2013 年版，第 130 页。

生、相互绑定；通过柔性化的公共服务，塑造公共品与用户身份之间的对应机制，以及通过参与体验、自我服务、参与决策等深度参与过程，让用户感到共鸣，实现内心深处的心理接纳和依附；通过提高平台的声誉、知名度和社会影响力，激发用户的自豪感，从而让用户信赖并拥护平台。

第三，提高用户离开平台的转换成本，实现对用户的绑定。转换成本是用户离开平台时所要承担的损失，具体包括：用户学习使用平台所花的时间、精力；投入平台中的沉没成本及转换到新平台所需的支出[1]；离开平台造成原有的群体间关系网络的破坏或社会资本的损失。提高用户转换成本的策略主要有：首先，通过开放策略，使用户在平台上沉淀大量的用户资产——用户账号、关系网络、使用习惯和生活方式，从而累计很高的转换成本；其次，通过免费与补贴，提高用户离开平台的机会成本；再次，平台帮助用户投资社会资本，为用户建立良好的关系网络，累计用户的信誉级别和影响力；最后，筑起用户退出的壁垒，诸如增加用户退出的烦琐程序和时间，但是可能激发既有用户和潜在用户的不满。已有用户的高转换成本一旦被潜在用户获悉，就成了潜在用户进驻平台的障碍，使之望而却步。而且，高转换成本可能破坏公共平台的公平性、平坦性和口碑。因此，转换成本设置要谨慎，最佳策略是让用户自愿地、不知不觉地累计转换成本，如积分累计、个性化权利和优惠。

五　价格战略的实施

（一）不对称补贴的实施

补贴是对平台的某一边群体提供免费或低于边际成本、市场价格的服务，以吸引该群体的成员入驻平台，以此为筹码，转而吸引另一边群体的策略。[2]不对称补贴是不对称定价的一种，因此两者的目的、依据和原因相同。

在多边公共平台中，还可能存在多元补贴主体和连环补助策略。

---

[1]　陈威如、余卓轩：《平台战略》，中信出版社 2013 年版，第 128 页。
[2]　同上书，第 112 页。

例如政府对服务生产者进行补贴，服务生产者再对消费者进行补贴；或者政府对某平台的创建者进行补贴，平台创建者对内容供给者进行补贴。根据需求价格弹性、边际成本、网络效应、多地栖息的可能、现金流汇集的方便度（补贴实施的难度），艾斯曼等（2006）确定了谁是付费方、谁是补贴方的原则。[①] 笔者对此进行了改编与补充，见表 6 - 2。

表 6 - 2　　　　　　　　　　平台补贴模式的依据

依据	被补贴方	付费方
价格弹性	高	低
成长时的边际成本	低	高
同边网络效应	正向	负向
交叉网络效应	高	低
多地栖息的可能	高	低
现金流汇集的方便度	困难	容易

资料来源：Thomas Eisenman，Parker G.，Van Alstyne M.，"Strategies for two – sided markets"，*Harvard Business Review*，No. 11，2006，pp. 1 – 11。

一般来说，往往选择对质量或价格更加敏感（价格弹性高）的用户提供补贴；或者对强网络效应的用户提供补贴，以此吸引他们的进驻，继而借此吸引另一边用户的进驻；或者为了减少用户多地栖息即平台多属行为，提高用户对本平台的入驻率而进行补贴；或者对被补贴方的现金流汇集困难而实施的零价格补贴策略。

（二）平台免费的策略

平台免费的策略实际上是一种零价格策略，同时也是补贴策略的特例。因此，实行免费的对象一定是被补贴方。平台免费的依据主要有：一是成本结构与定价原理。产品定价一般与其边际成本[②]有关，

[①]　Thomas Eisenmann，Parker G.，Van Alstyne M.，"Strategies for two – sided markets"，*Harvard Business Review*，No. 11，2006，pp. 1 – 11。

[②]　边际成本是指每增加一个用户，为了给这个用户提供服务所需要额外增加的成本。

对于多边公共平台来说，其成本大部分是平台创建时的固定投入（沉没成本），之后只需付出相对低廉的维护费用即可。平台运行的边际成本接近于零，为免费的平台定价策略奠定了理论基础。① 二是公共物品及其正的外部性。公共平台本身作为公共品，具有正的外部性，且有时难以收费。三是在信息时代，移动互联网等信息技术大大降低了交易成本。在边际生产成本与交易成本都为零的情况下，免费是可行的。

推行免费策略可以从三个方面进行操作：一是使交易成本为零，即通过公开信息、理顺流程、自发的监督评价、降低进入和退出平台的门槛，使信息搜集的成本、进入平台的成本、谈判协商的成本、互动协作的成本、监督评价的成本几乎为零。二是对提供的产品及服务不收费，服务对象可以凭借相应的资质免费享受服务。三是对于多边群体使用平台放弃收取包括"门票"和"租金"等在内的平台使用费。

推行免费策略，注意防范其弊端：免费容易造成平台滥用、资源浪费和平台拥挤等"公地悲剧"。在平台主办方不存在因入不敷出而难以为继的情况下，或者在边际成本接近于零的情况下，在基本公共服务领域，诸如社区养老服务、教师培训、民工培训等，可以广泛推行免费策略。免费是平台价格战略的主要实施策略，未来仍将是平台运作的重要趋势。

六 平台失灵及其治理

受到政策、体制及人为因素等的影响，多边公共平台可能出现运作极其低效、平台服务难以为继等平台失灵的症状。平台失灵，简言之，是平台建设失败、平台运转失效、无法履行平台型治理的功能。在政府、社会和市场共同参与的平台型治理模式中，平台失灵的表现形式和原因更为复杂。

（一）多边公共平台失灵的表现形式

多边公共平台失灵的表现形式主要有：

---

① 王珣：《平台战争》，中国纺织出版社 2013 年版，第 194 页。

（1）用户规模持续严重不足或流量过小，或者用户不断流失、退出；

（2）平台供给匮乏，相关主体建设和参与平台的积极性不够；

（3）平台功能发生扭曲，由公共事务合作共治、公共服务多元供给的基本功能退化为平台方的垄断生产与管制功能，平台的公权力演化为平台方的私权力；

（4）多边公共平台的价值未能彰显，公平性缺失，平台仅成为公共部门执行政策或展示民主、平等的价值的一种形式或过场，用户没有话语权，没有平等协商权，例如有些听证会；

（5）平台的运行效率严重低下，服务质量不到位，流程很不顺畅；

（6）资源能力无法有效整合，网络效应始终无法激发，多边群体之间不够信赖，参与性与互动性不足，无法实现协作、互利、共惠的合作治理格局；

（7）平台上出现用户的负外部性等不良行为：违法犯罪行为，如欺诈、假冒伪劣、不守诚信、诽谤、虚假宣传、弄虚作假；信息不对称与不完全造成的机会主义行为。[1]

（二）多边公共平台失灵的原因

多边公共平台失灵的原因有很多种，甚至错综复杂，很多原因交织或因果链模糊。大致归结起来，平台失灵源自以下几个原因中的一个或多个。

第一，源自平台主体的有限理性，造成平台结构不够完善，流程不够平坦，存在设计漏洞，用户需求预测不够合理。其中重要的是，体现在平台管理和制度设计存在重大缺陷，具体来说包括以下几个方面：其一，开放与管制未能很好搭配，可能导致过于开放而失去控制或过于封闭而失去活力。其二，平台运行机制不健全，对平台的运作及其绩效的监督评价不力。其三，激励机制无效，权益诉求机制缺失，导致利益共享和分配不均，引发平台方与补足品提供者之间的紧

---

① David S. Evans, "Governing Bad Behavior by Users of Multi‑sided Platforms", *Berkeley Technology Law Journal*, Vol. 27, 2012, pp. 1201 – 1250.

张关系，导致平台建设和参与的积极性不足。其四，外部环境和用户需求发生了变化，但平台方未能及时调整供求策略或实现平台的动态演化。其五，由于价格策略、规模扩张策略有重大失误，或营销宣传、需求管理不足，平台始终未能激发网络效应，未能突破临界规模和维持较大的用户流量。其六，在平台运行模式外，由于存在比平台交易成本更低、更为便利的捷径，或具有替代性的平台与之竞争，造成用户大量流失。

第二，政府失灵、政策失败所致。一是政府的意识形态专制、思维观念封闭，与平台的开放思维背道而驰，管制型、一元化治理模式直接造成公共平台的供给不足。二是宏观政策和政府决策失误，导致对平台的支持不足或不当管理，例如有些政府因噎废食，关停了"弃婴岛"。三是政府机构及其他公共部门同时作为平台建设主体，它们之间缺乏协调合作，致使平台建设低效。四是公共部门官僚制的指挥、管控等运作方式直接导致对公共平台的不当干预，或通过行政化管理模式延伸到公共平台的运作管理中。

第三，社会失灵的影响，表现在几个方面：社会组织发育不良，资金、人才欠缺，地位不够独立，而自身的制度不够健全；志愿失灵，利他精神、公共精神不足；诚信、道德等社会风气不良。社会失灵导致社会组织建设公共平台的能力和动力不足，或导致建设的公共平台面临着用户参与不足或无法独立自主地参与平台型治理等困境。

（三）平台管制的主体、优势及动机

为确保平台功能的正常发挥，相关利益主体必须动用一定的手段来进行管制。按照平台管制主体的不同，平台管制分为平台所有者的内部管制和与平台所有权无关的、作为行业监管机构的政府部门的外部管制。

政府部门的外部管制措施包括：行政管制，包括限额、执照或其他行业进入规制；行政指导、告诫、处罚，如工商总局对淘宝过多假货的行政警告；公共政策，如信息披露政策、开放及免费政策等；监禁、审判等。但平台失灵不能完全依靠政府部门的外部管制，原因有二：一是政府部门的法律和行政措施更加耗时费力且具有滞后性，而平台比政府部门能够更加迅速有效地实行管制。二是在应对平台上的负外部性行为时，法律和政府管制总是不完全的，且成本高昂，技术上难以有效监测。相反，平台拥有问题的更多信息，能够快速反应，并及时修订不够完善的治理机制。① 因此，需要权衡两者的利弊，综合两种管制机制，各取所长，各归其用。

平台所有者拥有强大的治理权力。平台治理实际上是平台利益相关者之间的权力安排，平台上所有的权力均取决于平台所有者的产权安排，其中最为重要的就是排他的权力。因此，平台治理能力主要取决于平台所有者实施惩罚及排除成员的能力。② 多边平台代表着一种能够促进互动的关键资产，平台所有者具有与法定所有权相联系的强大排他权和"门卫"的权力，排他的权力意味着平台有权力设置进入的条款，如许可协议。③

平台所有者还具有强大的动机和信息优势，且存在权力优势和丰富的管制手段。这些优势包括：平台拥有更大的权力和便捷性；平台拥有更多关于用户行为及其影响的信息，收集并公布用户的信息也是一种产权安排，其作用在于驱动低质量用户离开平台；在处理负外部性行为及行为矫正时，平台所有者更接近行为主体，因此比政府管制更有效迅速，监管更加频繁，实施成本更低。④

总之，平台作为制定和执行规则的治理机制，平台管制者的角色是普遍的、必要的。平台所有者需要综合运用多种管制工具，来降低与外部性、复杂性、不确定性和信息不对称、合作困境联系在一起的平台运作成本。

（四）多边公共平台失灵治理的对策

平台失灵的症状和原因很多、很复杂，自然就没有包治百病的良

---

① David S. Evans, "Governing Bad Behavior by Users of Multi – sided Platforms", *Berkeley Technology Law Journal*, Vol. 27, 2012, pp. 1219 – 1220.

② Ibid.

③ Kevin J. Boudreau and Andrei Hagiu, "Platform Rules: Multi – sided Platforms as Regulators", Working Paper, Harvard University, 2008.

④ David S. Evans, "Governing Bad Behavior by Users of Multi – sided Platforms", *Berkeley Technology Law Journal*, Vol. 27, 2012, pp. 1201 – 1250.

方。因此，平台失灵治理需要对症下药。有时需要辩证地看待、权衡地选择看似矛盾的对策。例如，平台开放性过高，导致平台滥用、恶意寄生、"病毒"攻击等现象，这时就需要合理的管制；而有时需要放开管制、减少干预、降低进驻门槛，提高平台的开放性。价格策略也是这样，补贴的对象、方式和力度也需要根据实际情形来进行调控。总之要维持一个供求均衡、权利均衡的局面。

根据管制的流程或环节，平台管制分为进入管制和互动管制。进入管制的直接目标是吸引正确的用户群体，防止不合格用户，即通过数量限制、时间、类型和身份资格的认定来进行进入管制，主要方法包括进入的政策规定、技术甄别手段。互动管制的目的是达到预期的互动行为，最小化负的外部性行为，驱动积极的网络效应，实现网络效应的潜在价值。管制的方式和工具包括：价格策略、政策、合约、技术、信息提供、劝说、文化与伦理，具体如许可、资格认定、产权安排。[①]

具体到治理平台用户的不良行为，基本策略有：产权安排与规则设计、选择性排他（通过规则设计来禁止不良行为和不良用户的进驻）、信息机制与透明化策略（如信息反馈、信用评价公开）。[②]

总的来说，治理公共平台失灵的对策主要有：第一，公共平台建设需要在需求调研、系统分析、科学设计，尤其是在充分论证的基础上统筹规划，通过分阶段建设、渐进开放、试运行等方式有序推进，最初的结构和功能设计从根本上决定平台自身的质量性能。第二，完善平台运作的制度设计，检查运行程序、信息渠道是否通畅，开放管制的规则是否合理，权益诉求机制是否公平，补贴机制是否落实。第三，改进用户需求管理，设置需求反馈渠道，累计用户诚信，提供用户话语权，改进平台服务质量，根据平台发展阶段和需求变化推动平台的演化升级，提高用户黏性。第四，改进对公共平台的监督评价，

---

① Kevin J. Boudreau and Andrei Hagiu, "Platform Rules: Multi – sided Platforms as Regulators", Working Paper, Harvard University, 2008.

② David S. Evans, "Governing Bad Behavior by Users of Multi – sided Platforms", *Berkeley Technology Law Journal*, Vol. 27, 2012, pp. 1218 – 1225.

完善多边用户互相监督评价彼此的绩效、诚信，同时将平台的运作置于社会媒体、大众的监管之下。第五，平台的风险管理，必要时提供安全防护措施，保障平台使用者的财产安全、心理与信息安全，检查平台的技术漏洞和风险，规避不良的用户多属行为、平台竞争行为对平台的冲击。第六，对于公共平台的供给不足、合作建设困境或政府不当干预等问题，平台型政府建设势在必行。只有政府自身像平台那样运作，实行平台型治理，公共平台失灵症状才会减少很多。

七　平台风险及其规避

除了平台失灵，多边公共平台还可能遭遇其他的挑战或陷入治理困境，具体包括：用户绕过平台直接进行互动；平台被覆盖的风险；平台方的自私行为损害了社会福利；平台方的行为涉嫌垄断，牺牲竞争；平台监管不力，造成侵害用户权益的后果，如质量问题。[①] 这里简要分析平台竞争威胁与被覆盖的风险、道德风险与权利陷阱、用户的去平台化风险、平台管制困境。

（一）平台竞争威胁与被覆盖的风险

平台遇到的竞争威胁来自三个方面：第一，来自生态系统内部的竞争，平台参与者，如生产者、互补服务提供者，他们可能自建平台而转走用户等资源，还可能叛离至其他平台，甚至叛离后攻击原平台。第二，威胁源于网络效应及知名度更高的平台，他们不断吸引走自己的用户。第三，威胁来自具有与自己客户群重合的竞争者。[②] 例如，腾讯与 360 大战、家政服务中心与妇女儿童服务中心之间的竞争。

如果平台过于封闭孤立，网络性、兼容性不够使平台成为孤岛，导致提供的价值不够系统，则很容易被价值体系更全面的平台所覆盖。如果相邻市场的某平台进入自己的业务领地，自己就有可能会被覆盖。因为不同平台的用户群经常相互重叠，尤其是替代品和互补品

---

① David S. Evans, "Governing Bad Behavior by Users of Multi – sided Platforms", *Berkeley Technology Law Journal*, Vol. 27, 2012, pp. 1201 – 1250.

② ［美］马歇尔·范阿尔斯丁、杰弗里·帕克、桑杰特·保罗·乔达例：《平台时代战略新规则》，《哈佛商业评论》2016 年第 4 期。

的用户，用户资源显著占优的平台提供者很可能吞并其他一个平台。如果竞争对手实行多个平台联盟，这样不同平台的各个功能集中起来，就会给功能单一的平台带来重大冲击。当单一平台的用户发现多环状平台提供的功能更多而且价格更低时，则会流失。[①]

应对平台覆盖威胁的主要策略有：转换经营模式，获取新的利润源；寻求合作伙伴，通过战略联盟拓展平台的覆盖性；提供更广泛的服务和功能连接，增加用户的转换成本；法律诉讼，寻求反垄断法的保护。[②] 总之，在平台战略中，构筑强网络效应和高转换成本是平台能够避免平台竞争和平台覆盖威胁的重要策略。当然，通过提高平台覆盖面让自己成为通吃的赢者是最好不过的。

（二）道德风险与权利陷阱

平台在运作过程中还存在机会主义与道德风险的严重威胁，可能致使公共平台沦为谋取私利的垄断工具。例如社会组织平台，在政府购买公共服务的过程中，可能存在多方串谋或采取欺骗方式，骗取政府的资助或平台方的补助。平台方与平台多边用户的权利之争也很普遍。例如在有些大学食堂，学校后勤集团与食品生产经营者争利，甚至根本没有开放生产经营权。又如某省的教师继续教育平台，将继续教育与职称评定挂钩而强制培训，通过指定自制教材与培训者而谋取大量利益。还如某些学术杂志，不仅歧视作者身份，为节约送审成本而降低了论文质量，还包括快递到付、擅自改动文章内容或篇幅的"霸权"行为，承诺开具版面费发票却不兑现的欺骗行为。此外，公共平台的"搭便车"与恶意寄生严重，致使公共平台成为"公地悲剧"，产生拥挤问题、质量问题，如公园中的违章经营、游乐园的拥挤。

（三）用户的去平台化风险

现实中，的确存在用户去平台化行为的可能，用户一开始选择在

---

① Eisenmann T., Parker G. and Van Alstyne M., "Platform Envelopment", *Strategic Management Journal*, Vol. 32, 2011, pp. 1270 – 1285.

② Thomas Eisenmann, Parker G. and Van Alstyne M., "Strategies for two – sided markets", *Harvard Business Review*, No. 11, 2006, pp. 1 – 10.

平台上互动合作，但累积信息和网络资源后离开平台。于是很多平台主办方忧虑，一旦平台促成了合作或交易，未来的合作或交易就不会在平台上进行。对此，平台主办方可能高估用户去平台化的威胁，而选择错误的方法（如强留或惩罚）来防止这些行为的发生。事实上，如果用户觉得使用平台很麻烦，那么只有两种可能：要么平台没有创造足够价值，要么平台交易成本过于高昂。为此，首先，建立留住用户的保障机制，即建立信任与安全机制。由于平台所有者不会直接控制平台上产品和服务的品质，因此必须引入诚信与安全机制来保障参与者的互动合作行为，目标是消除或减少不当行为。其措施主要有：为合作的一方或双方提供保险，审查认证参与者，提供解决纠纷和安全支付的服务。其次，最关键的是用激励措施留住用户，或者降低交易成本，或者增加平台价值主张，这要比惩罚用户的去平台化行为更有效。①

（四）平台管制困境

第一，平台管制可能存在目标冲突。平台管制不仅要解决当前的失灵和不良行为，追求短期利益，而且平台要取悦多边用户以累计网络效应和用户黏性；从长远来看，平台追求整个生态系统的价值最大化与可持续发展。这不仅需要长远的、整体的战略思维，还需要权衡多重目标的轻重缓急与利弊优劣。

第二，平台管制可能面临管制主体之间的冲突或责任推卸。政府外部管制存在信息不对称、动机不强、管制成本高昂以及利益俘获的风险；平台自我管制可能没有强制执行的处罚措施，或者追求短期利益而放松管制；产品供给者由于趋利动机而没有自我约束负外部性行为。一旦平台上产品质量出了问题，就会产生责任难题：是产品经营者的责任，还是平台所有者的责任或政府监管者的责任。例如，2015年1月，阿里巴巴和国家工商管理部门相互指责，前者指责后者抽检不合程序和规范，贸然公开其过低的产品合格率；后者认为前者假货

---

① ［美］安德烈·哈丘、西蒙·罗斯曼：《规避网络市场陷阱》，《哈佛商业评论》2016 年第 4 期。

率过高，没有担负监督检查责任。但阿里声明，假货对于阿里长远发展不利，自己有义务监督，但对于一亿多种商品，监督着实困难。因此，平台监管主体之间不是要相互指责，而是要各负其责地合作，发挥各自的能力和优势。

第三，平台自我管制的后果。平台作为制定和执行规则的治理机制拥有太大的权力，平台自我管制产生了两项公共政策问题，一是可能导致不利于竞争的垄断局面。二是牺牲公共利益，即为了共同体的利益而损害了社会整体福利。[①] 例如学校篮球场的监管，校方修建了铁丝网和大门将篮球场保护起来，篮球场的代管方以此收取球场使用费，结果是球场铁丝网经常遭到人为破坏。学校及代管方为了自身利益，牺牲了篮球场充分利用起来进行健身的权利，损害了社会福利。政府部门虽然出台了开放公共健身平台的政策，但面临执行与监督难题。

第四，公共平台的排他困境。平台方可能以降低负外部性为由，阻止平台间的对接、兼容和用户的多属行为，造成平台的垄断。因此，需要区分平台排他是有效的管制行为还是反竞争的垄断行为。为此，Evans（2012）提出了用于检测是否反竞争的三步法：一是检查已存在并应用的治理系统。二是检查其与政府管制行为的不一致。三是反竞争与促进竞争的比较。[②] 事实上，管制负外部性的规则涉及权力和价值在多边用户间的配置，平台应像一个"政体"一样，必须平衡相互冲突的价值。总之，平台的排他行为是有争议的，需要平衡多边群体的权益。公共平台的排他，还可能造成某些不当歧视，影响平台的公平正义。

对于平台所有者来说，一是不能忽视监管，忽视监管不仅会引发产品质量问题而使用户不满，还可能引发媒体的负面评价。二是因为平台自身无法有效应对所有的监管问题，因而需要把与外部监管者的

---

① David S. Evans，"Governing Bad Behavior by Users of Multi – sided Platforms"，*Berkeley Technology Law Journal*，Vol. 27，2012，p. 1210.

② Ibid.

对立关系转变为伙伴关系，与外部监管者合作。合作的第一步是开放监管权力，让外部监管者和媒体参与进来，确保自己对监管的重视以及不被误解。第二步是为外部监管提供信息和各种便利，与他们互动合作。当应对不利的监管时，避免与监管者发生冲突，这时可以利用多边用户的支持力量，或者主动承担相应责任，满足监管者的要求。①

综上所述，公共平台失灵治理及风险规避需要外部监管者、平台各方及多边用户的共同治理，尤其是平台所有者的策略与能力。治理权力的开放、治理主体的合作与多元制衡、治理机制的激励相容非常关键。由于公共平台的自我管制存在责任困境、权利陷阱和道德风险，政府的平台型治理与平台领导不可或缺。

---

① ［美］安德烈·哈丘、西蒙·罗斯曼：《规避网络市场陷阱》，《哈佛商业评论》2016 年第 4 期。

第七章 研究总结与展望

第一节 研究结论

根据研究方案，对研究结论的总结围绕着三个基本问题而展开。这三个问题分别是：多边公共平台及平台战略是什么？为什么要选择该战略？如何推行？

一 多边公共平台（战略）是什么

多边公共平台是什么，需要系统回答其内涵与外延。关于其内涵，笔者主要根据平台战略和平台经济学理论中的平台概念，对多边公共平台进行了定义：连接公共部门生态系统中的多边群体，激发网络效应并提供开放互动机制以实现群体间相互满足的治理支撑体系；从多个学科透视了多边公共平台的性质；借鉴平台经济学中双边平台的判别逻辑，提出了多边公共平台识别的五个条件；最后分别对多边公共平台的类型、特征、结构进行了分类分层研究。关于其外延，笔者主要将多边公共平台与其他两类公共平台：产品平台、技术平台进行了多个维度的比较，并将其与企业多边平台进行了比较。对公共平台"家族"内部的八种平台形式的比较，不仅有助于认识公共平台的谱系与连续统，而且有助于理解不同公共平台间的逻辑关联，为平台建设与平台演化提供了理论基础。总之，多边公共平台通过提供互动空间与机制实现多边群体间的相互满足，是一套具有操作框架的合作型治理模式。多边公共平台意味着：资源使用权和产品及服务的生产权、运作权，话语权、知情权、决策权、监督权等相关治理权力的授予、共享与开放，是一种可操作性很强的治理体系。

　　多边公共平台战略是将多边公共平台从运作层面上升到战略高度，不仅视公共平台为合作治理与公共服务的战略工具，而且视其为一套基本的战略模式与战略思维。

　　多边公共平台战略是以水平思维为指导，依托价值网络，以网络效应为核心，通过放权让利、开放共享、互动合作，推动公共品多元供给和公共服务协作创新，具有规模经济、范围经济等多种优势。多边公共平台战略实质是平台型治理模式，即遵循平台战略理念，基于平台的载体按平台模式运行的公共治理模式。对多边公共平台（战略）是什么的研究总结见表 7 - 1。

表 7 - 1　　　　　　　对多边公共平台（战略）是什么的研究总结

问题一：是什么	维度	维度分解	维度再分解	核心结论
多边公共平台	内涵	定义及解析	定义及其依据	连接生态系统中的多边群体，在开放共享的基础上提供互动机制以实现群体间相互满足的治理支撑体系
			相关概念解析	"边"与"方"；网络效应；"平"；开放；互动；主体
		多维性质透视	合作治理视角	是合作治理的具体运行模式，也是实现多元公共权利主体合作共治的运行机制，包含治理的工具和策略
			行政伦理学视角	是公平正义价值取向的价值创造模式，兼具民主、平等、创新、高效等多元价值
			行政生态学视角	是由公共部门连接利益相关者并创建价值网络，形成开放共享、互动合作、互利共赢的生态系统
			公共经济学角度	公共品多元供给的集成模式，一种准公共品、工具性公共产品，借以提供最终的公共品和公共服务
			平台经济学	借鉴吸收了平台经济学及平台战略原理及实践，是平台经济学在公共治理领域的应用

续表

问题一：是什么	维度	维度分解	维度再分解	核心结论
多边公共平台	内涵	识别标准	公共性	简化为非营利性标准
			平坦性	流程平坦顺畅、信息透明共享
			公平性	参与机会均等，参与权利平等
			开放性	生产运作与治理的权力向外部群体开放
			互动性	多边用户间的直接互动与相互影响
		特征	总体特征	平坦通畅、开放共享、信息透明、可重复使用、支撑性
			结构特征	开放共享、模块化、动态演化、易扩展性
			运行特征	基于价值网的运行模式，多边群体需求间依存性与价格非对称性，网络效应
		结构	基本要素	使命、平台主体、基本产品及补足品、规则、空间与载体、平台基石
			生态圈结构	见图 2-3、图 2-4、图 2-5、图 2-6
			平台关系网络	见表 2-4
		类型	功能领域	民主政治、政务协同、社会治理、狭义公共服务
			政府参与模式	政府第二方、政府第三方、政府第四方
			连接性质	纵向平台、横向平台和公众平台，详见表 2-5
			其他分类	根据开放性、所有权等分类，类型汇总见表 2-6
	外延	与其他公共平台比较	三类平台比较	见表 2-1
			谱系与连续统	见图 2-1
		与企业平台比较	细分维度比较	见表 2-3
			各自演化比较	见表 2-7
多边公共平台战略		定义		将多边公共平台从运作层面上升到战略高度，不仅视公共平台为合作治理与公共服务的战略工具，而且视其为一套基本的战略模式与战略思维
		实质		实质是开放互动的合作战略与平台型治理模式：遵循平台战略理念，基于平台载体，按平台模式运行的治理模式
		核心思想		组建平台生态圈，激发网络效应，促进互动合作，实现多方共赢继而创造公共价值

续表

问题一： 是什么	维度	维度 分解	维度再分解	核心结论
多边 公共 平台 战略		特征及 优势	关键特征是开放互动和共治，有利于推动公共品多元供给和公共服务创新，具有规模经济、范围经济等多种优势
		战略思维	水平性思维，以开放互动与合作共治为核心思想，有别于传统的垂直思维

二　为什么要选择多边公共平台战略

在为什么要选择多边公共平台战略问题上，笔者从时代环境以及多边公共平台战略的优势、功能、价值、驱动力与诱因等维度进行了论证。表 7 – 2 对这些维度、分维度及其重要分论点进行了汇总。

表 7 – 2　　　　　　　　选择多边公共平台战略的论证逻辑

论证维度	论证分维度	分论点
时代 环境	合作治理时代与治理复杂性	合作治理理念要落地生根，治理机制要付诸实施，有效应对公共治理的复杂性，必然借助于平台运行模式，生态系统成员的互动也离不开平台
	全球化 3.0 时代与世界平坦化	全球化 3.0 时代，"每种合作方式要么由平台直接造就，要么在它的推动下得到强化"；"平台就会处于一切事物的中心"
	信息时代与网络社会	信息技术增加了建设更强大、更有价值平台的机会，网络社会促使人们开展开放的协同活动，Web 2.0 使平台成为焦点
	创新 2.0 时代与政府 2.0	两者强调用户参与、互动协作和开放的平台架构。政府 2.0 是一个整体、开放的平台，是政府、市场及社会共同参与、沟通、互动、协同的平台
	行政化管理及垂直思维的局限	"政府平台应允许来自市场和社会的扩充和修补"，而不是行政化管理，平台思维是政府什么都要详加规定的"解毒剂"
	平台经济时代与平台战略的兴盛	平台战略对公共事务合作共治、公共品多元供给与协作创新具有重大借鉴和启发意义；"完全可以借助平台的力量扩大影响力并创造公共价值"

续表

论证维度	论证分维度	分论点
战略优势	源于平台属性、结构及特征	平台战略为增进公共利益提供了现实性，为公平民主实践提供了可行性，为共治提供了实施路径，为公共品多元化供给与创新提供了操作指南
战略功能	功能领域	多边公共平台有助于推进民主政治，改善公共事务治理，提供优质高效的公共服务，以及提高政务沟通与协调的效率
	基本功能	基础条件与空间供给功能，资源整合与能力集成功能，信息供给与网络沟通功能，民主平等和协同互动功能，制度与规范功能，经济效率功能
	角色功能	角色表现为跳板、杠杆、舞台、游戏规则、信息中心、渠道或网络、综合解决方案，为沟通、合作、竞争提供机会、空间、条件与机制
战略价值	兼顾公平与效率	公共平台自身属性、运行机制及创价模式能兼顾公平与效率的双重价值
	降低成本及提升公共性	平台不仅降低了公共品生产成本、治理成本，使公共部门与公共权力的运作朝着更加开放、民主的方向演进
	兼容秩序与多样性创新	平台运作为公共服务均等化、公共治理规范有序提供了一致规则、统一标准、共享空间，开放互动的多元供给模式促进了创新
驱动因素	公共治理变革的趋势推动	未来的合作治理、公共品供给主要基于平台运作模式，面对公共治理的各种挑战和治理变革的趋势，平台战略模式为公共部门提供了良好的契机
	公共管理战略的功能驱动	将多边平台上升到战略高度，有利于促进战略思维、民主行动，尤其是战略合作，多边公共平台战略无疑是开放合作型治理战略最佳的工具选择
	社会平坦化进程的权利驱动	组织搭建的平台有多大，话语权和影响力就有多大。如果想提高公共部门的权威、影响力和领导力，供给和经营平台是必然的选择
现实诱因	走出自生产与行政化困境的需要	公共品生产模式难以实现高效供给和创新，行政化管理抑制了社会和市场力量。当群体间缺乏合作机制或合作成本过于高昂时，平台战略是必要的

总之，时代环境使多边公共平台战略成为大势所趋。多边公共平台的战略优势、强大功能、多元价值是选择该战略的充分依据。在多元驱动因素的推动下，在走出治理困境的现实诱导下，多边公共平台战略是必然的战略选择。多边公共平台通过把相关利益群体连接起来，向他们开放公共品及互补服务的供给权、治理参与权、监督评价权等权利，在开放共享的基础上提供互动合作机制，为公共治理提供了操作框架。

三　如何推行多边公共平台战略

用战略管理视角来理解多边平台模式，有助于拓展平台的理论基础和实践空间。为此按照战略定位、战略选择、战略实施的战略管理逻辑。战略定位主要探讨平台战略的使命与愿景、服务对象及其需求、功能及业务范围、供给模式。其中重点是平台的供给类型、创建模式与建设方式、供给主体与政府角色。战略选择从多边平台的使命与需求出发，以网络效应为核心，分解为建设战略、运行管理战略和创价模式。本书参考了平台经济学与平台战略学的理论成果，从规范途径建构了多边公共平台战略管理模式，最后提出了战略实施方案、平台建设与运行管理策略等方面的建议。多边公共平台战略管理框架见图7-1。

四　多边公共平台战略理论体系的建构

多边公共平台战略理论体系以平台经济学、平台战略学、公共治理理论为主要理论基础，主要通过借鉴比较研究、案例研究、文献研究等方法，在演绎推理与理论模型的基础上进行建构。该理论体系涉及三个基本问题：多边公共平台战略是什么、为什么及如何做。多边公共平台战略理论框架见图7-2。其中涉及的研究主题或术语众多：平台领导、政府平台、第三方平台、平台演化、平台规模、平台覆盖、用户黏性、平台绩效、平台管制、平台失灵、平台网络体系、生态圈、价值网络、平台所有权、创价关卡、网络效应、水平思维、平台定价、平台转换成本、业务广度与深度、合约控制权、多边或双边，等等。如此多的专有术语表明多边公共平台战略理论有自己的话语体系，同时表明多边公共平台理论建构的复杂性和研究内容的广泛性。

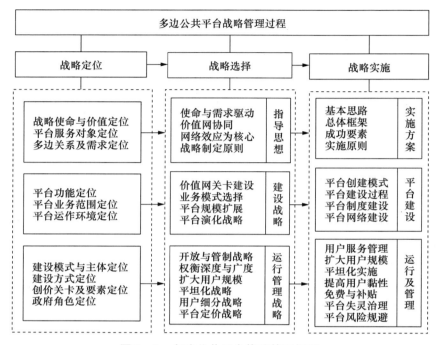

图 7-1　多边公共平台战略管理框架

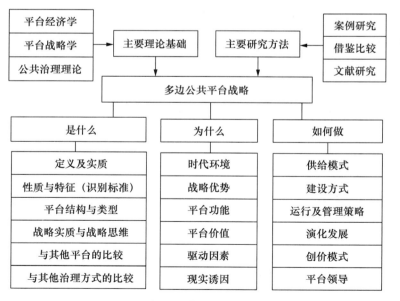

图 7-2　多边公共平台战略理论框架

第二节　研究创新与局限

一　研究创新

截至目前，国内对多边（双边）公共平台或政府平台及其战略的研究基本处于空白状态；国外尚有三四篇学术论文对政府平台、基于平台的治理进行了研究，但均是从技术产业平台的案例及其成功经验中直接进行借鉴研究，与本书的研究视角、思路有所不同。因此，本书拟突破的创新是在多边公共平台战略研究开拓性阶段要实现体系的创新，既包括选题和概念的创新，也包括视角和方法的创新，还有多边公共平台战略理论的原创型建构。

从选题来看，平台现象看似普遍，但从战略高度系统地、深度地解析多边公共平台的共性、本质和建设、运作与管理的普遍性规律，具有原创性；而且，将零星的、限于公共服务平台个案或电子政务平台技术的研究，转为对多边公共平台总体的研究，在国内具有开拓性，并从技术层次、运作战术层面上升到战略层面与公共管理战略模式的高度。

从相关概念来看，本书通过借鉴平台经济学和平台战略学的新成果，在借鉴比较多边企业平台和多边公共平台、多边公共平台与其他公共平台、平台"方"与"边"的区别、平台型治理与网络治理及协同治理、平台型治理与垂直管理的基础上，首次提出多边公共平台及公共平台战略的概念，首次提出平台型治理、政府平台领导、政府第三方平台、平台价值网、平台型政府、创价关卡等一系列概念。

在研究视角和研究方法上，本书置于合作治理的时代背景，遵循战略管理的逻辑过程。将多边公共平台从运作层面上升到战略高度，不仅视多边公共平台为公共品多元供给的方式、公共服务创新的路径和合作治理的战略工具，而且视其为一套基本的合作治理战略模式与战略思维。本书运用多元综合主义方法论，将理论思辨、模型建构和案例研究、比较研究结合起来探索多边公共平台战略。而且，与西方学者从多边（双边）企业平台，尤其是技术产业平台的案例及其成功经验中直接进行借鉴研究不同，笔者从商业平台战略和平台经济学中借鉴平台原理，但结合的是公共平台的实践及案例，辩证吸收、归纳推理多边公共平台战略理论。

在研究内容和结论方面，除了抽象概括多边公共平台的概念，还对该概念进行了深度解析和多维透视，创造性地提出多边公共平台的检验标准、判别逻辑，并进行案例验证。首次分析描述多边公共平台的丰富属性、诸多优势与多元类型，阐释了多边公共平台（战略）的实质与外延，提出了公共平台的谱系与连续统一体模型，构建了多边公共平台的参与者网络、关系网络、运行体系等结构模型，从三个层次阐述多边公共平台的战略功能，并从多个维度探索多边公共平台的战略价值。从战略使命与服务对象、多边关系及其需求、平台业务范围、平台供给模式等方面考察其定位问题，系统总结多边公共平台的价值创造模式及其基本战略，从平台建设、运作战术、管理策略等方面探讨多边公共平台的战略实施，从而为公共平台实践提供理论指导。上述研究内容及其结论，在公共管理或公共治理研究领域，极少有学者涉及。

二　研究局限

由于公共平台现象纷繁复杂、形态各异以及多边（双边）公共平台已有研究的薄弱，当然主要是笔者自身的能力限制，使本书存在诸多的不足和困境。

一是多边（双边）公共平台的实践还没有普遍推广，也没有取得丰富的成功经验，成功的案例较少；多边公共平台战略处于发展初期，不够成熟。多边（双边）公共平台实践的土壤不够肥沃，从根本上制约着公共平台战略理论的产生与发展。

二是本书选题有些大，研究内容有些多，一定程度上影响到研究的深度；而且，战略的宏大性、系统性对战略思维和战略视野的要求很高，很难去把握。同时，也很难把握多边平台理论体系涉及的大量术语。

三是本书研究的一个重要视角和方式是借鉴企业平台战略和平台

经济学的理论成果，但毕竟企业平台与公共平台在目标与使命、供求与价格机制、平台创价模式、运行模式、网络效应等诸多方面有一些差异。

四是多边（双边）公共平台或政府平台研究处于开拓性阶段，前人研究成果较少，一些基本概念没有界定清楚，容易出现概念的混淆和滥用情形，如双边平台和生产平台、技术平台及日常用语中的"平台"。由于国内平台研究缺乏平台战略学、平台经济学的理论基础，国外平台研究过多地借鉴了 ICT 产业平台的经验从而造成公共平台建设对信息技术的过度依赖。

第三节　反思与展望

一　多边公共平台战略应用前提的反思

多边公共平台战略是在治权开放共享的基础上，基于平台的空间与规则，多元利益相关方彼此依赖、相互满足，实现公共事务合作共治、公共品协同创新的模式与机制。因此，成功的平台型治理与多边平台战略是以政府在观念、角色、治理权力和治理职能等方面的转变为前提。

第一，政府观念的转变。协同治理依赖于相互间的尊重，然而传统的官本文化与政府集权思维未能根本扭转。[1] 多边公共平台战略关键是摆脱传统的垂直思维、官僚政治控制的统治性思维模式，摒弃价值链是单向垂直流向的观念[2]，逐渐树立平台思维。垂直思维是自上而下的单中心取向，以控制、封闭、排他为核心特征。而平台思维鼓励利用其他组织的能力和资源来产生补充者创新的新型范围经济，目的是利用网络外部性和广泛的生态系统创新将供应商甚至竞争对手变

---

[1] Dan C. Jones, "Collaborative Governance Depends on Mutual Respect", *Community College Week*, Sept. 6, 2010.

[2] 陈威如、余卓轩：《平台战略》，中信出版社 2013 年版，第 23 页。

成补充者或者合作伙伴。[1] 在某种意义上来说，只有政府接受水平的平台思维，实行开放、互动、合作的平台型治理模式，多边平台的价值才得到释放。

第二，政府角色的转变。作为平台要素的供给者，政府的角色是建设必要的基础设施、创造能展示平台能量的核心应用，激发外部开发者推动平台的创新和产品的生产，制定并执行平台规则确保合作。[2]作为平台所有者，应确保平台生态系统中连贯一致的技术开发和合作，设计互动的技术结构和规则，鼓励互补者的投资，管理和维持生态系统的健康，平台领导最重要的是处理好与多边用户之间的关系，引导他们的互动而创造价值。[3] 总之，政府需要由传统的公共品生产者转换为公共品的合作供给者、平台的供给者，注重搭台而非唱戏。

第三，治理权力的开放与治理方式的转型。合约控制权的开放是多边（双边）平台的关键识别标准，多边公共平台战略是以治理权力的开放共享为前提的。政府平台领导的最大障碍是政府包办、封闭、控制、排他、权利独占以及与合作者争利。公共平台由政府主办、主建，并不意味着平台是政府的下级部门，接受政府的行政化管理，而是要将公共平台的运作权、管理权交由其他公共部门、社会组织或企业来行使，政府在互动协商、规则设计、政策引导中施展权威与影响力。

二 多边公共平台战略边界与适应范围的反思

官僚组织的科层式生产模式、政府购买公共服务的经销商模式都有自己的具体应用情景，多边公共平台战略也不是放之四海而皆准。因此，公共部门在选择多边公共平台战略前需要分析考虑在什么条件下或范围内适用。作为开放合作战略，多边平台战略模式需要考虑更

---

① ［美］迈克尔·A. 库斯玛诺：《耐力制胜：管理战略与创新的六大永恒法则》，万江平等译，科学出版社 2013 年版，第 228 页。

② Tim O'Reilly, "Government as a Platform", *Innovations*, Vol. 6, No. 1, 2010, pp. 13 – 40.

③ Kevin J. Boudreau and Andrei Hagiu, "Platform Rules：Multi – sided Platforms as Regulators", Working Paper, Harvard University, 2008, p. 2.

多的影响因素。不仅要根据自己的组织使命与业务性质、资源与能力、业务流与价值网，还要考虑外部的生态系统和利益相关者的期望，如需求的性质与消费者的行为特征等。笔者借鉴中介企业在平台模式和经销商模式间选择的各项因素[①]，构建了两种基本的公共品供给模式——平台模式与生产经营模式的影响因素和适用情景模型，见表 7 - 3。

表 7 - 3   平台模式与生产经营模式的影响因素和适用情景

影响因素	平台模式	生产经营模式
公共品或服务自身的权威性、强制性	-	+
生产者的不利预期	-	+
需要生产者持续投资	+	-
需要中介持续投资	-	+
消费者需求的不确定性	+	-
消费者对产品多样性、柔性化的需求	+	-
消费者不熟悉卖者的产品	-	+
生产者与消费者直接互动的必要性	+	-
公共品的竞争性程度	+	-
公共部门对产品生产的控制性要求与直接责任	-	+
公共事务治理的网络性、民主性要求	+	-

注："+"表示正向影响，"-"表示负向影响。

资料来源：参考借鉴 Hagiu（2007）中的表 1。

在这里，科层式生产模式、经销商模式统称为生产经营模式，因为两者的共同点是公共部门的自主生产经营及其控制权。研究表明，当需要生产者持续投资时，尤其是当需求具有不确定性、多样性与互动性时，或公共事务治理具有网络性、民主性要求，多边平台模式是必要的供给策略与治理模式。[②]

---

① Hagiu, A., "Merchant or Two - sided Platform", *Review of Network Economics*, Vol. 6, No. 2, 2007, pp. 115 - 133.

② Ibid.

尽管多边公共平台应用领域广泛，但也并非所有公共产品与公共事务都有适合于平台式供给的潜力或适宜于平台型治理的模式。反思其应用边界和适用范围需要具体分析以下四个问题：

第一个问题：在什么条件下，政府等公共部门需要供给多边平台。多边公共平台自身作为一种公共品或公共服务，当市场机制或科层制、社会机制无法单独有效运行时，就需要政府建设公共平台。多边公共平台的供给可能是多个领域、多种机制失灵的结果：一是信息不对称、外部性、市场垄断、收入分配不公等造成的市场失灵。二是产权不清、法治不完善、"寻租"与腐败、组织僵化、创新不足、效率低下等政府失灵。三是社会资本缺失、志愿不足、社会组织不健全、社会自组织水平低等社会失灵。平台战略综合运用了市场机制、政府机制和社会机制，有助于弥补各自单独运行的缺陷，矫正单一治理机制的失灵。

第二个问题：在什么情境下或领域中选择多边公共平台战略是适合的。具有庞大的潜在用户流的地方就需要平台，这是具备平台战略成功的必要条件。① 从"庞大用户流"这个命题可以产生三个推论：推论一，用户需求具有多元化、柔性化特征。推论二，庞大用户流容易产生聚集效应并节约供给成本、交易成本。推论三，庞大用户流对公共服务多元供给及资源整合存在显著需求。政府等公共部门因其公共性，天然具有庞大的用户群和需求规模。尤其在公共服务和社会治理领域，诸如公共交通、产学研合作、大众休闲娱乐、公共文化与教育、社会保障、公共体育，均是人流聚集之地，多边平台大有用武之地。例如，公共就业、社区服务等已经借鉴多边平台模式。此外，还包括社会慈善、公共信息服务、社会问题治理、危机治理、公共论坛、博览会与展览会等。

第三个问题：公共部门生态系统中是否存在发挥网络效应的条件。这需要判断平台的某项业务领域是否存在双边或多边网络，即双边或多边群体之间是否存在彼此吸引、相互依赖、互相促进、互利共

---

① 王晰：《平台战争》，中国纺织出版社 2013 年版，第 86 页。

生的关系网络。这需要进一步确定两点：一是针对不同用户群的政策或策略必须是可以独立运作的，即可以用某种方式来识别并区别对待不同的用户群体。二是当其中一个用户群数量增加或参与性提高后，必然对另一个用户群产生正向影响。即只有两个或两个以上用户群之间的网络效应为正时，平台才能够正常运作。①

第四个问题：多边公共平台在价值网络中是否发挥着必不可少的价值。有潜力的多边平台须具备两个基本前提：一是它必须在整个公共服务价值网络中承担至少一项必不可少的功能或流程，或者为公共事务共治解决至少一个最为重要的难题——资金、基础设施、内容供给、服务供给、信息获取、渠道中介或合作规则，判断这一点需要审视，整个公共服务体系如果离开了该关卡及其服务后是否还能够正常运转。二是它必须能够让别的平台或其他系统很容易地对接或把多边用户群体连接在一起，使他们在平台上互动合作，以不断扩充公共服务体系。判断这一点，可以考察是否有合作伙伴开发互补产品、服务或更多链接。

综上所述，多边公共平台及其战略具有十分广泛的适用性。平台思想不仅应用于政府的技术工程项目，政府在社会中所扮演角色的每个方面都可以应用平台思想。② 多边公共平台战略存在的必要前提之一是平台拟连接的多边群体之间缺乏合作机制或者互动、合作的交易成本过于高昂。③ 因此可以说，需要合作治理的地方就需要多边公共平台。

笔者把多边公共平台及其替代品——公共政策、生产平台（包括产品平台和技术平台）、科层制生产、社会自组织、网络治理等作为因变量，根据公共产品的供求特征，如供给强制性程度、生产成本的

---

① ［韩］赵镛浩：《平台战争》，吴苏梦译，北京大学出版社 2012 年版，第 39—40 页。

② Tim O'Reilly, "Government as a Platform", *Innovations*, Vol. 6, No. 1, 2010, pp. 13 – 40.

③ Hagiu, A. and Wright, J., "Multi – Sided Platforms", Working Paper, Harvard Business School, 2011.

高低、供给的多元协作性、供求直接互动的必要性、需求多样性程度、用户流规模、网络效应等自变量，构建了公共平台的适合性判定模型，见图7－3。其中，供给的多元协作性主要取决于生产者的资源与能力约束，反映了生产能力的强弱和生产权开放的必要性；供求直接互动是指生产者与消费者直接交易互动，反映了生产者对生产经营的控制权要求。从图中可以看出，多边公共平台与平台型治理模式往往适合于：公共品供给具有非强制性、多元协作性、必要的供求直接互动、用户需求多样性、用户流规模庞大、多元主体间网络效应较强的情景。

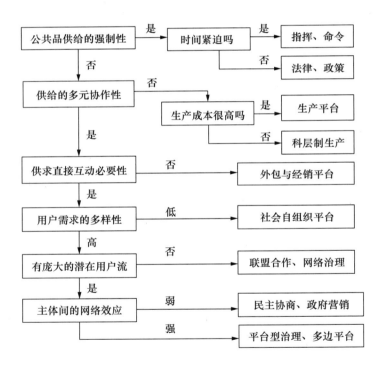

图7－3 平台工具选择逻辑及其适合性判定模型

三 平台型政府与平台型创新研究展望

上文研究表明，多边公共平台战略与政府的平台领导、治理模式与运作形态密切相关。随着治理时代和平台时代的到来，平台型政府

（Platform – based Government）与平台型治理（Platform – based Govern-ance）很可能成为继服务型政府、协同治理之后的公共管理重大理论创新和政府实践创新之一。重要的是，平台型政府不仅与服务型政府、协同治理并行不悖，而且为服务型政府、协同治理提供了基于平台的空间、规则和操作框架，可以成为服务型政府、协同治理的实现机制和策略。

平台型政府简言之是政府像平台那样运作的形态，可初步定义为致力于推动基于平台的公共品供给、公共服务创新和平台型治理的政府模式。平台型政府以多边平台战略为指导思想，以多边平台的供给为主题，以建设公共平台和支持平台经济产业为己任，以电子政府、信息网络等依托，通过向相关利益群体开放资源和治理权力，构建平台价值网络与平台型治理模式，实现基于平台空间与规则的公共品多元供给、公共服务协作创新和公共事务的合作共治，最终实现政府的平台领导和善治。平台型政府建设必然涉及治理权力与公共品供给权力的开放，涉及政府与社会权力的调整。平台型政府与服务型政府、政府平台、协同治理之间的关系有待进一步研究。平台型政府模式必然涉及政府观念、职能、治理方式以及政府的流程、结构、制度等方面的变化。因此，平台型政府如何建设，政府如何相应地变革，都有待进一步研究。

平台型创新是基于平台空间和规则的创新模式和创新战略。20世纪八九十年代用于产品开发和创新的生产平台、技术平台，是一种封闭的、模块化的自主创新模式。而平台型创新是一种开放的多元主体互动合作的创新模式。平台型创新的法则是利用关联组织组建一个开放的合作创新系统，合作主体按照多方共赢、互利互惠、共同受益的原则，平衡享有合作创新带来的利益。平台型创新通过激发网络效应实现多边群体间的相互吸引、权利和责任的相互依赖、价值和利益的相互促进，容易创造繁荣稳定的生态系统。平台型创新模式为用户参与创新、他方参与互补品创新创造了条件，不仅提高了产品的供求匹配性，而且容易满足多元化、多样性、个性化的需求，实现产品供给的范围经济和服务的柔性化。企业的平台型创新实践与理论研究都取得了丰硕的成果，政府的平台型创新有望取得更大的进展。

　　与平台型政府和平台型创新紧密相关的是政府的开放。国外对平台开放的研究成果较多，包括：对平台开放的方式、时机与缘由的研究①，对平台开放程度的研究②③，对平台开放与封闭的权衡④，对平台开放与创新及开放与平台控制关系的探讨⑤，以及平台开放的社会效果的比较研究。⑥ 同样地，政府平台如何开放，开放哪些资源和权力，开放的程度如何，开放的边界和范围在哪，如何在开放的基础上促进创新、参与、协商和民主，如何权衡开放与管制以实现有秩序的开放，都有必要进行研究。

　　此外，多边公共平台的绩效有待进一步研究，例如绩效是否受到平台所有权、平台互联互通、用户的平台多归属行为及平台垄断性的影响，等等。

---

①　Eisenmann, T. , G. Parker, M. Van Alstyne, "Opening platforms: How, when and why?" A. Gawer, ed. *Platforms, Markets and Innovation*, London: Edward Elgar, 2010, pp. 131 – 162.

②　West, J. , "How open is open enough? Melding proprietary and open source platform strategies", *Research Policy*, Vol. 32, No. 7, 2003, pp. 1259 – 1285.

③　Boudreau, K. , "How open should an open system be?", Empirical essays on mobile computing, Doctoral dissertation, Cambridge: MIT Sloan School of Management, 2006.

④　Tåg, J. , "Open versus closed platforms", Working Paper 747, Stockholm: Research Institute of Industrial Economics, 2008.

⑤　Parker, G. , M. Van Alstyne, "Innovation, openness and platform control", Working Paper, New Orleans: Tulane University, 2008.

⑥　Hagiu, A. , "Proprietary vs. open two – sided platforms and social efficiency", Working Paper 09 – 113, Boston: Harvard Business School, 2009.

参考文献

一 中文文献

［1］Andrei Hagiu：《制胜多边平台》，《董事会》2014 年第 2 期。

［2］埃贡·G. 古贝、伊冯娜·S. 林肯：《第四代评估》，秦霖等译，中国人民大学出版社 2008 年版。

［3］埃莉诺·奥斯特罗姆等：《规则、博弈与公共池塘资源》，王巧玲等译，陕西人民出版社 2011 年版。

［4］埃莉诺·奥斯特罗姆：《公共服务的制度建构》，宋全喜等译，上海三联书店 2000 年版。

［5］埃莉诺·奥斯特罗姆：《公共事务治理之道》，余逊达、陈旭东译，上海译文出版社 2012 年版。

［6］安德烈·哈丘、西蒙·罗斯曼：《规避网络市场陷阱》，《哈佛商业评论》2016 年第 4 期。

［7］保罗·乔伊斯：《公共服务战略管理》，张文礼等译，清华大学出版社 2008 年版。

［8］毕华东、许韬：《构建公共服务平台　创新社会管理体制》，《公安学刊》2009 年第 5 期。

［9］蔡剑：《协同创新论》，北京大学出版社 2012 年版。

［10］曹剑光：《社区"虚拟"公共服务平台创新研究——"福州模式"现状、不足及再造》，《理论导刊》2011 年第 12 期。

［11］查尔斯·J. 福克斯、休·T. 米勒：《后现代公共行政——话语指向》，楚艳红等译，中国人民大学出版社 2002 年版。

［12］畅榕、陈丹：《要素、模式与运营机制：数字出版公共平台建构初探》，《中国出版》2012 年第 10 期。

［13］ 陈波：《产业创新平台治理模式研究》，《兰州学刊》2012 年第 9 期。

［14］ 陈玲：《市场平台组织体系及运行模式研究》，《经济问题》2010 年第 10 期。

［15］ 陈威如、王诗一：《平台转型》，中信出版社 2016 年版。

［16］ 陈威如、余卓轩：《平台战略》，中信出版社 2013 年版。

［17］ 陈晓峰：《我国体育产业公共服务平台建设研究》，《上海体育学院学报》2011 年第 2 期。

［18］ 陈振明：《公共管理学》，中国人民大学出版社 2003 年版。

［19］ 陈振明：《公共部门战略管理》，中国人民大学出版社 2011 年版。

［20］ 戴维·H. 罗森布鲁姆、罗伯特·S. 克拉夫丘克：《公共行政学：管理、政治和法律的途径》，张成福等译，中国人民大学出版社 2002 年版。

［21］ 戴维·S. 埃文斯、理查德·施马兰西：《触媒密码——世界最具活力公司的战略》，陈英毅译，商务印书馆 2011 年版。

［22］ 戴维·奥斯本、特德·盖布勒：《改革政府》，周敦仁等译，上海译文出版社 2006 年版。

［23］ 戴湘、李宝山：《国际化科技园区平台管理对策研究》，《科学管理研究》2008 年第 5 期。

［24］ 丁煌：《西方行政学说史》，武汉大学出版社 2004 年版。

［25］ 董维刚：《多归属情形下产业间平台合作的经济效应》，《运筹与管理》2013 年第 5 期。

［26］ 菲利普·海恩斯：《公共服务管理的复杂性》，孙健译，清华大学出版社 2008 年版。

［27］ 弗鲁博顿、芮切特：《新制度经济学：一个交易费用分析范式》，姜建强等译，上海人民出版社 2006 年版。

［28］ 傅联英、骆品亮：《双边市场的定性判断与定量识别》，《产业经济评论》2013 年第 2 期。

［29］ 傅瑜：《网络规模、多元化与双边市场战略——网络效应下平台

竞争策略研究综述》，《科技管理研究》2013 年第 6 期。

［30］盖伊·彼得斯：《政府未来的治理模式》，吴爱明等译，中国人民大学出版社 2001 年版。

［31］高鉴国：《社区公共服务的性质与供给》，《东南学术》2006 年第 6 期。

［32］格里·约翰逊、凯万·斯科尔斯：《战略管理》，王军等译，人民邮电出版社 2004 年版。

［33］龚丽敏、江诗松：《平台型商业生态系统战略管理研究前沿：视角和对象》，《外国经济与管理》2016 年第 6 期。

［34］郭水文、肖文静：《网络效应的作用机制研究》，《经济评论》2011 年第 4 期。

［35］韩康：《公共经济学》，经济科学出版社 2010 年版。

［36］贺宏朝：《"平台经济"下的博弈》，《企业研究》2004 年第 12 期。

［37］贺宏朝：《平台：培育未来竞争力的必然选择》，机械工业出版社 2005 年版。

［38］赫伯特·J. 鲁宾、艾琳·S. 鲁宾：《质性访谈方法：聆听与提问的艺术》，卢晖临等译，重庆大学出版社 2010 年版。

［39］纪汉霖、王小芳：《双边市场视角下平台互联互通问题的研究》，《南方经济》2007 年第 11 期。

［40］季成、徐福缘：《平台企业管理》，上海交通大学出版社 2014 年版。

［41］冀勇庆、杨嘉伟：《平台征战》，清华大学出版社 2009 年版。

［42］井然哲：《协同平台原理及应用》，国防工业出版社 2012 年版。

［43］孔繁斌：《多中心治理诠释——基于承认政治的视角》，《南京大学学报》（哲学社会科学版）2007 年第 6 期。

［44］雷霆生：《领悟平台战略》，《汽车商业评论》2010 年第 5 期。

［45］李静：《网络治理：政治价值与现实困境》，《理论导刊》2013 年第 7 期。

［46］李林等：《优化产学研合作平台机制的实证研究》，《重庆大学

学报》（社会科学版）2009 年第 3 期。

[47] 李平、曹仰锋：《案例研究方法：理论与范例——凯瑟琳·艾森哈特论文集》，北京大学出版社 2012 年版。

[48] 李小玲：《基于双边市场理论的搜索广告平台动态运作机制研究》，武汉大学出版社 2013 年版。

[49] 里格斯：《行政生态学》，金耀基译，台北商务印书馆 1978 年版。

[50] 廖晓：《战略转型》，广东经济出版社 2007 年版。

[51] 林乃炼：《复合型社会公共平台研究》，《我们》2013 年第 3 期。

[52] 刘大为、李凯：《用户多归属与双边平台竞争的均衡分析》，《东北大学学报》（自然科学版）2012 年第 1 期。

[53] 刘继云、孙绍荣：《上海研发公共服务平台管理运行机制初探》，《上海理工大学学报》（社会科学版）2005 年第 2 期。

[54] 刘家明：《公共平台建设的多维取向》，《重庆社会科学》2017 年第 1 期。

[55] 刘家明：《以双边平台为重点的公共平台分类研究》，《广东行政学院学报》2017 年第 2 期。

[56] 刘家明：《多边公共平台：概念的提出与诠释》，《开发研究》2018 年第 2 期。

[57] 刘家明：《双边平台战略研究的进展与趋势》，《企业经济》2016 年第 2 期。

[58] 刘家明：《公共平台战略：来自企业多边平台的启示》，《福建行政学院学报》2015 年第 4 期。

[59] 刘家明：《广交会平台模式转型发展思考》，《开放导报》2018 年第 5 期。

[60] 刘家明：《平台型治理：内涵、缘由及价值析论》，《理论导刊》2018 年第 8 期。

[61] 刘家明：《公共平台判别标准研究：双边平台界定标准的引入》，《云南行政学院学报》2018 年第 5 期。

［62］刘家明，等：《多边公共平台的社会网络结构研究》，《科技管理研究》2019 年第 1 期。

［63］刘淑兰：《闽台文化产业合作平台建设探讨》，《福建论坛》2013 年第 6 期。

［64］刘伟忠：《协同治理的价值及其挑战》，《江苏行政学院学报》2012 年第 5 期。

［65］刘卫平：《社会协同治理：现实困境与路径选择》，《湘潭大学学报》（社会科学版）2013 年第 4 期。

［66］刘玉东：《在市政体制内建立协商民主制度平台探讨》，《理论导刊》2013 年第 9 期。

［67］刘耘：《论我国公共管理创新平台构建的动力、模式与策略》，《中国行政管理》2008 年第 3 期。

［68］柳霞：《山东非物质文化遗产保护的社会平台建设》，《山东社会科学》2010 年第 5 期。

［69］卢强：《平台型企业竞争战略研究》，知识产权出版社 2009 年版。

［70］罗伯特·K. 殷：《案例研究：设计与方法》，周海涛等译，重庆大学出版社 2010 年版。

［71］马歇尔·范阿尔斯丁、杰弗里·帕克、桑杰特·保罗·乔达利：《平台时代战略新规则》，《哈佛商业评论》2016 年第 4 期。

［72］迈克尔·哈耶特：《平台》，赵杰译，中央编译出版社 2013 年版。

［73］迈克尔·A. 库斯玛诺：《耐力制胜：管理战略与创新的六大永恒法则》，万江平等译，科学出版社 2013 年版。

［74］迈克尔·波特：《国家竞争优势》，李明轩、邱如美译，华夏出版社 2002 年版。

［75］毛立云：《公共平台的价值共创模式及其竞争优势》，《企业管理》2015 年第 5 期。

［76］米尔顿·弗里德曼：《资本主义与自由》，张瑞玉译，商务印书馆 2004 年版。

［77］ 明燕飞、毕腾飞：《服务型网络问政平台建设探析》，《求索》2012 年第 3 期。

［78］ 慕朝师：《论公共服务平台建立的必要性》，《学术论坛》2008 年第 8 期。

［79］ 纳特、巴可夫：《公共和第三部门组织的战略管理》，陈振明等译，中国人民大学出版社 2001 年版。

［80］ 匿名：《平台化重塑战略思维》，《新远见》2013 年第 9 期。

［81］ 牛建平：《推行政务服务标准化　创新服务型政府平台》，《中国行政管理学会 2010 年会暨"政府管理创新"研讨会论文集》，2010 年。

［82］ 欧黎明、朱秦：《社会协同治理：信任关系与平台建设》，《中国行政管理》2009 年第 5 期。

［83］ 彭禄斌、刘仲英：《物流公共信息平台治理机制对治理绩效的影响》，《工业工程与管理》2010 年第 1 期。

［84］ 皮埃尔·卡蓝默：《破碎的民主：试论治理的革命》，庄晨燕译，三联书店 2005 年版。

［85］ 齐永智：《平台战略视角的零售企业转型研究》，《价格理论与实践》2015 年第 3 期。

［86］ 秦合舫：《寻找大象的舞台》，《中国商业评论》2006 年第 10 期。

［87］ 史健勇：《优化产业结构的新经济形态——平台经济的微观运营机制研究》，《上海经济研究》2013 年第 8 期。

［88］ 世界银行专家组：《公共部门的社会问责》，宋涛译，中国人民大学出版社 2007 年版。

［89］ 斯蒂芬·戈德史密斯、威廉·D. 埃格斯：《网络化治理：公共部门的新形态》，孙迎春译，北京大学出版社 2008 年版。

［90］ 宋刚、孟庆国：《政府 2.0：创新 2.0 视野下的政府创新》，《电子政务》2012 年第 2 期。

［91］ 孙武军等：《创新驿站双边平台的动态发展路径》，《系统管理学报》2013 年第 3 期。

［92］ 陶希东：《平台经济呼唤平台型政府治理模式》，《浦东发展》
2013 年第 12 期。

［93］ 田培杰：《协同治理概念考辨》，《上海大学学报》（社会科学
版）2014 年第 1 期。

［94］ 童腾飞：《欧洲国家公共服务平台建设情况》，《中国行政管理》
2008 年第 S1 期。

［95］ 托马斯·弗里德曼：《世界是平的》，何帆等译，湖南科学技术
出版社 2008 年版。

［96］ 汪玉凯、高新民：《互联网发展战略》，学习出版社 2012 年版。

［97］ 王斌、谭清美：《产业创新平台建设研究》，《现代经济探讨》
2013 年第 9 期。

［98］ 王生金：《基于类型学的平台模式特征与共性》，《中国流通经
济》2015 年第 7 期。

［99］ 王小芳、纪汉霖：《双边市场的识别与界定：争论及最新进
展》，《产业经济评论》2013 年第 3 期。

［100］ 王艳秀：《高校图书馆联合体学科化服务合作平台的构建》，
《现代情报》2014 年第 4 期。

［101］ 王旸：《平台战争》，中国纺织出版社 2013 年版。

［102］ 王玉梅、徐炳胜：《平台经济与上海的转型发展》，上海社会
科学院出版社 2014 年版。

［103］ 王昭慧、张洪：《基于双边市场的平台所有权研究》，《管理工
程学报》2011 年第 1 期。

［104］ 吴瑞坚：《公共能量场隐喻与后现代公共行政范式》，《云南行
政学院学报》2007 年第 5 期。

［105］ 吴晓波等：《基于价值网络视角的商业模式分类研究：以现代
服务业为例》，《浙江大学学报》（社会科学版）2014 年第
2 期。

［106］ 夏书章：《合作治理》，《中国行政管理》2012 年第 8 期。

［107］ 肖君、王民：《终身学习公共服务平台运行模式研究》，《教育
发展研究》2013 年第 19 期。

［108］徐迪威、方少亮：《广东省科技基础条件平台建设的思考》，《科技管理研究》2013 年第 7 期。

［109］徐晋、张祥建：《平台经济学初探》，《中国工业经济》2006 年第 5 期。

［110］徐晋：《平台产业经典案例与解析》，上海交通大学出版社 2012 年版。

［111］徐晋：《平台经济学》，上海交通大学出版社 2013 年版。

［112］徐晋：《平台竞争战略》，上海交通大学出版社 2013 年版。

［113］徐井宏、缪纯：《聚合——国内外创新创业平台案例研究》，清华大学出版社 2014 年版。

［114］燕继荣：《服务型政府建设：政府再造的七项战略》，中国人民大学出版社 2009 年版。

［115］燕继荣：《协同治理：社会管理创新之道》，《中国行政管理》2013 年第 2 期。

［116］杨清华：《协同治理的价值及其局限分析》，《中北大学学报》（社会科学版）2011 年第 1 期。

［117］杨艳红：《江苏科技公共技术服务平台建设与思考》，《科技管理研究》2012 年第 4 期。

［118］姚引良等：《网络治理：地方政府践行科学发展观的可行选择》，《西安交通大学学报》（社会科学版）2010 年第 1 期。

［119］姚引良、刘波、汪应洛：《网络治理理论在地方政府公共管理实践中的运用及其对行政体制改革的启示》，《人文杂志》2010 年第 1 期。

［120］叶丽雅：《朱晓明谈平台经济》，《IT 经理世界》2011 年第 327 期。

［121］抑扬：《杜拉克谈企管"观念革命"》，《中外管理》1999 年第 2 期。

［122］俞可平：《治理与善治》，社会科学文献出版社 2000 年版。

［123］约翰·布莱森：《公共与非营利组织战略规划：增强并保持组织成就的行动指南》，孙春霞译，北京大学出版社 2010 年版。

［124］约翰·克莱顿·托马斯：《公共决策中的公民参与》，孙柏瑛译，中国人民大学出版社 2010 年版。

［125］约翰·罗尔斯：《正义论》（上），何包钢等译，京华出版社 2000 年版。

［126］约瑟夫·E. 斯蒂格利茨：《政府为什么干预经济——政府在市场经济中的角色》，郑秉文等译，中国物资出版社 1998 年版。

［127］岳占仁：《平台战略的新思考》，《IT 经理世界》2010 年第 304 期。

［128］湛中乐、蒋季雅：《论社会工作平台构造中的政府职能转变》，《中国法学会行政法学研究会 2010 年会论文集》，2010 年。

［129］张楚文：《论"两型社区"综合服务平台建设的商业模式创新——以长株潭社区建设为例》，《学术论坛》2010 年第 3 期。

［130］张康之、张乾友：《民主的没落与公共性的扩散——走向合作治理的社会治理变革逻辑》，《社会科学研究》2011 年第 2 期。

［131］张康之：《合作治理是社会治理变革的归宿》，《社会科学研究》2012 年第 3 期。

［132］张太华、张静：《公共服务平台研究进展综述》，《电子政务》2011 年第 4 期。

［133］张小宁、赵剑：《新工业革命背景下的平台战略与创新》，《科学学与科学技术管理》2015 年第 3 期。

［134］张小宁：《平台战略研究述评及展望》，《经济管理》2014 年第 3 期。

［135］张晓明、夏大慰：《开放平台与所有权平台的竞争》，《中国工业经济》2006 年第 12 期。

［136］张振刚、余传鹏：《创新平台：企业研究开发院的构建》，机械工业出版社 2013 年版。

［137］章威：《区域物流公共信息平台建设设计与实现》，人民交通出版社 2012 年版。

［138］赵镛浩：《平台战争》，吴苏梦译，北京大学出版社 2012 年版。

［139］珍妮特·登哈特、罗伯特·登哈特：《新公共服务：服务而不是掌舵》，丁煌译，中国人民大学出版社 2010 年版。

［140］周健：《论我国整体型政府构建的路径选择与平台建设》，《广东行政学院学报》2010 年第 6 期。

［141］周延召：《论城市公共文化平台建设》，《宁夏社会科学》2008 年第 4 期。

［142］朱峰、内森·富尔：《四步完成从产品到平台的飞跃》，《哈佛商业评论》2016 年第 4 期。

二　英文文献

［1］ A. T. Himmelman, *Collaboration for a Change：Definitions, Decision - making Models, Roles, and Collaboration Process Guide*, Minneapolis：Himmelman Consulting, 2002.

［2］ Amrit Tiwana, *Platform Ecosystems：Aligning Architecture, Governance, and Strategy*, Massachusetts：Morgan Kaufmann, 2013.

［3］ Andreas Rasche, "Collaborative Governance 2. 0", *Corporate Governance*, Vol. 10, No. 4, 2010, pp. 500 - 511.

［4］ Argentesi, E. and L. Filistrucchi, "Estimating market power in a two - sided market：The case of newspapers", *Journal of Applied Econometrics*, Vol. 22, No. 7, 2007, pp. 1247 - 1266.

［5］ Armstrong M. , "Competition in Two - Sided Markets", *Rand Journal of Economics*, Vol. 37, No. 3, 2006, pp. 668 - 691.

［6］ Armstrong, M. and Wright, J. , "Two - Sided Markets", *The New Palgrave Dictionary of Economics*, L. Blume and S. Durlauf (eds.), Basingstoke：Palgrave Macmillan, 2008.

［7］ Bakos, Y. and E. Katsamakas, "Design and Ownership of Two - Sided Networks：Implications for Internet Platforms", *Journal of Management Information Systems*, Vol. 25, No. 2, 2008, pp. 171 - 202.

［8］ Baldwin, C. , J. Woodard, "The architecture of platforms：A unified view", A. Gawer, ed. *Platforms, Markets and Innovation*, London：Edward Elgar, 2009, pp. 19 - 44.

［9］ Boudreau, K. , A. Hagiu, "Platform rules: Multi – sded platforms as regulators", A. Gawer, ed. *Platforms, Markets and Innovation*, London: Edward Elgar, 2009, pp. 163 – 191.

［10］ Bovet, D. and Marha, J. , "From supply chain to value net", *Journal of Business Strategy*, Vol. 21, No. 4, 2000, pp. 24 – 28.

［11］ Choi, J. P. , "Tying in Two – sided Markets with Multi – Homing", *Journal of Industrial Economics*, Vol. 58, No. 3, 2010, pp. 607 – 626.

［12］ Chris Huxham, "The Challenge of Collaborative Governance", *Public Management*, Vol. 2, No. 3, 2000, pp. 337 – 357.

［13］ Dan C. Jones, "Collaborative Governance Depends on Mutual Respect", *Community College Week*, Sept. 6, 2010.

［14］ David Robertson and Karl Ulrich, "Planning for Product Platform", *Sloan Management Review*, Vol. 39, No. 4, 1998, pp. 19 – 31.

［15］ David S. Evans and Richard Schmalensee, "Failure to Launch: Critical Mass in Platform Businesses", *Review of Network Economics*, Vol. 9, No. 4, 2010, pp. 1 – 25.

［16］ David S. Evans, "Governing Bad Behavior by Users cf Multi – sided Platforms", *Berkeley Technology Law Journal*, Vol. 27, 2012, pp. 1201 – 1250.

［17］ David S. Evans and Richard Schmalensee, *Catalyst Ccde: The Secret behind the World's Most Dynamic Companies*, Boston: Harvard Business School Press, 2007.

［18］ David S. Evans, Andrei Hagiu and Richard Schmalensee, *Invisible Engines: How Software Platforms Drive Innovation and Transform*, Cambridge: MIT Press, 2006.

［19］ E Vigado, "From Responsiveness to Collaboration: Governance, Citizen, and the Next Generation of Public Administration", *Public Administration Review*, Vol. 62, No. 5, 2002, pp. 527 – 540.

［20］ E. Glen Weyl, "A Price Theory of Multi – Sided Platforms", *Ameri-*

can Economic Review, Vol. 100, No. 4, 2010, pp. 1642 – 1672.

[21] Eisenmann T., Parker G., and Van Alstyne M., "Platform Envelopment", *Strategic Management Journal*, 2011 (32), pp. 1270 – 1285.

[22] Eisenmann T., "Managing Proprietary and Shared Platforms", *California Management Review*, Vol. 50, No. 4, 2008, pp. 31 – 53.

[23] Eisenmann, T., G. Parker, M. Van Alstyne, "Opening platforms: How, when and why?", A. Gawer, ed. *Platforms, Markets and Innovation*, London: Edward Elgar, 2010, pp. 131 – 162.

[24] Elisabeth Chaves, "The Internet as Global Platform? Grounding the Magically Levitating Public Sphere", *New Political Science*, Vol. 32, No. 1, 2010, pp. 24 – 43.

[25] Emmanuel Farhi and Andrei Hagiu, "Strategic Interaction in Two – Sided Market Oligopolies", Working Paper, Harvard Uniersity, 2008.

[26] Evans, D. S., "Some empirical aspects of multi – sided platform industries", *Review of Network Economics*, Vol. 2, No. 3, 2003, pp. 191 – 209.

[27] Evans, D., "The Antitrust Economics of Multi – Sided Platform Markets", *Yale Journal on Regulation*, Vol. 20, No. 2, 2003, pp. 325 – 382.

[28] Evans, David S., *Platform Economics: Essays on Multi – Sided Businesses*, South Carolina: Createspace, 2011.

[29] Filistrucchi L., Geradin D. and van Damme E., "Identifying Two – Sided Markets", *World Competition*, Vol. 36, No. 1, 2013, pp. 33 – 59.

[30] Gawer, Annabelle, and M. Cusumano, "How Companies become Platform Leaders", *MIT Sloan Manegement Review*, Vol. 49, No. 2, 2008, pp. 27 – 35.

[31] Sangeet Paul Choudary, Marshall W. Van Alstyne, Geoffrey G. Parker, *Platform Revolution: How Networked Markets Are Transforming the Economy & How to Make Them Work for You*, New York: W.

W. Norton & Company, 2016.

[32] Gezinus J. Hidding, Jeff Williams and John J. Sviokla, "How plat-form leaders win", *Journal of Business Strategy*, Vol. 32, No. 2, 2011, pp. 29 – 37.

[33] Giselle Rampersad, "Pascale Quester and Indrit Troshani, Exami-ning network factors: commitment, trust, coordination and harmo-ny", *Journal of Business & Industrial Marketing*, Vol. 25, No. 7, 2010, pp. 487 – 500.

[34] Grewal, R., A. Chakravarty, et al., "Governance Mechanism in Business – to – Business Electronic Markets", *Journal of Marketing*, Vol. 74, No. 4, 2010, pp. 45 – 62.

[35] H. George Frederickson, *The Spirit of Public Administration*, San Francisco: Jossey – Bass Inc., 1997.

[36] Hagiu, A. and Yoffie, D. B., "What's your Google strategy?", *Harvard Business Review*, Vol. 87, No. 4, 2009, pp. 74 – 81.

[37] Hagiu, A., "Two – Sided Platforms: Product Variety and Pricing Structures", *Journal of Economics & Management Strategy*, Vol. 18, No. 4, 2009, pp. 1011 – 1043.

[38] Hagiu, A. and Wright, J., "Multi – Sided Platforms", Working Paper, Harvard Business School, 2011.

[39] Hagiu, A., "Merchant or Two – sided Platform", *Review of Net-work Economics*, Vol. 6, No. 2, 2007, pp. 115 – 133.

[40] Hagiu, A., "Multi – Sided Platforms, From Microfoundations to Design and Expansion Strategies", Working Paper, Harvard Business School, 2009.

[41] Hagiu, A., "Proprietary vs. open two – sided platforms and social efficiency", Working Paper, Harvard Business School, 2009.

[42] Harshavardhan Karandikar, Srinivas Nidamarthi, "Implementing a platform strategy for a systems business via standardization", *Journal of Manufacturing Technology Management*, Vol. 18, No. 3, 2007,

pp. 267 – 280.

[43] Hearn G, Pace C. , "Value – creating ecologies: Understanding next generation business systems", *Foresight*, Vol. 8, No. 1, 2006, pp. 55 – 65.

[44] Howard Rubenstein, "The platform – driven organization", *Handbook of Business Strategy*, Vol. 6, No. 1, 2005, pp. 189 – 192.

[45] J. sviokla and A. Paoni, "Every Product's Platform", *Harvard Business Review*. Vol. 83, 2005 (October), pp. 17 – 18.

[46] John Donahue, *On Collaborative Governance*, Cambridge: Harvard University Press, 2004.

[47] Jullien, B. , "Two – Sided Markets and Electronic Intermediaries", CESifo Working Paper, 2004.

[48] Kaiser and Wright, "Price structure in two – sided markets: Evidence from the magazine industry", *International Journal of Industrial Organization*, Vol. 24, 2006, pp. 1 – 28.

[49] Karin Grasenick, Gabriel Wagner and Kristina Zumbusch, "Trapped in a net: network analysis for network governance", *The Journal of Information and Knowledge Management Systems*, Vol. 38, No. 3, 2008, pp. 296 – 314.

[50] Katz, M. and C. , Shapiro, "Systems Competition and Network Effects", *Journal of Economic Perspectives*, 1994 (8), pp. 93 – 115.

[51] Keon Chi, "Four Strategies to Transform State Governance", IBM Center for the Business of Government: Washington, D. C. , 2008.

[52] Kevin J. Boudreau, "Open Platform Strategies and Innovation: Granting Access vs. Devolving Control", *Management Science*, Vol. 56, No. 10, 2010, pp. 1849 – 1872.

[53] Luchetta, G. , "Is the Google Platform A Two – sided Market?", 23rd European Regional Conference of the International Telecommunication Society, Vienna, Austria, 2012.

[54] Lucinda L. Maine, "Viewpoints: Optimizing the Public Health Plat-

form", *American Journal of Pharmaceutical Education*, Vol. 76, No. 9, 2012, pp. 1 – 3.

[55] M. Iansiti and R. Levien, Strategy as ecology, *Harvard Business Review*, 2004 (4): 68 – 78.

[56] Mare H. Meyer and A. P. Lehnerd, *The Power of Product Platforms*, New York: Free Press, 1997.

[57] Marie – Hélène Metzger1, et al., "The use of regional platforms for managing electronic health records for the production of regional public health indicators in France", *BMC Medical Informatics and Decision Making*, Vol. 28, No. 12, 2012, pp. 1 – 14.

[58] Marijn Janssen and Elsa Estevez, "Lean government and platform – based governance—Doing more with less", *Government Information Quarterly*, 2013 (30), pp. 1 – 8.

[59] Mark de Reuvera, Stefan Steinb and J. Felix Hampeb, "From eParticipation to mobile participation: Designing a service platform and business model for mobile participation", *Information Polity*, 2013 (18), pp. 57 – 73.

[60] Mark H. Moore, *Creating Public Value: Strategic Management in Government*, Beijing: Tsinghua University Press, 2003.

[61] Masayoshi Maruyamaa and Kenichi Ohkita, "Platform Strategy of Video Game Software in Japan, 1984 – 1994: Theory and Evidence", *Managerial and Decision Economics*, Vol. 32, 2011, pp. 105 – 118.

[62] Michael A. Cusumano and A. Gawer, "The Elements of Platform Leadership", *MIT Sloan Management Review*, Vol. 43, No. 3, 2002, pp. 51 – 58.

[63] Michael A. Cusumano, *Staying powder: Six Enduring Principles for Managing Strategy and Innovation in an Uncertain World*, London: Oxford University Press, 2010.

[64] Michael A. Cusumano, "The platform Leader's Dilemma", *Commu-*

nication of the ACM, Vol. 54, No. 10, 2011, pp. 21 – 24.

［65］ Michael A. Gawer and Michael A. Cusumano, *Platform Leadership*: *How Intel, Microsoft and Cisco Drive industry innovation*, Boston: Harvard Business School Press, 2002.

［66］ Mila Gasco – Hernandez, *Open Government*: *Opportunities and Challenges for Public Governance*, New York: Springer – Verlag Inc. , 2014.

［67］ Morley von Sternberg and Tim Mitchel, "Public platform", www. Bdonlien, CO, UK, Friday July 18, 2008.

［68］ Ou Huang and Wenqi Duan, "Evolution Model and Critical Mass of E – business Platform Based on Complex Network", 2012 Fifth International Conference on Business Intelligence and Financial Engineering, 2012, pp. 60 – 64.

［69］ Parker G. and Van Alstyne M. , "Innovation, Openness and Platform Control", mimeo Tulane University and MIT, 2014.

［70］ Parker G. and Van Alstyne M. , "Six Challenges in Platform Licensing and Open Innovation", *Communication & Strategies*, Vol. 74, No. 2, 2009, pp. 17 – 35.

［71］ Phil Simon, *The Age of the Platform*: *How Amazon, Apple, Facebook, and Google Have Redefined Business*, Motion Publishing, 2011.

［72］ Rafael Melendreras – Ruiz and Gabriel Franco – Martínez, "TD-TASK: Through a Universal Platform for the Development of t – Government Services", *Information Systems Management*, 2011 (28), pp. 294 – 303.

［73］ Ramona Camelia BERE, "E – Learning Platform for Public Administration—Case Study", *Transylvanian Review of Administrative Science*, Special Issue 2012, pp. 137 – 144.

［74］ Robertson, David and Karl Ulrich, "Planning for Product Platform", *Sloan Management Review*, Vol. 39, No. 4, 1998, pp. 19 – 31.

［75］ Rochet, J. and J. Tirole, "Two – sided Markets: A Progress Report", *The Rand Journal of Economics*, Vol. 37, No. 3, 2006, pp. 645 – 667.

[76] Rochet, J. C. and Tirole, J., "Platform Competition in Two – Sided Markets", *Journal of the European Economic Association*, Vol. 1, No. 4, 2001, pp. 1 – 45.

[77] Roson, R., "Auctions in a Two – sided Network: The Case of Meal Vouchers", Ca' Foscari University of Venice, 2004.

[78] Russ ABBOTT, "Multi – sided platforms", Working Paper, California State University, 2009.

[79] Rysman, M., "The Economics of Two – Sided Markets", *Journal of Economic Perspectives*, Vol. 23, No. 3, 2009, pp. 125 – 143.

[80] Sangeet Paul Choudary, *Platform Scale: How an emerging business model helps startups build large empires with minimum investment*, Platform Thinking Labs, 2015.

[81] Simon Zadek, "Global collaborative governance: there is no alternative", *Corporate Governance*, Vol. 8, No. 4, 2008, pp. 374 – 388.

[82] Tåg, J, "Open versus closed platforms", Working Paper, Stockholm: Research Institute of Industrial Economics, 2008.

[83] Tamar Sadeh, "Open products, open interfaces, and Ex Libris open – platform strategy", *Library Review*, Vol. 59, No. 9, 2010, pp. 677 – 689.

[84] Tanya M. Kelley and Erik Johnston, "Discovering the Appropriate Role of Serious Games in the Design of Open Governance Platforms", *PAQ*, Winter 2012, pp. 504 – 556.

[85] Thomas Eisenmann, Parker G. and Van Alstyne M., "Strategies for two – sided markets", *Harvard Business Review*, No. 11, 2006, pp. 1 – 10.

[86] Tim O'Reilly, "Government as a Platform", *Innovations*, Vol. 6, No. 1, 2010, pp. 13 – 40.

[87] Timothy Simcoe, "Standard Setting Committees: Consensus Governance for Shared Technology Platforms", *American Economic Review*, Vol. 102, No. 1, 2012, pp. 305 – 336.

［88］ Walravens, N. and Ballon, P. , "Platform business models for smart cities: from control and value to governance and public value", *Communications Magazine*, Vol. 51, No. 6, 2013, pp. 72 – 79.

［89］ West, J. , "How open is open enough? Melding proprietary and open source platform strategies", *Research Policy*, Vol. 32, No. 7, 2003, pp. 1259 – 1285.

［90］ Zhu F and Iansiti M. , "Entry into Platform – based Markets", *Strategic Management Journal*, 2012 (33): 88 – 106.

致　谢

　　我对公共平台的研究始于 2011 年，起初只是源自对大量公共平台现象的好奇。2013 年，我带着这个选题来到中南财经政法大学攻读博士学位，有幸拜赵丽江教授为师，从此开启了一个新的学习研究生涯。冬去春来，至今六载。多年来能够持续地思考和写作，正是得益于很多组织和个人的支持和帮助，遂以"致谢"落幕。

　　博士论文能够自主选题是一件幸运的事，也给我带来了困惑。幸运的是我能够沿着自己感兴趣的研究方向并在已有研究成果的基础上继续前行，所以特别感谢赵老师给了我宽松的研究环境和充分的信任。困惑的是公共平台类型的繁杂、平台话语的泛滥，让我在生产平台与技术平台之间徘徊不前。直到 2014 年 Jean Tirole 荣获诺贝尔经济学奖，我才有幸接触双边平台、多边平台的国际研究前沿，终于拨云见日。

　　博士论文的构思、写作与多次修改倾注了赵老师的大量心血，期间不乏激烈的争辩，以至于赵老师在公开场所称为"搏斗"。事后想想，正是导师的宽宏大量、博大胸怀包容了自己的冒昧、无知与鲁莽。吾爱真理，亦爱吾师。在博士论文开题、预答辩等环节，徐双敏教授、李明强教授、潘红祥教授、李波教授、张远凤教授提出了宝贵的意见，使论文增色不少；尤其是庞明礼教授、杨振杰老师的鼓舞，更是让我坚定了继续研究的信心。

　　在我博士学习生活期间，感谢陈标、宋元武、尼加等师兄，董卿、谭安富、张景萍等同学，黎凌、谢俊、陈海林等师弟给予的大量关心和帮助！

　　感谢家人的精神支持及对我事业的默默付出！因写作而减少了许

多陪伴一对儿女的时间，心中不免多了些愧疚，然而童真的乐趣却增添了研究的不少灵感与动力。

本书由江西理工大学资助出版，衷心感谢江西理工大学优秀博士论文文库出版基金和江西理工大学博士启动基金项目"多边公共平台战略模式研究"（编号：jxxjbs17067）的资助！同时，感谢学院彭央华书记、项波院长、胡建华副院长、王犹建副院长对本人工作的大力支持！

中国社会科学出版社的刘晓红等编辑不辞辛劳、认真负责的审校工作，规范了书稿并使本书顺利出版，特别感谢！

最后，再次衷心感谢所有在学业上支持、在工作中帮助、在生活中关心我的领导、老师、同事、同学、学生、亲人和朋友们！